Uni-Taschenbücher 165

UTB

Eine Arbeitsgemeinschaft der Verlage

Birkhäuser Verlag Basel und Stuttgart
Wilhelm Fink Verlag München
Gustav Fischer Verlag Stuttgart
Francke Verlag München
Paul Haupt Verlag Bern und Stuttgart
Dr. Alfred Hüthig Verlag Heidelberg
J. C. B. Mohr (Paul Siebeck) Tübingen
Quelle & Meyer Heidelberg
Ernst Reinhardt Verlag München und Basel
F. K. Schattauer Verlag Stuttgart-New York
Ferdinand Schöningh Verlag Paderborn
Eugen Ulmer Verlag Stuttgart
Vandenhoeck & Ruprecht in Göttingen und Zürich
Verlag Dokumentation München-Pullach
Westdeutscher Verlag/Leske Verlag Opladen

Kurt Lenk

Theorien der Revolution

L. Heinzer /74

Wilhelm Fink Verlag München

ISBN 3-7705-0795-9

Gesamtherstellung: Kösel, Kempten
Einbandgestaltung: Alfred Krugmann, Stuttgart

INHALT

VORWORT 7
EINLEITUNG: Was heißt Revolution? 9
I. DER ROHE KOMMUNISMUS
1. Babeuf oder die stillgestellte Revolution 23
2. Der gescheiterte Aufstand: Blanqui 29
3. Das bedrohte Privateigentum: Tocqueville und Lorenz von Stein 36
4. Ein proletarischer Messias: Wilhelm Weitling 46
II. DIALEKTIK UND REVOLUTION BEI MARX UND ENGELS 56
III. STAAT – REVOLUTION – ANARCHIE
1. Revolte gegen den Staat: Bakunin 70
2. Proudhon und der Marxismus 92
3. Staat und Revolution bei Lassalle 100
4. Der Streit um die Pariser Kommune und der Marxsche Staatsbegriff 113
IV. REFORM UND REVOLUTION
1. Die Zeit der II. Internationale 129
2. Der Revisionismusstreit 133
V. DIE RADIKALE LINKE
1. Weder Reformismus noch Bolschewismus: Rosa Luxemburg 153
2. Spontaneität und Organisation: Luxemburg und Lenin 158
IV. PERMANENTE REVOLUTION UND SOZIALISMUS IN EINEM LANDE
1. Revolution und Staat bei Trotzki 172
2. Trotzki und Stalin 181
VERZEICHNIS DER IN DEN ANMERKUNGEN ZITIERTEN LITERATUR 188
WEITERFÜHRENDE SEKUNDÄRLITERATUR 192
PERSONENVERZEICHNIS 205
SACHREGISTER 206

Der den großen Sprung machen will,
muß einige Schritte zurückgehen.
Das Heute geht gespeist
durch das Gestern in das Morgen.
Die Geschichte macht vielleicht reinen Tisch,
aber sie scheut den leeren.

Bertolt Brecht

VORWORT

Seit der Französischen Revolution des Jahres 1789 fehlt es nicht an ernstgemeinten Versuchen, das, was sich seither in der Geschichte der europäischen Gesellschaften vollzogen hat, auf den Begriff zu bringen. Von Edmund Burkes "Betrachtungen über die französische Revolution" bis zur jüngsten soziologischen Systemtheorie haben sich zahlreiche Autoren bemüht, Wesen und Ablaufsgesetze von Revolutionen, ihre mannigfachen Voraussetzungen, ihre Strategien und Konsequenzen in ihre Kategoriennetze einzufangen. Besonders seit dem Pariser Kommunenaufstand von 1871 gibt es eine Unzahl revolutionstheoretischer Schriften. Erst recht haben die Erste Russische Revolution des Jahres 1905 und die Oktoberrevolution die Revolutionsthematik zu einem zentralen Problem politischer Soziologie werden lassen, dessen Aktualität durch die Situation in den Ländern der "Dritten Welt" sich noch erhöht hat. Faßt die Soziologie die Phänomene der Revolution meist unter die Kategorien "Krise und Konflikt", so stehen die von sozialistischen Autoren vorgelegten Analysen im Zeichen der Klassenkampftheorie, wie sie mit wissenschaftlichem Anspruch zuerst von Marx und Engels entwickelt worden ist. Zu diesen beiden Erklärungsmustern treten heute systemtheoretische Revolutionsmodelle wie etwa bei Chalmers Johnson. Dennoch scheint es, als sei die Wissenschaft Revolutionen gegenüber ähnlich hilflos wie gegenüber Kriegen: beide Vorgänge, die zum Kernbestand "sozialen Wandels" des 20. Jahrhunderts gehören, gleiten der politischen Soziologie eher aus den Händen als daß es ihr gelänge, eine stimmige Analyse der sie bedingenden Zusammenhänge zu liefern.

Revolution und Gegenrevolution sind schon darum nicht Gegenstände einer bestimmten Disziplin, weil beide Prozesse bezeichnen, die ihr Wesen darin haben, unabgeschlossen, fortwirkend und antizipierend zu sein, Eigenschaften, die sich der begrifflichen Fixierung gegenüber sperren, weil diese vorab dinghafte Gegenständlichkeit meint, während hier eben von der Auflösung solcher Dinghaftigkeit geredet werden müßte. Revolution ist stets auch das Unausgedachte und begrifflich nicht auf einen glatten Nenner zu bringende Geschehen. Versucht Theorie es dennoch mit einer runden Definition, so beweist sie nur einmal mehr ihre Unzulänglichkeit.

So wird auch im vorliegenden Buch nicht mehr zu leisten sein, als anhand einiger ausgewählter Problemstellungen das facettenreiche Thema der Revolution zu strukturieren.

Nicht systematischer Absicht verdanken sich die hier vereinigten "Fallstudien", sondern dem Bedürfnis nach genetisch-kritischer Rekonstruktion und Präzisierung der Revolutionstheorien. Die Vielschichtigkeit des Begriffs der Revolution soll an einigen zentralen Stufen politischer Reflexion aufgezeigt und historisch erinnert werden. Nur so ist geschichtsblinden Kurzschlüssen in der gegenwärtigen Diskussion zu begegnen.

EINLEITUNG

Was heißt Revolution?

An Gründen, heute erneut über Revolution nachzudenken, mangelt es kaum. Gleichwohl stellen sich diesem Vorhaben eine Fülle von Schwierigkeiten entgegen. Sie beruhen einmal darauf, daß die Modelle der beiden "klassischen Revolutionen": der Französischen des Jahres 1789 und der Russischen des Jahres 1917, nur bedingt Aufschlüsse über jene revolutionären Veränderungen liefern können, die sich heute in den Ländern Lateinamerikas, Asiens und Afrikas vollziehen. Es zeigt sich, daß eine pauschale Übertragung der an zentralen Ereignissen der neueren europäischen Geschichte gewonnenen Vorstellungen und Kategorien zu unzureichenden Ergebnissen führen muß; ebenso wäre die Übertragung der Strategie und Taktik des Guerillakrieges auf die Metropolen der westlichen Welt eine geschichtsfremde Projektion. Zum andern herrscht heftiger Streit darüber, in welchen sozialen Schichten und Gruppierungen gegenwärtig – wenn überhaupt – so etwas wie ein revolutionäres Subjekt zu finden ist. Es dürfte immerhin feststehen, daß in den fortgeschrittensten kapitalistischen Ländern, vor allem in den USA, ein solches Subjekt wohl kaum in jener Klasse zu sehen ist, die in der originären Marxschen Theorie als Industrieproletariat angesprochen wurde, als jene Klasse, die nichts zu verlieren habe als ihre Ketten, mittlerweile aber sehr wohl mehr zu verlieren hat oder dies doch zumindest glaubt.

Beginnen wir mit dem Naheliegenden, mit dem heute verbreiteten Wortverständnis der Revolution, bei dem für gewöhnlich die Vorstellung eines gewaltsamen Umsturzes im Vordergrund steht. Dabei stellt man die Revolutionen im politischen Leben häufig als das Werk einer Verschwörergruppe dar, die sie plant, vorbereitet und ausführt. Machen Männer Geschichte, so versteht es sich, daß Revolutionäre auch Revolution machen. Freilich geschieht dies nicht aus dem Nichts heraus: Revolutionäre benutzen Menschen, Waffen und Ideologien, um Revolutionen ins Werk zu setzen. Geht man von einem solchen Modell aus, so liegt der Gedanke nahe, Revolutionen ließen sich inszenieren. Alles weitere findet sich, wenn die Herrschenden erst überwältigt sind. War das Ganze ein Erfolg, nennen künftige Historiker dieses Ereignis Revolution, ging es schief, so nennt man es einen "Putsch". Entscheidend für dieses banale Revolutionsmodell ist zweierlei: Einmal die Vorstellung, daß Revolutionen von Revolutionären gemacht werden können, wann immer die Gunst der Umstände es zu erlauben scheint, und ferner die Betonung der formalen Seite der Übernahme der politischen Macht durch neue Gruppen mittels gezielter Gewaltanwendung. Das Theorem der Machbarkeit von Revolutionen, das diesem Verständnis von Revolution zugrundeliegt, ist seiner Genese nach untrennbar verbunden mit den Erfahrungen der Französischen Revolution. Linksradikal-anarchistische und konservative Autoren treffen sich – wenngleich unter konträren Vorzeichen – in diesem Verständnis von Revolution als einer Tat von Verschwörern. So schrieb etwa auch Edmund Burke die Ereignisse der französichen Revolution einer Gruppe von Aufwieglern und Verführern des Volkes zu: Philosophen, Börsenspekulanten und Ideologen, also den "men of letters". In klassischer Form formulierte der Revolutionsgegner Abbé Barruel in seinen 1798 erschienenen "Mémoires pour servir à l'histoire du Jacobinisme" diese Verschwörungstheorie:

> "In dieser Französischen Revolution ist alles bis hin zu den schrecklichsten Verbrechen vorausgesehen, überlegt, berechnet, beschlossen und festgesetzt worden; alles ist die Wirkung der größten Ruchlosigkeit gewesen, da alles von Menschen, die allein den Faden der lange in den Geheimgesellschaften vorbereiteten Verschwörungen in den Händen hielten, hervorgerufen worden ist... Die große Ursache der Revolution, ihrer großen Verbrechen, ihrer großen Grausamkeiten ... liegt ganz und gar in den von langer Hand geschmiedeten Komplotten..." [1]

Die zentrale Frage der Organisation von Revolutionen ist hier einseitig zugunsten einer simplen Personalisierung des revolutionären Vorgangs "gelöst". Nach den Ereignissen von 1789 wird jedoch die Bedeutung eines anderen Moments immer offenkundiger: die Bedürfnisstruktur der breiten Massen und deren soziales Elend. Es zeigte sich, daß eine politische Revolution, wenn sie sich im Namen der Mehrheit artikuliert, in ihrem Fortgang in eine soziale Revolu-

---

1 Zit. nach Schaff, A., Historiker über die Ursachen der Großen Französischen Revolution, in: Geschichte und Wahrheit, Wien 1970, S. 12; Vgl. im gleichen Aufsatz den Vergleich mit Louis Blanc und die Gegenüberstellung von Barruel und de Maistre.

tion überzugehen tendiert. Diese Problematik wird zuerst reflektiert im Gegensatz von Freiheit und Gleichheit, ein Antagonismus, der nach 1794 im Dritten Stand offen ausbricht. Seit der Französischen Revolution gibt es damit zwei revolutionäre Potenzen: das Bedürfnis der breiten Volksmassen und deren Anwälte, die Revolutionäre; ihre gegenseitige Vermitteltheit hat bis heute immer wieder Anlaß zu entscheidenden Kontroversen gegeben.

Nicht weniger unpräzis als die Identifizierung von Revolution mit gewaltsamem Umsturz und der Übernahme der Macht durch einige Revolutionäre und nicht minder problematisch als das hieraus stammende pseudoanarchistische Revolutionsverständnis ist jener rein evolutionistische Revolutionsbegriff, der sich etwa in der gängigen Wendung "industrielle Revolution" ausdrückt. Zwar fehlt hier das Moment des Gewaltsamen, wie es sich sonst mit dem Wort "Revolution" einstellt, doch wird auch hier kaum mehr differenziert. Vielseitig, schillernd und oft nichtssagend, eignet sich der Begriff der industriellen Revolution zur Kennzeichnung sehr heterogener Prozesse. Im Grunde deckt er alle Veränderungen des wirtschaftlichen und industriellen Lebens seit Beginn des Maschinenzeitalters. In der Presse und im täglichen Sprachgebrauch, aber auch in der wissenschaftlichen Literatur meint industrielle Revolution meist "... den Durchbruch des Industrialisierungsprozesses, also ... jene Veränderung der technischen Produktion, die die Ausbreitung der maschinellen Technik in der Produktion und im Transport begleitete" [2]. In ähnlicher Weise spricht man von einer "wissenschaftlich-technischen Revolution", einer Revolution der moralischen Auffassungen bis hin zur Revolution in der Herstellung von Motorenöl, womit man sich bereits in der Sprache der Werbung befindet. In ihr taucht seit einigen Jahren kaum ein Wort so häufig auf wie das der Revolution. Nichts könnte die fortlaufende Entleerung des Revolutionsbegriffs besser demonstrieren als die Tatsache seiner Adaption durch Reklame und Werbung. Damit ereilt freilich den Revolutionsbegriff ein ähnliches Schicksal wie den Begriff Ideologie, der auch auf alles Beliebige zu passen scheint: auf das eigene Vorstellungsleben so gut wie auf das aller anderen.

Lohnt es sich da, so könnte man fragen, sich dieses Begriffs

---

2 Szende, St., Europäische Revolution, Zürich–New York 1945, S. 25.

noch zu bedienen, wenn so Unterschiedliches und so Vielfältiges darunter subsumiert wird?

Es gab eine Zeit, in der der Revolutionsbegriff noch nicht im Zusammenhang mit der europäischen Verfassungsgeschichte stand, sondern das bedeutete, was man Seelenwanderung nennen könnte: in der christlichen Spätantike taucht das Wort "revolutio" als Substantivierung des Verbums "revolvere" mit der Bedeutung "zurückrollen" zunächst auf für Bewegungen des in sich zurückkehrenden kreisförmigen Umlaufes, so etwa des Mondes[3]. Im übertragenen Sinne wird es von Augustinus für den Gedanken der Wiederverkörperung oder die Wiederkehr der Zeiten verwendet: die Seelen rollen wiederholt durch den Körper, eine heidnische Vorstellung, die Augustinus bekämpfte. Für Dante ist der Wandel der Gestirne "revolutio"; eine politische Bedeutung kannte er noch nicht. Dieser vorpolitische, astronomische Begriff blieb drei Jahrhunderte hindurch der im europäischen Abendland vorherrschende; er wird im 16. Jahrhundert zum Modewort, da man sich gerade in jener Zeit intensiv mit den Sternbewegungen beschäftigte und hierdurch naturgemäß auch das Interesse und die Neugier weiter Kreise angesprochen war. Von diesem astronomischen Gebrauch gibt es allmählich fließende Übergänge zu einem gewissermaßen physiko-politischen Revolutionsbegriff, da die Astrologen durch das Stellen des Horoskops das Schicksal der Fürsten vorhersagen zu können glaubten. Man denke an Kepler und Wallenstein. Die politischen Geschehnisse werden als abhängig von den physikalischen begriffen; sie stehen in einem Naturkraftfeld, dem sie sich nicht entziehen können. So glaubt Galilei, "daß die Erdrevolutionen die Unfälle und Zufälle des Menschenlebens bewirken"[4]. Wichtig an dieser physiko-politischen Vorstellung ist die Tatsache, daß die Vorsilbe "re-" in "revolutio" hier nicht mehr einen bloß wiederholenden Sinn hat, wie dies noch in der klassischen Antike der Fall war, sondern mit dem Wort bereits die Erschütterung und das Element des Neuen bezeichnet wird, ein Geschehen jenseits menschlicher Will-

---

3 Vgl. zum Folgenden: Griewank, K., Der neuzeitliche Revolutionsbegriff, Weimar 1955, 1 ff. und Rosenstock, E, Revolution als politischer Begriff in der Neuzeit, in: Festgabe der rechts- und staatswissenschaftlichen Fakultät in Breslau für Paul Heilborn zum 70. Geburtstag, Sonder-Abdruck. Breslau 1931.

4 Rosenstock, a. a. O., S. 7.

kür, Berechnung und Planbarkeit: "Der Gebrauch des Wortes soll gerade in die Sphäre hinausgreifen, in der die Menschen nichts mehr zu wollen haben, und für die sie ohne Verantwortung bleiben" [5].

Der Ursprung des politischen Wortsinnes von Revolution liegt in Italien. Schon im 14. Jahrhundert sprach man dort von "rivoluzione" und "rivoltura" als von heftigen Unruhen. Gemeint sind damit "turbulente Ereignisse" und die "Durcheinanderbewegung, im innen- wie auch im außenpolitischen Sinne" [6] in den italienischen Stadtrepubliken. Der Terminus Revolution wird betont wertfrei gebraucht, jenseits von gut und böse, für einen Vorgang, der schicksalhafter Natur ist. Diese Bedeutung von Revolution als eines einmaligen politischen Ereignisses von großer verändernder Wirkung im staatlichen Bereich setzt sich nach der ersten so bezeichneten "Glorious Revolution" um 1688 in England durch. Die Landung Wilhelms III. und die Flucht Jakobs II. gelten als Wunder, ohne menschliches Zutun zustandegekommen. Vor allem aber ist die "Glorreiche Revolution" eine ohne Revolutionäre, denn der englische Adel war ausgesprochen legal verfahren: er hatte Wilhelm III. gerufen und ihm zugejubelt, war also lediglich auf die Wiederherstellung eines früheren Zustands bedacht und damit geradezu antirevolutionär. Dennoch hieß von nun an die einmalige politische Umwälzung in einem Lande Europas "Revolution". Dieser "objektivistische" Revolutionsbegriff steht in einem unüberbrückbaren Gegensatz zu jenem, der sich am Vorabend der Französischen Revolution herausbildete: "Es ist das Große der französischen Revolution selbst, daß sie entdeckt, daß die objektive Revolution subjektive Revolutionäre braucht" [7].

Voltaire kannte bereits die Revolution der Geister, Révolution des esprits, worunter er – im Sinne der Aufklärung – den Sieg der Vernunft über den Aberglauben, die Befreiung des Menschen von blindem Zwang begriff.

Diese Revolution besteht nicht im Geist des Aufruhrs gegen die Staatsgewalt, den Voltaire mit den meisten seiner Standesgenossen verabscheute, sondern in der Revolutionierung der menschlichen Geisteswelt. Damit verband sich die Hoffnung auf Abschaffung von Mißbräuchen durch aufgeklärte Minister ebenso wie der Glaube

---

5 A. a. O., S. 10 f.
6 Griewank, a. a. O., S. 121.
7 Rosenstock, a. a. O., S. 22.

an die harmonische Entwicklung der menschlichen Vernunft. In Voltaires Revolutionsbegriff etwas Jakobinisches sehen zu wollen wäre daher völlig verfehlt: er war Kosmopolit und verband sich nicht zufällig mit aufgeklärten Herrschern, um diese zur Reform zu bewegen. "Daß das Volk geführt wird, ist angemessen, und nicht, daß es gebildet wird, es ist dessen nicht würdig. Vierzigtausend Weise, das ist etwa alles, was wir brauchen". Deshalb müsse "das aufgeklärte Denken ... stufenweise hinabsteigen; dem niederen Volk wird es immer fremd bleiben ...; hier genügt das Beispiel der Höhergestellten" [8]. Voltaires Revolutionsbegriff ist der eines konservativen Reformers im Dienste des aufgeklärten Absolutismus. Voltaire, wie übrigens auch Montesquieu, verabscheut eine Herrschaft der Massen, die, da sie zu ökonomischer Gleichheit tendiere, notwendig die Freiheit der Bürger aufheben und zur Despotie führen müsse. Ein menschenfreundlicher Volkskönig, ein Philosophenkönig, ist Voltaire lieber als jedwede Volksherrschaft. Nur er könne für Verwaltungsreformen, gerechtere Besteuerung, die Abschaffung willkürlicher Verhaftungen und für die Aufhebung überlebter Privilegien des Adels sorgen.

Bei Montesquieu heißt es im ähnlichen Sinne im "Geist der Gesetze":

> "Stets gibt es im Staat Leute, die durch Geburt, Reichtum oder Auszeichnungen hervorragen. Wenn sie aber mit dem Volk vermengt würden und wie die andern bloß eine Stimme besäßen, so würde die gemeinsame Freiheit für sie Sklaverei bedeuten. Sie hätten keinerlei Interesse an der Verteidigung der Freiheit, denn die meisten Beschlüsse würden zu ihren Ungunsten gefaßt. Ihre Teilnahme an der Gesetzgebung muß daher ihrer anderweitigen Vorrangstellung innerhalb des Staates angemessen sein" [9].

Montesquieu, Vertreter der ersten Generation der französischen Aufklärer des 18. Jahrhunderts, glaubt, daß die privilegierten Feudalstände nicht nur ihre partikularen Privilegien und Freiheiten verteidigen, sondern daß es ihnen ebenso um das Wohl der gesam-

---

[8] Lettre de Voltaire à Damilaville, 19. III. 1766 und Lettre à M. Longuet, 13. II. 1767. Vgl. Groethuysen, B., Philosophie der Französischen Revolution, Neuwied und Berlin 1971, S. 79.

[9] Montesquieu, Vom Geist der Gesetze, XI, 6; Vgl. V, 3 sowie XXVI, 15.

ten Nation zu tun sei. Eben dieser Anspruch wird wenige Jahrzehnte später von den politischen Theoretikern der französischen Revolution in Abrede gestellt, so etwa von Emmanuel Sieyès, einem Schüler Rousseaus, der beim Ausbruch der Revolution in seiner Flugschrift "Abhandlungen über die Privilegien" – im Gegensatz zu jener noch dem feudal-absolutistischen Denken verhafteten Position – schreibt:

> "Wie wir gesehen haben, sagt jedes Gesetz direkt oder indirekt: Füge dem anderen kein Unrecht zu. Das hieße also, daß es zu den Privilegierten sagt: Erlaubt euch, den anderen Unrecht zu tun. Es gibt keine Macht, die eine solche Begünstigung gewähren kann. Ist das Gesetz gut, so muß es jedermann verpflichten. Ist es schlecht, so muß es abgeschafft werden: Es ist ein Anschlag gegen die Freiheit" [10].

Doch Sieyès stimmt mit Montesquieu darin überein, daß die Ungleichheit des durch Leistung erworbenen Privateigentums nicht nur keinen Anschlag gegen die Freiheit darstellt, sondern im Gegenteil zur Reproduktion einer bürgerlichen Gesellschaft unerläßlich ist. Deshalb führt er die unmittelbar vor Beginn der Revolution erhobene Forderung nach ökonomischer Gleichheit auf die Bewußtseinsdeformation in Sklaverei gehaltener Untertanen zurück, die noch nicht die volle Autonomie ihrer Bürgerrechte erlangt haben. In diesem Sinne heißt es in der gleichen Schrift:

> "Die lange Geistessklaverei hat ... die traurige Folge gehabt, daß das Volk, ohne Verständnis für seine Stellung innerhalb der Gesellschaft und ohne Gefühl dafür, daß es jedes Recht hat, schlechte Gesetze (d. h. diejenigen Gesetze, die den Privilegierten Sonderrechte einräumen, K. L.) widerrufen zu lassen, zu der Meinung gelangt ist, ihm gehöre nur das, was das Gesetz, gut oder schlecht, ihm zubilligt. Es scheint nicht zu wissen, daß Freiheit und Eigentum vor allem anderen da waren, daß die Menschen durch den gesellschaftlichen Zusammenschluß nichts anderes beabsichtigen konnten, als ihre Rechte gegen die Eingriffe der Bösen zu sichern und sich zugleich im Schutz dieser Sicherheit einer breiteren, kräftigeren und freudigeren Entfaltung ihrer moralischen und physischen Kräfte zu widmen; daß also ihr vermehrtes Eigentum mit allem, was ihre Tatkraft innerhalb der Gesellschaft schaffen konn-

---

10 Sieyès, E., Abhandlungen über die Privilegien. Was ist der dritte Stand? Frankfurt am Main 1968, S. 25.

te, ihnen ganz allein gehöre ..., daß sie allein die väterlich schützende Staatsgewalt geschaffen haben" [11].

Dort, wo die magische Schwelle zwischen geforderter Rechtsgleichheit und Eigentumsgleichheit in Frage steht, bezieht der bürgerliche Revolutionär Sieyès Partei bei John Locke, der Freiheit und Eigentum meist synonym verwandt hatte. Denn, so argumentiert Sieyès – und mit ihm die bürgerliche Aufklärung –: Eigentum und Eigentum ist nicht dasselbe. Das Privateigentum der Adligen, zumal das ererbte, verstößt gegen das Gemeinwohl. Durch Leistung erworbenes Bürgereigentum hingegen ist produktives Eigentum und muß daher vom Staat gegen alle, die es angreifen wollen, geschützt werden. Im Hintergrund dieser parteilichen Eigentumskonzeption steht jene Vorstellung einer Erwerbs- und Tauschgesellschaft, wie sie für den Liberalismus des 17. und 18. Jahrhunderts generell verbindlich war. Ihr allein gehöre die Zukunft. Der Adel hingegen, der sich unrechtmäßig und parasitär zwischen Volk und Regierung schiebe, sei überflüssig, da unproduktiv. Er verdiene daher für seinen Müßiggang auf Kosten der Bürgerklasse, d. h. auf Kosten der Allgemeinheit der Nation, die völlige Entmachtung, den Verlust des Sondereigentums und der aktiven politischen Rechte. Willensträger der Nation können nur die produktiven, besitzenden Bürger sein, da auf ihnen die Hauptlast der gesellschaftlichen Reproduktion liege. Handel und Wandel, Industrie und Gelderwerb, Tausch und Gewinn sind die Parolen der Zeit [12]. Ihre politische Brisanz erklärt sich aus der polemischen Wendung gegen die mit Privilegien ausgestatteten, gesellschaftlich jedoch disfunktional gewordenen Adligen und auf der anderen Seite zugleich schon gegen jene, die es nicht bei der geforderten Gleichheit aller Bürger belassen wollen, sondern Rechtsgleichheit vor dem Gesetz mit Eigentumsnivellierung verwechseln. Wahre Freiheit, so lautet das Credo der bürgerlich-revolutionären Aufklärer, liegt einzig in der Gleichheit aller

---

11 A. a. O., S. 24.

12 Vgl. die Parabel Saint-Simons, mit der er in der industriellen Gesellschaft die Arbeitenden von den Müßiggängern abhebt. "Als Industriellen sieht er jeden an, der einen 'sozialen Einsatz' leistet, d. h. eine gesellschaftsnützliche Funktion hat ... Die vollkommen industrielle Ordnung ist erst möglich, wenn die Mehrheit der Bevölkerung industriell tätig ist" (Salomon-Delatour, G., Einführung zu: ders., Die Lehre Saint-Simons, Neuwied 1962, S. 14).

Bürger vor dem Gesetz. Frei sein heißt nur dem Gesetz untertan sein, als welches Voltaire, Rousseau und Sieyès nur dasjenige begreifen, das jedermann ohne Ansehen der Person verpflichtet und daher keinerlei Privilegien kennt.

Das Zeitalter der Salons und der Enzyklopädisten ist alles andere als eine in sich geschlossene politische und kulturelle Einheit. Weder lassen sich die Ziele noch die Methoden des politischen Denkens und Handelns dieser Epoche auf einen gemeinsamen Nenner bringen. Wohl aber besteht im wesentlichen darüber Konsens, was es im Zeitalter der Vernunft zu überwinden galt, wogegen man sich richtete. Bei den ersten Schritten auf die herzustellende Gesellschaftsordnung hingegen brach dieses antiabsolutistische Lager der französischen Revolution auseinander. Nicht erst in der Dekade von 1789–1799 offenbarten sich die Interessen- und Klassengegensätze, die quer durch die bürgerlichen Gruppierungen gingen. Lange vorher waren unter den Aufklärern schon die Keime der kommenden Antagonismen und Interessengegensätze zu bemerken. Dies gilt vor allem im Hinblick auf die inhaltliche Konkretisierung ihres Postulats der Rechtsgleichheit:

> "... die Philosophen des 18. Jahrhunderts denken ihre Gedanken nicht konsequent zu Ende, auch da nicht, wo sie demokratischen Lösungen nahekommen; sie kommen immer wieder auf den Gedanken einer Auswahl unter den Menschen zurück, auf eine Gesellschaftsordnung, die von dem Grad der geistigen Kompetenzen der Menschen bestimmt wird... Sie gehen von einem aristokratischen Wertbegriff aus, nicht von einem allen Menschen gemeinsamen Wert" [13].

Den Sturz des alten Regimes forderte erst der Revolutionsbegriff der jüngeren französischen Aufklärer der zweiten Jahrhunderthälfte. Rousseau setzt Revolutionen noch in enge Beziehung zum zivilisatorischen Fortschritt der Menschheit. In diesem weitgefaßten Sinne sind sie ihm bloß Mittel zu diesem Ziel. Dazu gehört die Erfindung von Werkzeugen ebenso wie der Bau von Hütten, desgleichen die Arbeitsteilung, aus der Eigentum und damit Ungleichheit entstanden sind. Doch Rousseau ist zugleich der Prophet der kommenden Revolution: er ahnt bereits, daß das auf Korruption gegründete ancien régime nicht von Dauer sein wird. "Wir nähern

[13] Groethuysen, a. a. O., S. 107.

uns", heißt es im dritten Buch seines "Emile", "dem Zustand der Krise und des Jahrhunderts der Revolutionen". Für Rousseau sind Revolutionen "sowohl Wandlungen im Fortschritt der Zivilisation als auch andererseits Wendungen, welche die aus der Zivilisation entstandenen Gewalten wegfegen und ihre künstlichen, an innerem Widerspruch krankenden Zustände beseitigen" [14].

Der Revolutionsbegriff Rousseaus ist bestimmt durch eine Ambivalenz: er sieht darin Zerstörung, aber auch einen Wandel zum Besseren. Fern lag auch ihm die Vorstellung eines gewaltsamen Umsturzes durch die Massen des Volkes. Wie alle Autoren am Vorabend der Französischen Revolution fürchtete auch er einen Aufstand der Massen mehr als die Fortdauer des von ihm kritisierten Zustands.

Der im engeren Sinne moderne, weil nicht mehr als einmaliges Ereignis oder bloß schicksalhafter Vorgang im politisch-staatlichen Bereich gefaßte Begriff der Revolution datiert somit erst seit dem Beginn der Französischen Revolution. Was man im 19. Jahrhundert bis zum heutigen Tag unter Revolution versteht, "... hat seinen Ursprung immer noch in dem geschichtlichen Erlebnisreichtum der großen französischen Revolution" [15]. Zu Recht bemerkt Karl Griewank im Hinblick auf das damit eingeleitete Revolutionszeitalter:

> "Hier zuerst ist Revolution nicht nur nachträglich festgestellt, sondern bewußt erlebt und in langen Kämpfen durchgesetzt, schließlich auch wieder bestritten worden; hier wurde die 'Revolution' aus einem einzelnen Ereignis zu einer Menschheitsaufgabe, zu einem Ausdruck weitwirkender Kräfte, schließlich zu einem Prinzip, dem man anhing oder widerstrebte, und zum wesenhaften Element einer von solchen Kräften und Prinzipien angetriebenen dynamischen Entwicklungsgeschichte der Menschheit" [16].

Wie Voltaire sich von der Revolution der Geister eine Erneuerung der Menschheit versprach, so wurde nun die Revolution selbst als Heilbringer Frankreichs und der übrigen zivilisierten Welt verstanden. Revolution wird damit zu einer Angelegenheit, für die man einstehen kann, für die man auch zu opfern bereit ist. Sie er-

---

14 Griewank, a. a. O., S. 203.
15 Griewank, a. a. O., S. 230.
16 Ebd.

scheint nunmehr als der Übergang zu einem anbrechenden idealen neuen Zustand. Es galt, wie Condorcet schrieb, "die Freiheit auf den Ruinen des Despotismus, die Gleichheit auf denen der Aristokratie aufzurichten", nach den "ewigen Regeln der Vernunft und der Natur" [17]. Zum Mittel der Gewalt muß man allein deswegen greifen, weil die Parteigänger des Königtums und seine Privilegierten diese erhabenen Ziele gefährdeten. Nur darum waren revolutionäre Maßnahmen und Gesetze erforderlich, weil "Konterrevolutionäre" von diesem Ziel ablenken wollten, die später, im Fortgang der Revolution, in den Reihen der "Reichen", aber auch unter den Revolutionären selbst gesehen wurden [18]. Die Revolution fordert Verteidiger, die "Revolutionäre", ein Wort, das aus dieser Zeit stammt und dem Condorcet 1793 eine kurze Abhandlung widmete. Der Revolutionär setzt sich die Aufgabe, die Verschwörung der Konterrevolution aufzudecken und die Revolution gegen sie weiterzutreiben.

Die Genese des Revolutionsbegriffes ergibt, daß das jeweilige Verständnis dessen, was man als Revolution bezeichnet, von der historisch-politischen und sozialen Gesamtsituation einer Zeit bestimmt wird. So wie man vor der Französischen Revolution kaum auf den Gedanken kommen konnte, eine Strategie revolutionären Handelns zu entwickeln, – eben weil Revolutionen objektive, vom menschlichen Tun oder Lassen unabhängige Geschehnisse meinten –, ebenso kann nach der Französischen Revolution die Geschichte und das gesellschaftliche Leben nicht mehr nur als blindes Geschick erfahren werden, sondern als ein menschlichem Zugriff und Handeln prinzipiell offener Entwicklungsprozeß. Das bedeutet aber, daß seit den Erfahrungen der Französischen Revolution deren Zielsetzungen auch in den übrigen Ländern der Erde Geschichte machten, daß revolutionäres Bewußtsein zu einem wirksamen Faktor in den gesellschaftlichen Auseinandersetzungen der vergangenen zwei Jahrhunderte werden konnte. Das Neue gegenüber der Zeit vor der Französischen Revolution liegt in dem Bewußtsein beschlossen, daß Revolutionen gemacht werden können, zwar nicht, wie der Anarchismus glaubt, aus freiem Willensentschluß und durch Propa-

---

17 Zit. nach Griewank, a. a. O., S. 236.

18 Vgl. zum Zusammenhang von Diktatur und Terror: Deppe, F., Verschwörung, Aufstand und Revolution, Frankfurt Main 1970, S. 36 ff.

ganda der Tat, wohl aber als das Ergebnis der begriffenen Dynamik sozio-ökonomischer Konflikte, deren Austrag sich im Kampf sozialer Klassen niederschlägt. Alle großen Revolutionen seither sind in gewissem Sinne auch "gewollte" Revolutionen, da zu ihnen Revolutionäre und revolutionäres Bewußtsein gehören, bevor die Revolutionen selbst in Gang kommen, Revolutionäre, die sich mehr oder minder bewußt als die Erben der großen Französischen Revolution verstehen. Revolutionäre Gesinnung wird so zu einem Dauerzustand, denn es gibt – zumindest im Selbstverständnis der Revolutionäre – die Traditionslinie von 1789–1830–1848–1871–1905 bis 1917. Die revolutionäre, umwälzende Praxis wird zugleich Gegenstand primär technischer Betrachtung. Dem entspricht es, wenn nun die Idee der Revolution in Permanenz aufkommt. Politische und soziale Revolutionen lassen sich seit der französischen als permanenter Progreß verstehen. Die Geschichte einzelner Gesellschaften wie die Weltgeschichte selber scheinen interpretierbar geworden zu sein durch das Duell zweier Prinzipien: dem der Revolution und dem der Konterrevolution, der Beherrschten und der Herrschenden, des Proletariats und der Bourgeoisie, der armen und der reichen Länder, der Dörfer und der Städte und wie diese Gegensätze sonst noch bezeichnet werden mögen.

Ist Revolution die aktualisierte, potenzierte und intensivierte Form des Kampfes zwischen sozialen Klassen, die aus der Erhebung unkoordinierter und spontaner Volksmassen erwächst, stets aber eine tiefgreifende Strukturveränderung aller menschlichen Lebensbereiche zum Ziel hat, so setzt gerade dieser Anspruch, etwas grundlegend Neues schaffen zu wollen, einen – wenn auch nicht notwendig, so doch meist auch: gewaltsamen – Bruch mit der Tradition voraus. Im Sinne dieser Bestimmung gibt es Revolutionen in der Tat erst seit der Französischen, da in Bürgerkriegen, Aufständen und Erhebungen vor 1789 keine radikale Veränderung der sozioökonomischen Gesamtstruktur einer Gesellschaft intendiert war, sondern, sei es die Vertreibung der Herrscher aus ihren Machtpositionen, sei es die Verbesserung der Lebenschancen einzelner Interessengruppen, d. h. stets: eine Veränderung der Rolle und Rangposition *inner*halb der vorgegebenen, festgefügten Rang- und Herrschaftsstrukturen. Erst die Französische Revolution ist zudem erklärtermaßen eine nicht nur national-französische, sondern eine, die weltgeschichtliche Mission beansprucht. Sie will eine neue Epoche der Menschheitsgeschichte einleiten. In dieser weltgeschichtlichen Bedeutung der Französischen Revolution und der von ihr ausgehenden Revolutionen der Folgezeit drückt sich eine spezifisch neue Qualität revolutionären Handelns und Denkens aus, die es vordem noch nicht gab. Die Zeitgenossen der Französischen Revolution haben, unabhängig von ihrer eigenen politischen Stellung zu diesem Vorgang, dieses ihr Spezifikum klar erkannt und auch ausgesprochen. So schreibt Kant im Jahre 1798:

> "Die Revolution eines geistreichen Volks, die wir in unseren Tagen vor sich gehen sehen, mag gelingen oder scheitern; sie mag mit Elend und Greuelthaten dermaßen angefüllt sein, daß ein wohldenkender Mensch sie, wenn er sie, zum zweiten Male unternehmend, glücklich auszuführen hoffen könnte, doch das Experiment auf solche Kosten zu machen nie beschließen würde – diese Revolution, sage ich, findet doch in den Gemüthern aller Zuschauer (die nicht selbst in diesem Spiele mit verwickelt sind) eine Theilnehmung dem Wunsche nach, die nahe an Enthusiasmus grenzt... Ein solches Phänomen in der Menschengeschichte vergißt sich nicht mehr, weil es eine Anlage und ein Vermögen in der menschlichen Natur zum Besseren aufgedeckt hat, dergleichen kein Politiker aus dem bisherigen Laufe der Dinge herausgeklügelt hätte... Aber, wenn der bei dieser Begebenheit beabsichtigte Zweck auch jetzt nicht erreicht würde, wenn die Revolution... fehlschlüge..., jene Begebenheit ist zu groß, zu sehr mit dem Interesse der Menschheit verwebt, und, ihrem Einflusse nach, auf die Welt, in allen ihren Theilen zu ausgebreitet, als daß sie nicht... bei irgend einer Veranlassung günstiger Umstände... zu Wiederholung neuer Versuche dieser Art erweckt werden sollte..." [19].

Hegel schließlich feiert die Französische Revolution mit den Worten:

> "Solange die Sonne am Firmamente steht und die Planeten um sie herumkreisen, war das nicht gesehen worden, daß der Mensch sich auf den Kopf, das ist, auf den Gedanken stellt und die Wirklichkeit nach diesem erbaut. Anaxagoras hatte zuerst gesagt, daß der nous die Welt regiert; nun aber erst ist der Mensch dazu gekommen, zu erkennen, daß der Gedanke die geistige Wirklichkeit regieren solle. Es war dieses somit ein herrlicher Sonnenaufgang. Alle denkenden Wesen haben diese Epoche mitgefeiert. Eine erhabene Rührung hat in jener Zeit geherrscht, ein Enthusiasmus des Geistes hat die Welt durchschauert, als sei es zur

---

[19] Kant, I., Der Streit der Fakultäten, Leipzig o. J., S. 105, 108.

wirklichen Versöhnung des Göttlichen mit der Welt nun erst gekommen" [20].

Hegel hat von der Französischen Revolution nicht von ungefähr als von einer "Furie des Verschwindens" gesprochen: Was da untergeht ist nicht bloß der Geist und Überbau der abgestorbenen Stände, die Gerüste der alten Gesellschaft, sondern diese selbst. Und was eine Furie ist, läßt sich eben daran ermessen, was damit alles verschwindet, ohne zugleich etwas Neues auf die weltgeschichtliche Bühne zu zaubern. Revolution ist sicher zunächst Destruktion, Zerstörung des Gewordenen, oder dessen, aus dem die geschichtliche Substanz gewichen ist – aber wäre sie damit allein schon hinlänglich zu bestimmen? Wer in ihr nichts anderes sieht als die blanke Destruktion, die Guillotine, gleicht dem, der nur die Sonne hinter den Hügeln verschwinden sieht und nichts sonst. Die isolierte Perspektive der Untergangsstimmung ist Symptom der Welt von gestern. Umgekehrt aber: wer nur auf die Morgenröte starrt, vergißt, daß das von der aufgehenden Sonne Beschienene noch keine neue Erde sein muß, sondern die Welt von gestern in neuem Licht.

---

20 Hegel, G. W. F., Vorlesungen über die Philosophie der Geschichte, Leipzig o. J., S. 552.

I. DER ROHE KOMMUNISMUS

1. Babeuf oder die stillgestellte Revolution

Was sich im Untergrund der Französischen Revolution in den Jahren nach 1790 herausgebildet hatte, stellt eine erste Frühform kommunistischer Revolutionstheorie dar, die zwar in vielfacher Hinsicht noch utopische Züge aufweist, dem Prinzip nach jedoch bereits Motive enthält, die dann für proletarische Revolutionsbewegungen und Ideen des 19. Jahrhunderts ausschlaggebend wurden. Im Fortgang der Französischen Revolution trat bei der Beantwortung der Frage nach deren sozialen Inhalt innerhalb des Dritten Standes eine Interessenpolarisierung zutage, die die Revolution als unvollendet erscheinen ließ. So schreibt Marat im Sommer 1792: "Die Revolution hat sich gegen das Volk gekehrt und ist für dieses zum größten Unglück ausgeschlagen ... Nur die Dekorationen auf der Staatsbühne haben sich verändert; die Spieler aber, die Masken, die Intrigen, die Ressorteinteilungen sind geblieben. Nichts, gar nichts hat sich im Spiel der politischen Maschinerie geändert, und das wird so bleiben, bis das Volk klar genug sieht, um den Betrügern, die es täuschen, das Spiel zu verderben ..." [1], und Babeuf schreibt im Jahre 1795: "Die Revolution ... ist das Wohl aller; das aber haben wir nicht: also ist die Revolution nicht zu Ende geführt. Die Gegenrevolution ist das Unglück der überwiegenden Mehrheit; das haben wir: die Gegenrevolution ist also durchgeführt!" [2].

Revolution wie Gegenrevolution enthalten je schon das Potential ihres Gegensatzes in sich. Die etablierte bürgerliche Gesellschaft, die seit ihrem ersten Auftreten als Dritter Stand nichts Einheitliches, sondern ein Konglomerat mannigfach differierender Interessen war, schwor bald ihrem revolutionärem Geist ab, verlegte sich auf den Handel und überließ dann Napoleon, den Kräften der Restauration, die Politik im "Juste Milieu". Was als Weltrevolution gedacht war, endete im Kaiserreich. Mit der Festigung der politi-

---

[1] Jean Paul Marat, in: Ami du Peuple, Nr. 667, zit. nach Cunow, H., Die Parteien der großen französischen Revolution und ihre Presse, Berlin 1921, S. 341.

[2] Babeuf, G., Ausg. Schriften, Hg. G. u. C. Willard, Berlin 1956, S. 48.

schen Herrschaft des Bürgertums und der Entfaltung der industriellen Produktionsweise, der industriellen Revolution, erzeugt dieses Bürgertum seine eigene Negation: die Klasse der Lohnabhängigen. So erfährt der Widerspruch von bürgerlich-revolutionärer und feudal-gegenrevolutionärer Theorie und Praxis durch die Eröffnung einer neuen Klassenfront im 19. Jahrhundert eine entscheidende Veränderung.

François Babeuf war einer jener Akteure, der die Französische Revolution als eine noch nicht vollendete begriff. Seine revolutionären Vorstellungen sind geprägt von der weitgehend agrarischen und manufakturellen Epoche, die sich erst im allmählichen Übergang zur bürgerlichen Produktionsweise befand. Deren Frühformen und Auswirkungen jedoch kannte er bereits aus seiner Heimat, der Picardie.

Zur Erklärung der teilweise widersprüchlichen Äußerungen Babeufs verweist Thilo Ramm auf dessen aktionistische Haltung: "Der Gedanke, daß es Babeuf gar nicht auf wissenschaftliche Erkenntnis und Logik ankam, liegt zu nahe, als daß er von der Hand gewiesen werden könnte. Babeuf wollte den praktischen Erfolg. Er suchte nach Ansatzpunkten, um seine Vorstellung der neuen Ordnung verwirklichen oder zumindest an die Öffentlichkeit bringen zu können" [3]. Babeuf war vor allem nach dem 9. Thermidor ein Propagandist der sozialen Revolution, die er als einen "offenen Krieg zwischen Patriziern und Plebejern, zwischen Reichen und Armen" [4] begreift. Damit antizipiert er den Begriff des Klassenkampfes auf der Stufe einer sich erst entfaltenden industriellen Gesellschaft. Er sprengt die jakobinisch-kleinbürgerliche Eigentumsvorstellung, die auf Besitzangleichung zielte, im Namen der radikaldemokratischen Vorstellungen der Verfassung von 1791.

Die Institution des Privateigentums ist für Babeuf die "Geißel der Gesellschaft". Deshalb erkennt er der revolutionären Erhebung der Armen, die Mehrheit des Volkes, gegen die Reichen eine geschichtliche Notwendigkeit, ein natürliches Recht zu, wie es in Artikel 35 der Menschenrechte von 1793 [5] gefordert war. Revolu-

---

[3] Ramm, Th., Die großen Sozialisten als Rechts- und Sozialphilosophen, Stuttgart 1955, S. 140 f.

[4] Babeuf selbst spricht noch von einer "politischen" Revolution, meint aber damit dem Inhalt nach den einer sozialen. Babeuf, a. a. O., S. 38.

[5] Dort heißt es: "Wenn die Regierung die Rechte des Volkes verletzt,

tion als eine geschichtliche Notwendigkeit entspringt bestimmten und daher auch bestimmbaren gesellschaftlichen Verhältnissen:

> "Die Masse kann nicht existieren, weil alle Güter in anderen Händen liegen; sie sieht sich einer Kaste gegenüber, die alles an sich gerissen hat und erbarmungslos festhält. Solche Verhältnisse bestimmen den Zeitpunkt der großen Revolutionen, sie lösen jene denkwürdigen, seit jeher prophetisch vorausgesagten Epochen aus, in denen ein allgemeiner Umsturz der Eigentumsverhältnisse unvermeidbar wird, in denen die revolutionäre Erhebung der Armen gegen die Reichen eine geschichtliche Notwendigkeit ist, die durch nichts unterdrückt werden kann" [6].

Die soziale Revolution soll der Herstellung der wirklichen Gleichheit dienen, nicht bloß der rechtlichen Gleichstellung. Babeuf fragt daher nach einem System, das in ökonomischer und sozialer Beziehung am besten geeignet ist, die Gleichheit aller zu garantieren. Dabei gelangt er zu einem Kommunismus der Gebrauchsgüterverteilung: Der Boden gehört rechtens und ursprünglich niemandem, die Früchte des Bodens aber allen. Die gleichmäßige Verteilung der Erträge und Erzeugnisse erfordert zugleich auch die Verpflichtung zur Mitarbeit der einzelnen "Teilhaber" der Gemeinschaft, so, wie es ihren körperlichen und geistigen Fähigkeiten entspricht. In der von Babeuf entworfenen "nationalen Gütergemeinschaft" werden alle gesellschaftlich nützlichen Tätigkeiten gleich geachtet und bewertet. Es gibt keinen Müßiggang auf Kosten anderer, keinerlei Privilegien, d. h. keine Beherrschung der Vielen durch eine Minderheit. Diese Gütergemeinschaft kommt nach Babeuf nicht ohne den Staat aus. Ihm spricht er als der obersten Planungs- und Organisationsbehörde eine neue Qualität zu:

> "Die Angehörigen der Kaste der Wucherer und Eindringlinge werden euch erklären, sie seien auf rechtmäßigem Wege dazu gelangt, die große Mehrheit ihrer Mitmenschen auszuplündern. Man stellt jedoch bald fest, daß das nur mit Hilfe verabscheuungswürdiger, vom Staate gebilligter Einrichtungen geschieht. Also sind auch die Regierenden unter Anklage zu stellen" [7].

---

dann ist der Aufstand für das Volk und jeden Teil des Volkes das heiligste Recht und die unerläßlichste Pflicht" zit. nach Ramm, a. a. O., S. 159.

6 Babeuf, a. a. O., S. 77.

7 A. a. O., S. 50.

Das entscheidend Neue an dieser noch rohen Form des Kommunismus hebt Engels in seiner "Entwicklung des Sozialismus" hervor, wenn er schreibt:

> "Die Forderung der Gleichheit wurde nicht mehr auf die politischen Rechte beschränkt, sie sollte sich auch auf die gesellschaftliche Lage der einzelnen erstrecken; nicht bloß die Klassenvorrechte sollten aufgehoben werden, sondern die Klassenunterschiede selbst. Ein asketischer, allen Lebensgenuß verpönender, an Sparta anknüpfender Kommunismus war so die erste Erscheinungsform der neuen Lehre" [8].

Obwohl Babeuf Forderungen des Proletariats deutlich aussprach, waren es doch Forderungen eines erst in den Anfängen steckenden "Vorproletariats." Seine Postulate: Aufhebung des Gegensatzes zwischen Stadt und Land, des Privaterwerbs und der Lohnarbeit, die Verkündung der gesellschaftlichen Harmonie, die Verwandlung des Staats in eine bloße Verwaltung der Produktion – all diese Programmforderungen drücken zwar das Wegfallen des Klassengegensatzes aus, eines Klassengegensatzes jedoch, der sich in den 90er Jahren des 18. Jahrhunderts, in denen Babeuf seine Gedanken entwickelte, erst langsam zu entfalten begann.

Babeuf, einige Jahrzehnte später Blanqui und Weitling, sind pathetische Sozialisten, deren revolutionäre Theorie nicht primär aus einer Analyse der historischen Bewegung der Klassen, sondern aus Erbitterung und Empörung über das Elend der Massen, der überwiegenden Mehrzahl der Gesellschaft, entstanden ist. Deren Rechte melden sie an gegen die Privilegien der Minoritäten.

> "Weitling ist die früheste proletarische Stimme Deutschlands, Babeuf eine der frühesten Frankreichs, und zuverlässig vertrat er als erster nach der Abwürgung der Französischen Revolution jene Forderungen realer Gleichheit, um die der Bourgeois den Citoyen betrogen hatte. So bestehen Zusammenhänge, solche der Reinheit wie der Primitivität, zwischen dem Haupt der "Egalitaires" und Weitling ... In ihrer Gefühlswelt ..., in ihrer verworrenen Fernsicht und Radikalität steht auch Weitling" [9].

---

[8] Engels, Fr., Die Entwicklung des Sozialismus von der Utopie zur Wissenschaft, in: Marx/Engels, Ausg. Schriften, Berlin 1955, Bd. II, S. 109.

[9] Bloch, E., Das Prinzip Hoffnung, Berlin 1955, Bd. 2, S. 142 f.

Babeuf intoniert die Grundmotive jenes "rohen Kommunismus", für den die gesellschaftliche Entwicklung einen fortwährenden Kampf der Armen gegen die Reichen darstellt. So wenn er 1796 formuliert:

"Die Französische Revolution ist nur die Vorläuferin einer viel größeren, viel ernsteren, die die letzte sein wird. Kein individuelles Eigentum des Bodens mehr, der Boden gehört niemand, wir fordern, wir wollen den gemeinsamen Genuß der Früchte der Erde, die Früchte gehören allen. Verschwindet, ihr empörenden Unterschiede zwischen Reich und Arm, zwischen Herrscher und Beherrschten. Der Augenblick ist gekommen, eine Republik der Gleichen zu bilden, das große gastliche Haus (hospice), das allen geöffnet ist" [10].

Die Parole der Urkommunisten lautet: Alle Menschen sind Brüder! Keiner soll über den anderen herrschen, alle sollen in den Genuß der Früchte kommen, die von den Produzenten dem Boden abgerungen werden. Es ist ein Kommunismus der Verteilung und der Aufteilung. Das Neue und Vorwärtsweisende an Babeuf ist der konsequente Bruch mit den liberal-aufklärerischen Illusionen eines stetigen Fortschritts in der Geschichte. Babeuf – wie auch später Blanqui – glaubt nicht mehr an die soziale Harmonie, die Tausch und Konkurrenz ursprünglich einmal herstellen sollte.

Im Jahre 1796 erscheinen gleich zwei zentrale Bücher, die diesem liberalen Progreß abschwören: Joseph de Maistre's Considérations sur la France" sowie Sylvian Maréchals und Babeufs "Manifest der Gleichen" als Programmschrift einer Gesellschaft, die sich "Gesellschaft des Panthéon" [11] nannte. Diese Geheimgesellschaft war der frühkommunistische, organisierte Protest gegen den 9. Thermidor, in dem die Französische Revolution erstickte. Sie konspirierte nach der Hinrichtung Robespierres und der Hebertisten, der radikalen Jakobinerfraktion, gegen die Diktatur des Direktoriums. Beide Schriften – wenngleich hinsichtlich ihrer Absichten diametral entgegengesetzt – bemühen sich um eine geschichtliche Diagnose: beide stellen eine Prognose und beide entwickeln ein politisches Programm. Ihre Gemeinsamkeit liegt im contra: sie bekämpfen die

---

[10] Zit. nach Bloch, a. a. O., S. 143.

[11] Zur Organisation dieser Gesellschaft und ihrer Aufstandsvorbereitungen, vgl. Talmon, J. L., Die Ursprünge der totalitären Demokratie, Köln und Opladen 1961, S. 200 ff.

liberale Aufklärung; de Maistre von einem christlich konservativen, Sylvian Maréchal und Babeuf hingegen von einem sozialrevolutionär-kommunistischen Standort aus.

Mit erstaunlichem Scharfblick bezeichnet Babeuf bereits Tendenzen eines entfalteten Kapitalismus. Er bestimmt den bürgerlichen Liberalismus als klassenspezifische, d. h. als eine gegen die "wahren Produzenten" [12] gerichtete Wirtschaftsform. So verwirft er die Konkurrenz als eine Vorstufe ökonomischer Monopolbildung:

> "Die Konkurrenz läßt nur den hochkommen, der viel Kapital besitzt, sie führt infolge ständigen Kampfes zum Monopol in der Hand des Überlegenen und zum Verschwinden der billigen Waren. Die Konkurrenz führt dazu, daß die Waren ohne Rücksicht auf Mittel und Wege, ohne Ziel und Plan fabriziert werden, auch auf die Gefahr hin, keine Käufer mehr zu finden" [13].

Obwohl Babeuf es unternimmt, die ökonomischen Grundlagen der Polarisierung der Gesellschaft in Arme und Reiche zu bestimmen, weicht er doch wieder in eine personalisierende Deutung aus: er glaubt an eine Verschwörung von Spekulanten und Händlern, die sich auf Kosten des physischen Arbeitseinsatzes der Mehrheit der Bevölkerung bereichern. Seine Kritik setzt noch nicht – wie später die marxistischen Analysen – an der Produktionssphäre selbst an, sondern am Privateigentum, den Formen der Warenverteilung und des Verbrauchs. Deren Symptome jedoch bringt er deutlich zur Sprache:

> "Die wahren Produzenten sind dem Mangel und der Entbehrung ausgesetzt, zumindest ist das wenige, das man ihnen läßt, nur der höchst minderwertige, magere Abfall von der Mahlzeit" [14].

> "Wir sehen also deutlich, daß das, was der Mehrheit fehlt, im Zuviel, im Überfluß der Minderheit vorhanden ist. Diese Minderheit bildet infolgedessen im Staat eine Kaste rechtsbrüchiger Wucherer ..." [15].

Von diesen frühen Ansätzen einer gewiß noch primitiven Klassen-

---

[12] Babeuf, a. a. O., S. 111.
[13] A. a. O., S. 112.
[14] A. a. O., S. 111.
[15] A. a. O., S. 39.

analyse führt eine Linie über Auguste Blanqui und Proudhon zu Wilhelm Weitling. Während Babeuf die Einlösung der Prinzipien von 1789 und der Verfassung der Französischen Revolution von 1793 fordert, wird Marx später zeigen, daß diese Postulate auf der Grundlage der kapitalistischen Tauschgesellschaft gar nicht einzulösen sind.

Was Babeuf intoniert, ist das Thema der unvollendeten Revolution und der Bewegung der Massen, die nicht ohne weiteres gestoppt werden können. Die enttäuschten Hoffnungen der breiten Massen des Volkes auf eine Verbesserung ihrer Lage machen sich in der Folgezeit immer wieder in Aufständen, Revolten und Streiks Luft: sie bilden das Thema der Julirevolution des Jahres 1830 ebenso wie das der Februarrevolution von 1848.

2. Der gescheiterte Aufstand: Blanqui

Im Jahre 1832 notiert Auguste Blanqui: "Man darf sich nicht verschleiern, daß zwischen den Klassen, aus denen sich die Nation zusammensetzt, ein Kampf auf Leben und Tod entbrannt ist" [16]. Zu diesem Zeitpunkt war die alte Aristokratie Frankreichs verarmt oder von der Revolution bereits hinweggefegt. An ihre Stelle war das Bürgertum als eine neue Aristokratie des Geldes getreten, während das Volk, die große Mehrheit, nach wie vor von der politischen Macht, vor allem aber von den ökonomischen Privilegien, ausgeschlossen blieb.

Zwei Prinzipien stehen sich von nun an – nicht bloß auf französischem Boden – gegenüber: die von der Bourgeoisie zum Schild erhobene verfassungsmäßige Legalität auf der einen und die radikaldemokratisch, in Ansätzen auch schon sozialistisch interpretierte legitime Souveränität des Volkes auf der anderen Seite.

Worin besteht dieser Klassenkampf? Was ist sein wirklicher Inhalt? Zunächst ist er nicht einfach ein Gegeneinander der Interessen verschiedener Gruppen, nicht mehr nur eine Spaltung zwischen Reich und Arm, Kapital und Arbeit. Diese Aufspaltung der Nation in zwei konträre soziale Klassen wird vielmehr erst dadurch zum

---

[16] Zit. nach Kesting, H., Geschichtsphilosophie und Weltbürgerkrieg, Heidelberg 1959, S. 60.

Klassenkampf im modernen Sinne des Wortes, "daß die Arbeiterschaft sich als 'Proletariat', d. h. als underdrückte und ausgebeutete Schicht begreift, sich als solche organisiert und die revolutionäre Tradition aufnimmt" [17], d. h. aber: von einer "Klasse an sich" zu einer "Klasse für sich" wird. Den Kampf zwischen Reich und Arm gab es schon immer in der menschlichen Geschichte. Neu seit der Französischen Revolution ist die Erkenntnis, daß es eines Klassenbewußtseins bedarf, um als Unterklasse zum Subjekt der Geschichte zu werden. Neu ist ferner die bewußte und organisierte Form dieses Klassenkampfes. Zum Klassenbewußtsein gehört, daß die Arbeiterschaft sich als Proletariat organisiert und damit theoretisch und praktisch als Partei auftritt, als international verbündete Partei des Bürgerkrieges auf dem Boden der krisenhaften kapitalistischen Gesellschaft. Damit ist eine neue Qualität in den Klassenkämpfen der Geschichte erreicht: man erfährt sich nicht mehr als Angehörigen einer sozialen Lage, die einem gleichsam naturnotwendig aufgezwungen wurde, sondern man begreift sich als solidarisch bewußtes Mitglied einer proletarischen Klasse. Lorenz von Stein hat in seiner Analyse des "Sozialismus und Kommunismus des heutigen Frankreich", die im Jahre 1842 erschien, dieses neue Prinzip der Klassenkämpfe treffend charakterisiert:

> "Die Gesellschaft spaltet sich in zwei große Lager, die Auffassung der menschlichen Verhältnisse in zwei durchaus entgegengesetzte Systeme, und die Entwicklung in zwei große Bewegungen, die sich gegenseitig ausschließen und des Augenblickes warten, wo sie in offenem Kampf auftreten können" [18].

Das Strukturprinzip des Widerspruchs der kapitalistischen Gesellschaften wird der soziale Gegensatz der Interessen von Kapital und Arbeit in einer tendenziell permanenten revolutionären Situation. Das Bürgertum definiert sich als Agenten des Fortschritts der industriellen und der politischen Revolution; das Proletariat als Subjekt und Träger der sozialen Revolution. Beide: politische und soziale Revolution bedingen einander. Die politische Revolution vollzieht im Bereich der staatlichen Organisation jenen Anpassungsprozeß, der durch die sich entfaltende kapitalistische In-

---

17 A. a. O., S. 61.

18 Zit. nach Kesting, a. a. O., S. 61 f.

dustriegesellschaft gefordert war. Die soziale Revolution ist Folge und Wirkung dieser politischen des Bürgertums, die damit zu einer unvollendeten Revolution erklärt werden kann. Diese Erklärung ist Babeufs Manifest der Gleichen ebenso wie das Kommunistische Manifest von Marx und Engels. Das Proletariat wählt den Anspruch der bürgerlich-politischen Revolution zu seinem eigenen Kampfziel, eine Gesellschaft von Gleichen und Freien herzustellen, während die Bourgeoisie im Fortgang der Klassenkämpfe mit Hilfe eines Bündnisses mit der Aristokratie und der Legitimität des Königtums diesen Beerbungsversuch des Proletariats abzuwehren sucht. Das Proletariat geht in die Offensive, während das Bürgertum hinhaltende Kompromißgefechte liefert, unterbrochen durch spontane Aufstände und Revolutionen des proletarischen Gegners.

> "Das Proletariat greift die Selbstauslegung des Bürgertums auf, radikalisiert sie im Sinne der Tradition von 1793, also im Sinne eines Rousseau-Robespierre-Babeufschen Demokratismus und leitet daraus die Notwendigkeit einer weiteren Revolution her. Auf diese Weise verwandelt sich der Interessengegensatz von Kapital und Arbeit in den Klassenkampf zwischen Bourgeoisie und Proletariat" [19].

Diese Radikalisierung bedeutet aber, daß im Verlaufe der sozialen und ökonomischen Entwicklung Freiheit und Gleichheit nicht mehr im Namen einer Republik gefordert werden, sondern namens einer noch zu schaffenden sozialistischen Gesellschaft. Blanqui bezeichnet in Frankreich das Ende der Tradition von 1793. Er schrieb für die von ihm herausgegebene Zeitschrift "Le Libérateur. Journal des Opprimés" im Jahre 1834 einen programmatischen Artikel, der den Titel trägt: "Wer die Suppe gekocht hat, muß sie aufessen". Gemeint sind die Reichen, die zu Beginn der Französischen Revolution noch das Prinzip der Gleichheit verfochten hatten, dann aber, als diese Gleichheit nicht bloß eine vor dem Gesetz sein sollte, diese Forderung zugunsten der Verteidigung der realen Ungleichheit preisgaben:

> "Wir kennen diese Freiheit, welche gegen den Kommunismus auftritt – es ist die Freiheit, zu unterjochen, die Freiheit, nach Willkür auszubeuten, die Freiheit der großen Existenzen. Diese Freiheit nennt das Volk

---

[19] A. a. O., S. 62.

> Unterdrückung, Verbrechen; es will dieselbe nicht mehr mit seinem Fleische und seinem Blute nähren" [20].

Die Geschichte seiner Zeit sieht Blanqui als einen Zweikampf, "den Zweikampf auf Leben und Tod zwischen der Revenue und dem Lohn" [21], der die "vorgebliche Assoziation des Parasiten und seines Opfers" [22], des "Kapitalisten" und "Arbeiters" [23] enthüllt und aufhebt. Die Geschichte steht damit vor einem unerbittlichen Entweder–Oder:

> "Die Menschheit ist niemals stationär, sie macht entweder Fortschritte oder geht zurück. Ihr allmählicher Vormarsch führt sie zur Gleichheit; ihr Rückschritt geht wieder durch alle Stufen des Privilegiums bis zur persönlichen Sklaverei, dem letzten Wort des Eigentumsrechtes, zurück. Bevor sie von da wieder zurückkehren würde, wäre gewiß die europäische Zivilisation vernichtet" [24].

Mit dieser Geschichtsphilosophie hat Blanqui, zehn Jahrzehnte vor dem Erscheinen des Kommunistischen Manifests, den sozialen Inhalt der Kämpfe zwischen Proletariat und Bourgeoisie bezeichnet. Er sieht in der Arbeit die einzige Quelle des Werts, im Lohn nur die Verschleierung der industriellen Sklaverei, in der Erzeugung eines Mehrwerts den Grund für die fortwährende Expropriation der Lohnarbeiter. Die Fortdauer dieses Kapital-Arbeitsverhältnisses führt Blanqui darauf zurück, daß die Armen die wirkliche Quelle ihrer Leiden nicht erkennen. Daher fordert er die Bildung der Arbeiter, die aus der Klasse an sich eine Klasse für sich entwickeln soll:

> "Die Unwissenheit, die Tochter der Unterjochung, macht aus ihm (dem Armen, K. L.) ein gelehriges Werkzeug der Bevorrechtigten. Was kann

---

20 Blanqui, Kritik der Gesellschaft, 1. Bd., Leipzig 1886, zit. nach Diehl-Mombert, Ausgewählte Lesestücke zum Studium der politischen Ökonomie, 11. Bd.: Sozialismus, Kommunismus, Anarchismus, 1. Abtlg., Jena 1920, S. 49.

21 Blanqui, A.: Instruktionen für den Aufstand, Frankfurt am Main, 1968, S. 67.

22 A. a. O., S. 65.

23 A. a. O., S. 66.

24 A. a. O., S. 68.

er von Arbeit erdrückt, dem intellektuellen Leben fremd, von diesen sozialen Erscheinungen verstehen, in denen er die Rolle des Lasttieres spielt? Er empfängt als eine Wohltat, was man ihm von den Früchten seines Schweißes zu lassen geruht, und er sieht in der Hand, welche ihn ausbeutet, nur die Hand, welche ihn ernährt, und ist immer bereit, auf ein Zeichen seines Herrn den Vermessenen zu zerreißen, welcher es versucht, ihm eine bessere Bestimmung zu zeigen" [25].

Das utopistische Moment in Blanquis Kommunismus beruht vor allem darin, daß er die Armut als eine Folge der Unwissenheit der Armen erklärt, woraus folgt, daß mit der Beseitigung dieser Unwissenheit auch notwendig die Quelle der Armut verschwinden müsse. Marx hingegen sah, ein Jahrzehnt später, daß die Entfremdung des Arbeiters, zu der auch jener Kretinismus gehört, den er in seinen Pariser Manuskripten schildert, selbst bereits eine Folge der auf der Struktur der Ware Arbeitskraft fundierten Ausbeutung darstellt, so daß erst mit deren Beseitigung auch die Unwissenheit zu überwinden ist.

Was Blanqui zum utopischen Sozialisten macht, ist, im Lichte der Marxschen Kritik, die Hervorkehrung eines Symptoms der kapitalistischen Produktionsweise: die Unwissenheit der Arbeiter als der Quelle der Ausbeutung. Dennoch verficht auch Blanqui bereits die Abschaffung der Klassen; allerdings meint er, es genüge, im Handstreich den Besitz der Staatsmacht zu erlangen, um auf diesem Wege Armut und Unwissenheit abzuschaffen. Er predigt die Diktatur der Minorität einer verschwörerischen Gruppe, die sich zum Kopf des Proletariats erklärt, eine Diktatur, die auf dem Wege der Eroberung der Staatsmacht die Bahn für eine Gesellschaft von Freien und Gleichen ebnen sollte.

In dieser Verschwörungstaktik Blanquis drückt sich sozialgeschichtlich der unentwickelte Stand der bürgerlichen Klassengesellschaft Frankreichs aus. Hier regierte bis in die Mitte des 19. Jahrhunderts eine Finanzaristokratie, nicht aber das Industriekapital. Das wirkliche Proletariat ist noch eine Klasse an sich: ohne wirkliches Bewußtsein von seiner Klassensituation. Die Verschwörergruppe soll daher, stellvertretend für dieses durch Unwissen gekennzeichnete Proletariat, die Revolution durchführen, um dann dem Proletariat die Errungenschaften der Revolution zugutekom-

---

25 A. a. O., S. 65 f.

men zu lassen. Die Aufhebung der Unwissenheit im Sinne einer Arbeiter- und Volksbildung soll das leisten, was innerhalb der alten bürgerlichen Gesellschaft nicht geleistet werden kann: die Überwindung der proletarischen Unwissenheit als der Quelle des Elends.

Frank Deppe bemerkt in seiner Untersuchung über "Auguste Blanqui und das Problem der sozialen Revolution im 19. Jahrhundert" zu Recht:

> "Die politische Revolution, von der die Philosophen des 18. Jahrhunderts noch nichts ahnten, wird nunmehr selbst zur Aufgabe des Intellekts erklärt. Die historische Erfahrung der Französischen Revolution treibt die sozialistischen Revolutionäre über die Positionen der Aufklärung hinaus. Deren Ziel, die allgemeine Umwälzung der Unwissenheit zur Aufklärung, kann im Bewußtsein der blanquistischen Intellektuellen erst dann eingelöst werden, wenn sie selbst die politischen Voraussetzungen der allgemeinen Aufklärung verwirklicht haben, d. h. die etablierte Regierung der geistigen und materiellen Unterdrückung stürzen. Mit dieser Überlegung vollzieht Blanqui den Schritt von den bürgerlichen Aufklärungstheorien zur Praxis der revolutionären Verschwörung der bewußten Minderheit, die mit der Revolution die Aufklärung der Gesamtheit der Unterdrückten, des Proletariats, plant" [26].

Blanqui, neben Bakunin eine der verwegensten Gestalten des 19. Jahrhunderts, gründet ab 1835 seine ersten Geheimbünde. Bei diesem Schritt von der Aufklärung zur revolutionären Verschwörung einer Minderheit wird als Transformationsperiode die Diktatur im Namen des Volkes gefordert, eine "transitorische Aufklärungsdiktatur" [27], die dann später als "Diktatur des Proletariats" bezeichnet werden wird. Diese Diktatur zugunsten des Volkes gilt Blanqui als ein notwendiges Erfordernis, weil er vom Axiom der Unmündigkeit der breiten Massen der Lohnabhängigen unter den Bedingungen der bürgerlichen Klassengesellschaft ausgeht, ein Axiom, das gewiß seinen historischen Erfahrungshorizont besitzt. Solange die Unwissenheit der Massen sich als unaufhebbar erweist, muß die Diktatur einer Minderheit als das Substitut fungieren, welches jene Bedingungen erst herzustellen erlaubt, die die Emanzi-

---

[26] Deppe, F., Verschwörung, Aufstand und Revolution. Auguste Blanqui und das Problem der sozialen Revolution im 19. Jahrhundert, Frankfurt am Main 1970, S. 194 f.

[27] A. a. O., S. 90.

pation des Volkes ermöglichen: die planmäßige Überwindung der Not, des Elends und damit der Unwissenheit, der Quelle aller Ungleichheit. Der Wille der Verschwörer selbst wird bei Blanqui zum Triebrad der Revolution.

Mit diesem Diktaturgedanken, der sich mit der Verschwörerpraxis verbindet, erhält das, was man in der Geschichte der Arbeiterbewegung als "Blanquismus" bezeichnet, eine exklusive und elitäre Note. Die Exklusivität der Verschwörer ist zugleich eine Folge ihrer Isoliertheit: zwischen den Häschern des Staatsapparats, den Polizeispitzeln und der blinden Abhängigkeit der Massen eingekeilt, bleibt ihnen nur der Geheimbund, den Blanqui mit seiner "Gesellschaft der Jahreszeiten" – einer Art von "Kaderbildung" – im Jahre 1837 organisiert. Ihr Name rührt von der geheimbündlerischen Organisationsform her:

> "Je 6 Mitglieder mit ihrem Chef bilden die unterste Abteilung, eine 'Woche' genannt; der Chef hieß der 'Sonntag'. Vier Wochen machten einen 'Monat', und der Führer dieser 28 Mann hieß ein 'Juli'; drei Monate sind wieder eine 'Jahreszeit', deren Chef ein 'Frühling' heißt. Vier Jahreszeiten endlich bilden ein 'Jahr'; der Chef des Jahres erhält den Titel eines 'Agent révolutionnaire'. Solche Agents révolutionnaires waren A. Blanqui, Armand Barbès und Martin Bernard, die in ein 'revolutionäres Kommitee' zusammentraten und die ganze Verbindung leiteten" [28].

Die Romantik dieser Geheimbünde und ihrer Namensgebung hinderte indes nicht, daß sich im Laufe der Zeit Spitzel der Regierung als "eifrige" Revolutionäre einfanden, die in der Regel die wichtigsten Vorhaben schon im Stadium ihrer Planung beobachten konnten, sich Materialien und Auskünfte zu verschaffen wußten und Führer wie Mitglieder hinter Schloß und Riegel brachten. Das Schicksal des Blanquismus ist während des ganzen 19. Jahrhunderts eine Geschichte von gescheiterten Aufständen. Blanquisten waren sowohl an den Aufständen von 1830 als auch an der Februarrevolution 1848 beteiligt. Zur Zeit des Kommuneaufstandes des Jahres 1871 saßen sie allerdings in der überwiegenden Mehrzahl, soweit sie führend an der Organisation beteiligt waren, in Gefäng-

---

[28] Stein, L. von, Geschichte der sozialen Bewegung in Frankreich von 1789 bis auf unsere Tage, 3 Bände, München 1921, S. 396.

nissen: Sie konspirierten gegen den König Louis Philippe und betätigten sich als Theoretiker und Führer der Februarrevolution von 1848. Diese Revolution war die erste, in der das Volk selbst die Macht, wenn auch nur für kurze Zeit, ergriffen hatte. Es war dies ein erster Enteignungsakt der Staatsgewalt, durchgeführt von bewaffneten Arbeitern, die allerdings, auf dem Höhepunkt ihres Sieges, aufgrund mangelnder Homogenität mit dieser Machtergreifung nichts anzufangen wußten. Während die Blanquisten theoretisch bereits in der Negation des Privateigentums das Hauptziel ihrer Verschwörung erblickten, erstrebten die von ihnen durchgeführten Aufstände de facto durchaus politische Machtergreifungen in Situationen, da die herrschende Klasse keine Autorität mehr besaß. Den Schritt zur Diktatur als der Übergangsform proletarischer Herrschaft vermochten sie nicht zu tun, da trotz der zeitweiligen Überrumpelung des Bürgertums dessen ökonomische Machtpositionen nur kaum oder gar nicht angetastet wurden. So endeten denn auch fast sämtliche Aufstände, die von Blanquisten organisiert wurden, in blutigen Niederlagen. Das Kampfziel hatten sie formuliert: Zerschlagung der bürgerlichen Staatsgewalt und Übergangsdiktatur. In der Praxis aber brachten sie außer einer vorübergehenden Erschütterung der Staats- und Regierungsorgane keine Revolution zustande. Die 48er Revolution widerlegte denn auch Blanqui in einem wesentlichen Punkt seiner Theorie: hinsichtlich der Vorstellung, daß die revolutionäre Erhebung stets des Anstoßes durch eine exklusive Elite bedürfe, da das Volk von sich aus nicht fähig sei, seine Forderungen zu erheben. Die Frage der Organisation einer Elite von Berufsrevolutionären konnte in der Folgezeit nicht mehr rein "blanquistisch" – ohne Einbeziehung der Massen – gelöst werden.

3. Das bedrohte Privateigentum: Tocqueville und Lorenz von Stein

Daß die Erhebung der lohnabhängigen Schichten für die Bourgeoisie zwar eine ungeheure Bedrohung, letztlich aber erfolglos war, dafür gibt es ein so unverdächtiges Dokument wie die "Erinnerungen" des Konservativen Alexis de Tocqueville, in denen die Tage des Februaraufstandes 1848 aus der Optik des Betroffenen geschildert werden. Es ist das Dokument eines Mannes, der 1805, zur Zeit der ersten diktatorialen Epoche, geboren wurde und der den Sieg des Bürgertums über den Adel während der Julirevolution 1830 miterlebt hatte. In dieser Julirevolution siegte die französische Mittelklasse, die – ebenso gemäßigt wie furchtsam – sich in den darauffolgenden Jahren hinter ihrer Macht verschanzte. Erst in der 48er Revolution erhebt sich eine sozialistische Bewegung der lohnarbeitenden Schichten gegen die Mittelklasse, mit dem erklärten Ziel, diese Mittelklasse in der politischen Macht abzulösen.

Die Initiative des vierten Standes erlahmte jedoch im selben Augenblick, als die Mittelklasse die Waffen gestreckt hatte. Zum erstenmal schien das Eigentum der Bürger bedroht: doch außer einigen Diebstählen hat sich nichts ereignet. Selbst der davon bedrohte Tocqueville war enttäuscht von der Lethargie der Sieger der Februarrevolution. Er gehörte zu jenen, die nach dem Ende der Julirevolution nicht an ein Ende der Revolution glaubten. Scharfsichtig interpretiert er die gesellschaftlichen Bewegungen seiner Zeit als Klassenkämpfe, wenn er die Situation nach 1830 wie folgt beschreibt:

> "Das Land war damals in zwei ungleiche Teile oder besser Zonen geteilt: in der oberen, die das ganze politische Leben der Nation in sich begreifen sollte, herrschte nur Gleichgültigkeit, Unvermögen, Unbeweglichkeit und Langeweile; in der unteren dagegen begann sich mit fiebrigen und irregulären Anzeichen, die der aufmerksame Beobachter leicht erkennen konnte, eine politische Bewegung anzukündigen" [29].

Tocqueville erkannte, im Gegensatz zum König Louis Philippe, daß Frankreich einer neuen Revolution entgegenging. Der König aber sah nur sich selbst und seinen wohlfunktionierenden Regierungsapparat:

> "Er beschäftigte sich nur damit, ihn in Ordnung zu halten und in seinem Sinne zu verwenden; dabei dachte er nicht an die Gesellschaftsordnung selbst, der diese sinnreiche Maschine nur aufgepfropft war. Er glich einem Manne, der, weil er den Hausschlüssel in der Tasche hat, nicht glauben will, daß man sein Haus in Brand gesteckt habe. Ich hatte nicht die gleichen Interessen und Sorgen; das setzte mich in die Lage, den Mechanismus der staatlichen Einrichtungen und die Masse der

[29] Tocqueville, A. de, Erinnerungen, Stuttgart 1954, S. 47 f.

kleinen Tagesereignisse zu durchschauen und über den Stand der Sitten und Auffassungen des Landes Betrachtungen anzustellen" [30].

Der konservative Tocqueville sieht seine Zeitgenossen auf einem Vulkan schlafen, Zeitgenossen, die, weil äußerlich alles seinen geordneten Gang ging, auch im Innern an Frieden glaubten. In Wirklichkeit waren die sozialistischen Programme, vor allem die Einsicht in das Unvermögen der Herrschenden, bis tief hinein in das Bewußtsein vieler Arbeiter gedrungen. Angesichts der Attacken auf die schutzlos gewordenen Eigentumsrechte des Bürgertums beklagt Tocqueville die Gleichgültigkeit und den Egoismus seiner Standesgenossen, von denen er behauptet, daß sie des Besitzes der Macht unwürdig geworden seien. Beschwörend ruft er ihnen – in seiner Rede vor der Abgeordnetenkammer vom 29. Januar 1848 – zu, wohl ahnend, daß man ihn nicht verstehen würde:

"Ich bin der festen und tiefen Überzeugung, daß die öffentliche Moral verdorben ist und ihre Verderbnis in kurzer, vielleicht in sehr kurzer Frist zu neuen Revolutionen führen wird... Wissen Sie, was sich in Frankreich in einem Jahre, in einem Monat, vielleicht in einem Tag ereignen wird? Sie können es nicht wissen. Aber Sie wissen, daß der Sturm am Horizonte steht und über Ihnen heraufzieht. Werden Sie zulassen, daß er Ihnen zuvorkommt?" [31]?

Die allgemeine "Verderbnis", von der Tocqueville hier spricht, und die er als die eigentliche Ursache der neuen Revolution bezeichnet, bestand allerdings nicht bloß im Egoismus und der Gleichgültigkeit, sondern vor allem darin, daß es in dieser französischen Gesellschaft keinen Konsens mehr über die Unantastbarkeit der Eigentumsrechte gab. In allen linken Gazetten stand zu lesen, daß Eigentum Diebstahl sei, so, wie es als erster Babeuf und dann Blanqui und die Blanquisten, aber auch die friedlicheren Sozialisten der Schule Proudhons verkündeten. Das Neue für Tocqueville in dieser Situation war, daß das Eigentumsrecht der herrschenden bürgerlichen Klasse gleichsam ungeschützt und wehrlos, weil nicht mehr eingehüllt in Traditionen der Überlieferung, dem Zugriff des aufsteigenden Vierten Standes vor den Füßen lag. Schon im Jahre 1847

---

30 A. a. O., S. 48 f.
31 A. a. O., S. 53.

schrieb Tocqueville jene Sätze, die, freilich unter anderem Vorzeichen, zumindest dem Sinne nach, auch bei Marx stehen könnten:

> "Die französische Revolution, die alle Privilegien beseitigte ..., hat e i n Recht bestehen lassen, das des Eigentums. Die Eigentümer dürfen sich aber über die Macht ihrer Position keine Illusionen machen und sich nicht einbilden, das Eigentumsrecht sei ein uneinnehmbares Bollwerk, weil es bisher noch nirgends erstürmt worden ist. Denn unsere Zeit gleicht keiner anderen. Als noch das Eigentumsrecht nur den Ursprung und die Grundlage für viele andere Rechte bildete, war es leicht zu verteidigen oder vielmehr wurde es nicht angegriffen. Es bildete damals gleichsam einen Schutzwall für die Gesellschaft, deren andere Rechte mit vorgeschobenen Verteidigungsstellungen zu vergleichen waren. Damals drangen die Angriffe nicht bis zum Eigentumsrecht durch; man versuchte nicht einmal ernsthaft, es zu treffen. Aber heute ist das anders. Heute erscheint das Eigentumsrecht nur noch als letzter Rest einer untergegangenen aristokratischen Welt; es steht allein noch aufrecht als ein isoliertes Privileg inmitten einer gleichgemachten Gesellschaft und nicht mehr gedeckt hinter vielen anderen, strittigeren und verhaßteren Rechten. Es hat jetzt allein jeden Tag den unmittelbaren und unaufhörlichen Angriff der demokratischen Anschauungen auszuhalten ..." [32]

Was Tocqueville vor vielen seiner Zeitgenossen auszeichnet, ist die Einsicht in den unverhüllt hervortretenden Klassengegensatz zwischen Reichtum und Armut. Das historisch Neue, dem seine Aufmerksamkeit und Sorge gilt, ist der Übergang von der bloß politischen zur sozialen Revolution der bürgerlichen Gesellschaft. Dieser Übergang bedeutet zugleich die Überwindung des politischen Aufstandes blanquistischer Verschwörer durch die Erhebung der lohnabhängigen Massen selbst. In dieser Übergangsperiode schreibt Tocqueville seine beschwörenden Warnungen nieder. Er sieht, daß sich die Massen im Gegensatz zur Zeit der Französischen Revolution nicht länger mit Versprechungen zufriedengeben, daß sie ihre Forderungen stellen und daß sie den Anspruch der politischen Revolution, der auch darin bestand, eine Gesellschaft von Gleichen zu schaffen, erneut ernstzunehmen beginnen. Wie aber, wenn sich zeigt, daß auf dem Boden bürgerlicher Eigentumsrechte diese Gleichheit nicht nur nicht herzustellen war, sondern daß diese Gesellschaft mit ihrem Epiphänom: der Konkurrenz

---

32 A. a. O., S. 49 f.

und ihrer Grundstruktur: der Aneignung von Mehrwert durch die Aneignung fremder Arbeit, jene Gleichheit gar nicht verwirklichen konnte, von der diese bürgerliche Gesellschaft sprach? Das Eigentumsrecht selbst gerät dann in den Sog der Klassenkämpfe, die nun keine primär politischen, sondern, wie Tocqueville beobachtet, bereits soziale Revolutionen waren, Revolutionen, die nicht ohne weiteres stillzustellen sind, da sie selber revolutioniert werden können und sich daher an keinem Punkt als vollendet betrachten. Was Tocqueville deutlich sah, war, daß das Ziel nicht mehr nur in der Einrichtung eines bestimmten Verfassungszustandes, in der Ablösung einer Monarchie durch eine Republik bestand, sondern daß die primär soziale Zielsetzung niemals voll erreicht worden war und daher stets erneut aufgenommen werden mußte, bis sich ein Annäherungswert an eine Gesellschaft von Gleichen und darum auch Freien ergebe.

Tocquevilles Stellung zur Februarrevolution ist ambivalent: einerseits verachtet er die Mittelmäßigkeit des Königs und des ihn tragenden und auf ihn vertrauenden Mittelstandes. Auf der anderen Seite erschrickt er beim Gedanken an eine Machtergreifung durch bewaffnete Arbeiter. Aber selbst da noch ist er zu klug, um nicht die Diskrepanz zwischen Zielsetzung und realem Ablauf dieser Revolution, die keine soziale war, da sie die Eigentumsprivilegien nicht aus der Welt schaffen konnte, zu erkennen. Die historische Entwicklung gab der Analyse Tocquevilles früher recht, als er selbst ahnen konnte. Wenige Tage, nachdem er das Parlament beschworen hatte, die von ihm geschilderte Bedrohung ernstzunehmen, standen bewaffnete Arbeiter auf den Straßen von Paris. Aber sie standen eben nur da und konnten weder die Ziele der Revolution, noch die im Handstreich eroberte politische Macht in eine soziale Revolution umwandeln, eine Revolution, die sich von der bloß politischen eben darin unterscheidet, daß sie die ökonomisch herrschende Klasse stürzt und auf der Grundlage dieses Sturzes zugleich die Eigentumsrechte der privilegierten Bourgeoisie selbst beschneidet.

Es ist nicht uninteressant zu erfahren, daß Tocquevilles Beschwörungen von der Mehrheit der Nationalversammlung mit Gelächter beantwortet wurden. Es war das Gelächter von Parlamentariern, die, obzwar nicht frei von Angst, dennoch nicht mehr den Mut hatten, politisch zu handeln. Tocqueville erklärt sich die Reaktion seiner Standesgenossen so:

"Die während der langen parlamentarischen Komödie eingewurzelte Gewohnheit aller Politiker, beim Ausdruck ihrer Gefühle zu stark aufzutragen und ihre Gedanken maßlos zu übertreiben, machte sie unfähig, die Wirklichkeit und die Wahrheit zu erkennen. Mehrere Jahre lang hatte die Mehrheit tagtäglich wiederholt, daß die Opposition die Gesellschaft in Gefahr bringe, und die Opposition entgegnet, daß die Minister die Monarchie ins Verderben stürzten. Beide Seiten hatten dies so oft behauptet, ohne recht daran zu glauben, daß sie schließlich in dem Augenblick, in dem die Entwicklung beiden recht geben sollte, selbst den Glauben an ihre eigenen Worte gänzlich verloren hatten. Auch meine nahen Freunde waren der Ansicht, daß ich über das Ziel hinausgeschossen und meine Worte künstlich aufgebauscht hätte" [33].

Die "Übertreibung" Tocquevilles war jedoch der Gang der sozialen Entwicklung selbst. Tocqueville war ein Außenseiter im Parlament, der sich nicht durch Reden beirren ließ, den grundlegenden Konflikt in der Gesellschaft auf den Begriff zu bringen. Dies eben hat er getan, und die Reaktion der Parlamentarier zeigte ihm erneut, wie recht er hatte. Oder besser: die Geschichte selbst hat Tocquevilles Prognose bestätigt und das Gelächter der damaligen Mehrheit dem Vergessen anheimgegeben.

Die Gefährdung des Bestandes der bürgerlichen Gesellschaft durch das Prinzip der Egalisierung: so etwa ließe sich auch die Thematik jenes im Jahre 1842 in Leipzig erschienen Buches Lorenz von Steins "Der Sozialismus und Kommunismus des heutigen Frankreichs. Ein Beitrag zur Zeitgeschichte", umschreiben. Als es 1848 – am Vorabend der Revolution – in zweiter Auflage erschien, wurde es bei vielen Zeitgenossen mit großem Interesse aufgenommen, so etwa von Arnold Ruge, Moses Hess, Bakunin, Stahl, aber auch von Marx und Engels. Stein verhält sich zu den französischen Sozialisten nicht wie zu Lehrern, sondern eher wie zu achtbaren Gegnern, von denen es zu lernen gilt. Mit konservativer Sensibilität distanziert er sich von allem, was der Vergangenheit bloß nachtrauert: so besonders von Savignys Rechtsphilosophie, der er unfruchtbare Traditionsromantik nachsagt.

Hierin erweist sich Stein als orthodoxer Hegelschüler: Wie dieser kritisiert er den "Eigendünkel", der in der Verklärung vergange-

---

[33] A. a. O., S. 54.

ner sozialer Zustände sich ausdrückt, ein Eigendünkel, der blind macht gegen das, was mit der Gegenwart an Neuem in die Geschichte eintritt. Man rühmt eine Welt, deren soziale und gesellschaftliche Basis geschwunden ist und verpaßt so die eigene Gegenwart. Während etwa die württembergischen Landstände der alten Verfassung aus vorrevolutionärer Zeit nachtrauern, ohne die historische Notwendigkeit des Schwindens der Substanz ihres eigenen politischen Wollens wirklich zu begreifen, warnt Stein vor sentimentalen und abstrakten Spekulationen über den Kommunismus. Nicht seine Schädlichkeit oder Nützlichkeit steht für ihn zur Diskussion, sondern allein die gründliche sozialgeschichtliche Erforschung derjenigen Momente und Verhältnisse, aus denen sich die Parteinahme für diese Bewegung ergibt. Wo liegen die objektiven Gründe für die latente Bedrohung des Bürgertums durch das Proletariat im zeitgenössischen Frankreich? Dies ist die Grundfrage Steins. Nicht der Standpunkt des Wünschbaren und Verwerflichen, sondern der des kritisch-distanzierten Beobachters ist die Forschungshaltung Steins. Sie war es zugleich, die seinen Schriften allgemeine Aufmerksamkeit verschaffte.

Um das Neue an Steins Abhandlung über den französischen Sozialismus auszumachen, sollte man sich dessen erinnern, daß für die gängige politische Journalistik bis in unser Jahrhundert hinein die "soziale Frage" als ein eher unter die Armenpflege fallender Bereich galt. Die historisch-immanenten Zusammenhänge der proletarischen Emanzipationskämpfe wurden um die Jahrhundertmitte außer bei Marx und Engels und den zeitgenössischen französischen Sozialisten nur von Lorenz von Stein dargestellt. Er berichtet erstmals von Tatsachen, die im damaligen Deutschland noch kaum ins öffentliche Bewußtsein getreten waren. Der Kommunismus wird von ihm analysiert als ein europäisches Epochenmerkmal. Zwar diktiert unleugbar Furcht die Feder: aber sie macht Stein nicht blind, sondern wach und hellsichtig. So wünschte nicht zufällig der "wahre Sozialist" Karl Grün eine weite Verbreitung des Steinschen Buches, insgeheim hoffend, es werde in Deutschland verhindern, was es bewirken wollte: nämlich die Angst vor dem Sozialismus, und bewirken, was es verhindern sollte: nämlich dessen Verbreitung.

Was Lorenz von Stein zur Analyse der gesellschaftlichen Bewegungen veranlaßt, ist nicht etwa eine interesselose Neugier, erst recht nicht die spekulative Freude an begrifflicher Dialektik. Vielmehr ist es die historische Erfahrung der Klassenkämpfe innerhalb der bürgerlichen Gesellschaft seiner Zeit, wie er sie exemplarisch in Frankreich sich abspielen sieht. Es ist die fortschreitende Herausbildung des Vierten Standes, einer proletarischen Klasse der Nichtbesitzenden, die ihn, konfrontiert mit den Ereignissen der Julirevolution des Jahres 1830 und ihren politischen Ursachen und Folgewirkungen, dazu antreibt, eine neue "Wissenschaft der Gesellschaft" zu begründen, um von diesen Ereignissen nicht überwältigt zu werden. Seine Wissenschaft ist also nicht unparteiisch, sondern engagiert gegen das, was sie nötig macht. Die Analyse der Gesellschaft wird notwendig wegen der Existenz des Widerspruchs zwischen besitzenden und nichtbesitzenden Klassen. Sie beinhaltet zwar auch Kritik der bürgerlich-kapitalistischen Gesellschaft, doch steht diese Kritik zugleich unter dem Motto: kein revolutionärer Schritt über sie hinaus! Insofern ist Steins Wissenschaft der Gesellschaft "konservativ". "Konservativ" jedoch heißt hier keineswegs schon soviel wie apologetische Wissenschaft. Sie ist im Gegenteil realistisch, nüchtern und sogar entlarvend, gerade weil sie bürgerlichkonservativen Charakters ist. Steins Konservativismus wird getragen von der Einsicht, daß es angesichts der Gefahren, die der bürgerlichen Gesellschaft drohen, besser sei, den wirklichen Ursachen nachzugehen. Er nimmt die Existenz des französischen Proletariats ernst und enthüllt so den Antagonismus der bürgerlichen Gesellschaft. Stein weist nach, daß die Ausbeutung des Proletariats durch die Institution des gesellschaftlichen Rechts bewirkt wird, denn

> "die materielle Selbständigkeit des Standes beruht auf dieser rechtlichen Sicherung des Besitzes; durch sie hat wiederum der Stand das Mittel in Händen, von der Arbeit des Nichtbesitzenden zu leben, weil er in dem Besitze die Voraussetzung aller Arbeit und mithin des Einkommens überhaupt besitzt" [34].

Stein hat – unabhängig von und wenige Jahre vor Marx – den Widerspruch zwischen Kapital und Arbeit in der bürgerlichen Gesellschaft erkannt und ausgesprochen. Auch die Abhängigkeit des Proletariats von der Bourgeoisie wurde von ihm bezeichnet. Geht seine Diagnose der französischen Gesellschaft mit jener von Marx weitgehend überein, so trennen sich die Wege, wenn es sich um die Frage handelt, welche Rolle das Proletariat spielen könne und vor allem:

---

[34] Stein, L. von, Staat und Gesellschaft, Zürich 1934, S. 98.

welche es spielen solle. So klar auch der Tatbestand der Existenz zweier antagonistischer Klassen bei Stein erkannt wird, so wenig kann er der Arbeiterklasse das Recht zur Aufhebung der bürgerlich-kapitalistischen Ordnung oder auch nur zum Sturz des bürgerlichen Staates zugestehen. Sein Ziel – das der sozialen Reform – blieb daher die Eingliederung des Proletariats in das Staatsganze. Diese Integration auf dem Wege staatlicher Reformtätigkeit stellt sich Stein als ein Zusammengehen der Staatsgewalt mit der abhängigen Klasse gegen die herrschende – mit dem Ziel einer Hebung des Arbeiterstandes – vor.

Nun ist es aber nach Stein ein Grundgesetz allen gesellschaftlichen Lebens, daß die herrschende Klasse auf der Basis ihrer wirtschaftlich-sozialen Macht auch der politischen Gewalt sich zu bemächtigen strebt, um mittels der Staatsgewalt jene Formen der ökonomischen Abhängigkeit zu sichern. Gerade das parlamentarische System wird von ihm als eine Verlängerung des gesellschaftlichen Machtkampfes in die Sphäre des Staates hinein gedeutet. Wenn Stein gleichwohl an die Möglichkeit einer Reform zugunsten der abhängigen Klasse glaubt, so deswegen, weil er in der Institution eines "sozialen Königtums" den Hebel zur sozialen Reform zu entdecken meint. Dieses sei dazu in der Lage, weil es über allen gesellschaftlichen Interessen stehe und daher mit Hilfe einer neutralen Beamtenschaft die Funktion des Ausgleichs übernehmen könne. In dieser Idee vom sozialen Königtum, die im übrigen zu den dunkelsten in Steins Werk gehört, darf man wohl eine Art Flucht vor den erschreckenden Konsequenzen der eigenen Gesellschaftsanalyse erblicken: "Aus Angst vor dem von Stein selbst aufgezeigten Abgrund der scheinbar unvermeidlichen sozialen Revolution und unter dem Einfluß von Hegels Staatsidee wird ein theoretisch unbefriedigender Kompromiß geschlossen mit der auf einer alten Tradition beruhenden und gerade durch den aufgeklärten Absolutismus Deutschlands bestärkten Vorstellung vom guten Fürsten" [35].

Die Einleitung zu seiner im Jahre 1850 erschienenen Schrift "Die Geschichte der sozialen Bewegung Frankreichs von 1789 bis auf unsere Tage" behandelt den Begriff der Gesellschaft, die Prinzipien des Staates und die Gesetze der sozialen Bewegung unter

[35] Angermann, E., Zwei Typen des Ausgleichs gesellschaftlicher Interessen durch die Staatsgewalt, in: Staat und Gesellschaft im deutschen Vormärz 1815–1848, Hrsg. W. Conze, Stuttgart 1962, S. 189.

einem sozialhistorisch und politisch-soziologischen Aspekt. Hier werden Freiheit und Unfreiheit nicht mehr bloß spekulativ-idealistisch, sondern als Momente eines konkret-gesellschaftlichen Zustands behandelt.

Der Vorrang, den die herrschende Klasse einnimmt, ist durch eine spezifische "Besitzdifferenzierung" entstanden, und dieser Vorrang wird mit rechtlich-staatlichen Mitteln gegenüber den Beherrschten abgesichert. Durch diese Besitzdifferenzierung wird die unterworfene Klasse nicht nur vom Erwerb der geistigen Güter ausgeschlossen, sondern auch von der Teilnahme an den öffentlichen Einrichtungen und den Organen des Staates, da diese Teilnahme von der besitzenden Klasse als das ihr zustehende Privileg, als Privateigentum betrachtet wird. Dies ist nach Stein die allgemeine Form, in welcher die höhere Klasse sich die niedere zu Diensten macht. Stein selbst sah in seinem Werk den ersten Versuch, "den Begriff der Gesellschaft als einen selbständigen hinzustellen und seinen Inhalt zu entwickeln" [36]. Er tat dies, indem er die dialektischen Begriffe der Hegelschen Theorie in soziologische unwandelte, wodurch die ökonomischen Prozesse zugleich zur Grundlage der sozialen und politischen erklärt wurden. Stein erkennt im sozialen Prozeß seiner Zeit einen Kampf zwischen Staat und Gesellschaft oder genauer: einen Kampf seitens der herrschenden Klasse um die Erhaltung der Macht im Staate. Denn Staat und Gesellschaft sind ihm nicht mehr zwei geistige Prinzipien; vielmehr gilt ihm die Staatsgewalt als

> "Mittel für gesellschaftliche Förderung, als Waffe in gesellschaftlichen Kämpfen, als Bedingung gesellschaftlicher Freiheit ... Der Kampf der einen Klasse gegen die andere geht deshalb dahin, für sich die verfassungsmäßige Staatsgewalt zu gewinnen und die andere davon auszuschließen. Das Ziel dieses Kampfes aber ist der Gedanke, die durch denselben gewonnene Staatsgewalt so zu benutzen, oder die Staatsverwaltung so zu ordnen und zu leiten, daß sie den sozialen Zwecken der sie besitzenden gesellschaftlichen Klassen diene. Diesem Gesetz kann sich kein politische Bewegung entziehen" [37].

---

36 Stein, L. von, Geschichte der sozialen Bewegung in Frankreich von 1789 bis auf unsere Tage, a. a. O., Bd. 1 S. 6.

37 A. a. O., S. 3.

Der wirkliche Staat ist demnach nicht als eine neutrale Gewalt über den miteinander konfligierenden Klassen anzusehen, sondern als ein Instrument der jeweils herrschenden Klasse. Daß es zwischen Staat und Gesellschaft überhaupt zu einem Gegensatz kommt, rührt daher, daß in dieser Gesellschaft einander bekämpfende Klassen am Werk sind. In diesem Gegensatz drückt sich die Tatsache aus, daß jede herrschende Klasse mit Hilfe des Staates ihre Privilegien gegen die Unterworfenen zu verteidigen sucht. Der Staat ist somit eine Funktion der Gesellschaft. Wenn, wie Stein behauptet, alle gesellschaftliche Ordnung auf der Verteilung des Besitzes – und zwar einer ungleichen Verteilung – beruht, so steht der Staat unter der ständigen Herausforderung, die gewordene Besitzverteilung entweder zu sanktionieren oder aber im Sinne der Reform zugunsten der Beherrschten regulierend einzugreifen.

Jede führende Klasse einer Gesellschaft tendiert dahin, sich die Staatsverfassung anzuverwandeln, um sie als Instrument gegen die unteren Klassen zu verwenden. Stein hat damit die Bedingtheit allen Rechts von den sozialen Kräften und Bewegungen erwiesen. Sobald die herrschende Klasse ihr Ziel, von der Macht im Staate Besitz zu ergreifen, erreicht hat, beginnt eine neue Dynamik, die dahin tendiert, die Staatsgewalt im positiven Sinne der herrschenden Klasse zu benutzen.

Stein war – nach Saint-Simon und Hegel – einer der ersten, der den tradierten Staatsbegriff mit der Wirklichkeit des Staates konfrontiert hat. Durch die damit verbundene Trennung von Staat und Gesellschaft wurde es allererst möglich, den Staat – soziologisch – zum Gegenstand der politischen Wissenschaft zu machen.

4. Ein proletarischer Messias: Wilhelm Weitling

In Deutschland entwickelt sich die kapitalistische Wirtschaftsform allmählich in der ersten Hälfte des 19. Jahrhunderts. Durch ausländische Konkurrenz, vor allem der des entfalteten englischen Industriekapitalismus und mit dem Aufkommen der rationeller arbeitenden Manufakturwerkstätten gerät hier vor allem das Handwerk in Bedrängnis. Zugleich entsteht ein Industrie- und Kaufmannskapital. Die soziale Situation breiter handwerklicher Schichten ist gekennzeichnet durch eine wachsende Existenzunsicherheit, von der nicht nur viele selbständige Handwerksmeister betroffen sind, die zu Lohnarbeitern herabsinken, sondern ebenso breite Schichten der Bauern. Die durch die Stein-Hardenbergschen Reformen in Gang gesetzte "Bauernbefreiung" erlaubt es den Junkern, zahlreiche Bauern auf legale Weise um Haus und Hof zu bringen. Zugleich sehen sich durch die Herausbildung einer kleinen Minderheit kapitalistischer Verleger in den Städten die Zünfte in ihrer Existenz bedroht: aus ehemaligen Zunftgenossen entsteht eine Pauperschicht hausindustriell produzierender Proletarier.

Die ersten Erhebungen der Arbeiter ereignen sich jedoch nicht bei den hausindustriell produzierenden, den elendesten und zugleich hoffnungslosesten Schichten, sondern bei den im Manufaktur- und Maschinenbetrieb Beschäftigten: So protestierten 1826 die Solinger Schleifer und 1828 die Krefelder Seidenweber. Ihr Protest gilt dem unerträglichen Lohndruck und dem ausbeuterischen "Trucksystem". Die Pariser Julirevolution 1830 führte auch in Deutschland zu erneuten Aktionen; so zerstören die Arbeiter in Aachen und Eupen Maschinen und Fabriken; in Berlin protestieren Schneidergesellen vor den Fenstern des Königs gegen die Konkurrenz der Nähmamsellen; es gibt Tumulte in Leipzig, Dresden und anderswo. Schließlich löst der Sturm demokratischer Studenten auf die Wache des Bundestags in Frankfurt eine Welle von Repressalien gegen der Obrigkeit mißliebige und verdächtige Personen aus.

Streiks und Aufläufe nehmen bis zur 48er Revolution ständig an Umfang zu:

> "Während in den vier Jahren von 1840 bis 1843 lediglich achtmal in Deutschland gestreikt wird, kommen 1844 und 1845 je 13 Streiks vor. Aber nicht allein in Streiks, sondern vor allem auch in 'Aufläufen' und Zusammenrottungen treten die Massen der Arbeitenden gegen die herrschende Not an" [38].

Ebenso steigt die Zahl der Schriften zur Lage der Arbeiter nach dem Weberaufstand vom Juni 1844 sprunghaft an. Während zwischen 1840 und 1843 etwa 5 pro Jahr publiziert werden, erscheinen 1844 bereits 20, 1845 über dreißig einschlägige Schriften. Im Revolutionsjahr 1848 ist mit mehr als 100 Abhandlungen ein Höhepunkt der politischen Publizistik zur Arbeiterfrage erreicht.

---

38 Kuczynski, J., Darstellung der Lage der Arbeiter in Deutschland von 1789 bis 1848, Berlin 1961, S. 193 f.

Dem auf Wanderschaft befindlichen Schneidergesellen Wilhelm Weitling bietet sich eine reiche Palette von Erfahrungen: So wird er Zeuge der revolutionären Ereignisse des Jahres 1830 in Leipzig, wo er beschäftigt war. Es sei dies, so sagt er später, eine Revolution gewesen, in der keiner recht gewußt habe, was er wolle und worum es ging, so daß das Volk von der Regierung übertölpelt werden konnte.

Man könnte Weitling mit einigem Recht als den deutschen Blanqui bezeichnen. Er ist der bedeutendste Vertreter des deutschen Frühsozialismus, in dessen Schriften die brisante Mischung der französischen Schulen in der Zeit vor der Februarrevolution des Jahres 1848 eingeht. Geboren 1808 in Magdeburg, uneheliches Kind einer deutschen Köchin und eines französischen Offiziers, führt er das Wanderleben eines Schneidergesellen, der sich dem Militärdienst entzieht. Während seiner Pariser Zeit zwischen 1835 und 1841 erfährt er seine wesentlichsten Bildungseinflüsse: Als aktives Mitglied des "Bundes der Gerechten", einer deutschen Tochtergesellschaft des von Blanqui geleiteten Geheimbundes der "Gesellschaft der Jahreszeiten", veröffentlicht er 1838 seine erste Schrift, die man als Vorform des Kommunistischen Manifests verstehen kann: "Die Menschheit wie sie ist und wie sie sein sollte", der er als Losung die Worte voranstellt:

> "Die Namen Republik und Konstitution
> So schön sie sind, genügen nicht allein;
> Das arme Volk hat nichts im Magen,
> Nichts auf dem Leib und muß sich immer plagen;
> Drum muß die nächste Revolution,
> Soll sie verbessern, eine soziale sein." [39].

Die zweite Schrift Weitlings, "Das Evangelium des armen Sünders" aus dem Jahre 1846 bringt ihm in der Schweiz eine Gefängnisstrafe von zehn Monaten und die Auslieferung an Preußen ein. Danach geht Weitling nach London und trifft sich in Brüssel mit Marx und Engels. Strategische und taktische Differenzen führen jedoch bald zum Bruch:

---

[39] Weitling, W., Das Evangelium des armen Sünders. Die Menschheit, wie sie ist und wie sie sein sollte, Reinbek b. Hamburg 1971, S. 142.

"Während jene die Ansicht vertraten, daß das Proletariat zunächst die Bourgeoisie in ihrem Kampfe gegen Monarchie und Feudalismus unterstützen müsse, erwartete er die unmittelbare Verwirklichung der kommunistischen Ordnung von der kommenden Revolution" [40].

Weitling mißtraut der marxistischen Strategie, da er befürchtet, daß nach der Erringung der bürgerlichen Republik in Deutschland die Proletarier ebenso wie in Frankreich um die von ihnen errungenen Früchte des Sieges über die Monarchie betrogen würden. Ziel des Bundes der Gerechten war es daher, in Übernahme der Taktik Babeufs, durch Propaganda und revolutionäre Aktionen unmittelbar einzugreifen, um so endlich die herbeigesehnte soziale Revolution zu vollbringen.

"Was Fourier für die Verwirklichung seines Systems von den Reichen erhofft, was Proudhon im Rahmen der bürgerlichen Gesellschaft verändert haben möchte, was Louis Blanc mit staatlicher Administrative zu erreichen strebt, das erwartet Weitling wie Blanqui und dessen Bundesgenossen von der Revolution" [41].

Weitling sieht die Ursache aller Übel im Privateigentum und in dem Mittel zu seiner Erhaltung, im Geld. Sein Programm gipfelt in der Forderung nach Abschaffung "jeder auf Gewalt und Vorrang beruhenden Herrschaft", an deren "Stelle eine bloße Verwaltung einzusetzen" sei, "die die verschiedenen Arbeitszweige organisiert und deren Produkte verteilt" [42]. Sein Klassenbegriff ist, aufgrund der unentwickelten deutschen Zustände, noch relativ statisch: so kennt er auf der einen Seite die Müßiggänger, die "Umsonstfresser", gleich ob Feudalherr oder Kapitaleigner, und auf der anderen Seite die arbeitenden Massen, die Besitzlosen, ob Handwerker, Bauern oder Proletarier. Das verbindende Element der Volksmassen ist allein das gemeinsam erlittene Elend; es zum Bewußtsein zu bringen, ihm die Schärfe des Bewußtseins hinzuzufügen: darin sieht Weitling seine Mission. Im Gegensatz zu den utopischen Kommuni-

---

[40] Ramm, Thilo: W. Weitling, in: Handwörterbuch der Sozialwissenschaften, Bd. 11, 1961, S. 604.

[41] Seidel-Höppner, W., Wilhelm Weitling – der erste deutsche Theoretiker und Agigator des Kommunismus, Berlin 1961, S. 23.

[42] Engels, The 'Times' über den deutschen Kommunismus, in: Marx/Engels Werke, Ergänzungsband, 2. Teil, Berlin 1967, S. 320.

sten vor ihm ist für ihn die kommunistische Gesellschaft nicht mehr ein bloßer Traum, sondern das Ergebnis revolutionärer Aktionen der Volksmassen. Die Revolution erscheint ihm als einzig wirksames Mittel zur Verwirklichung des Fortschritts in der Geschichte. Auch in diesem Punkt unterscheidet er sich von den übrigen Frühsozialisten:

> "Saint-Simon will durch die Herrschaft von Industrie und Wissen das Elend beseitigen. Fourier wartet auf einen Mächtigen, der seine Pläne verwirkliche. Owen versucht es durch Musterbetriebe innerhalb der kapitalistischen Umwelt. Proudhon erträumt das Glück der Menschheit von einer Nationalbank mit zinslosem Kredit für die Arbeiter. Louis Blanc will der alten Gesellschaft mit Nationalwerkstätten auf den Pelz rücken. Cabet beharrt auf den Prinzipien der friedlichen Überzeugung und des Beispiels. Weitling dagegen erwartet, wie die Neubabouvisten in Frankreich, die kommunistische Umgestaltung in Deutschland von der Revolution" [43]

Unter Revolution versteht er vornehmlich den bewaffneten Aufstand der Unterdrückten, der zwar durch eine Agitation vorbereitet werden kann, doch nicht durch sie zu ersetzen ist. Die Abschaffung des Eigentums, Hauptziel der Revolution, erfordere gewaltsame Mittel, da nicht damit zu rechnen sei, daß die Besitzenden freiwillig ihren Besitz zugunsten der Mehrheit aufgäben.

In seiner Revolutionslehre unterscheidet Weitling bereits zwischen Gewalt gegen Personen und Gewalt gegen Sachen:

> "Jede soziale Revolution wird anders anfangen als alle bisherigen Revolutionen ... Hat einmal das arme Volk das Joch satt und will es damit enden, so soll es nicht den Personen den Krieg machen, sondern dem Eigentum" [44]

Als ultima ratio der Revolutionierung der Volksmassen empfiehlt Weitling eine Konfliktstrategie, jener nicht unähnlich, wie sie heute zum Kernbestand der Guerillakriegsführung und des Volkskrieges in unterentwickelten Ländern gehört. Er plädiert dafür, falls Aufklärung und Propaganda allein nicht zur Revolution führen und

---

[43] Seidel-Höppner, a. a. O., S. 158 f.

[44] Weitling, W., Garantien der Harmonie und Freiheit, Berlin 1955, S. 259.

die unterdrückten Schichten der Armen nicht aus freien Stücken zur Einsicht in deren Ursachen kommen, die bestehende Unordnung auf den Gipfel zu treiben, d. h. das Elend der Massen soll noch gesteigert werden;

> "Wenn trotz allen Vernunftgründen die Regierungen nicht zur Verbesserung der Lage der zahlreichsten und ärmsten Klassen Maßregeln ergreifen, wenn im Gegenteil die Unordnung sich fortwährend steigert, so müssen alle, denen außer der Aufklärung noch der Mut geblieben ist, aufhören, sich gegen diese Unordnung zu stemmen und sie im Gegenteil auf den höchsten Gipfel zu treiben suchen, so daß das arme Volk ein Vergnügen an der steigenden Unordnung findet, wie der Soldat am Krieg, und die Bedrücker darunter leiden wie der Reiche durch den Krieg" [45].

Für Weitling ist "das arme Volk" schon dann reif für eine revolutionäre Aktion, wenn seine Verzweiflung einen Höhepunkt erreicht. Als das letzte und sicherste Mittel, die bestehende Unordnung auf die Spitze zu treiben, sieht er den organisierten Diebstahl an. Weitling sucht hierfür das Potential im städtischen Lumpenproletariat. Für diese Schichten entwirft er eine Lehre zur Rechtfertigung des Diebstahls als der Moral einer sozialen Anarchie. Ihr Grundgedanke ist: Der Diebstahl des Reichen an den Armen ist ein Verbrechen; der Diebstahl der Armen an den Reichen aber eine gerechte Tat:

> "Wer einen Reichen beraubt und bestiehlt, um mit dem Geraubten und Gestohlenen den Armen zu helfen, ist ein edler, gerechter Dieb, während der Reiche, welcher durch Spekulationen den Lohn der Arbeiter herunterdrückt, um seinen Nachkommen reiche Erbschaften zu hinterlassen, ein gemeiner, verächtlicher Dieb, ein schmutziger, eigensüchtiger Räuber ist" [46].

Weitlings Revolutionslehre endet damit beim Schinderhannes, der die "Umverteilung" auf seine Art vornimmt, um die Reichen zu erleichtern und es den Armen zu geben. Dem entspricht, wenn er von einem Messias träumt, der sich, als Gleicher unter Gleichen, an die Spitze der Verzweifelten setzt, um sie zur Revolution zu

---

[45] A. a. O., S. 255.
[46] A. a. O., S. 355.

führen. Dessen Herbeikunft will er jedoch nicht passiv verharrend, sondern aktiv durch revolutionäres Handeln befördern helfen.

Daß die Tyrannei der Besitzenden und Herrschenden aufgehoben wird und daß eine neue Gesellschaft auf der Grundlage der Gleichheit und Gerechtigkeit errichtet werden muß: diese Zielsetzung verbindet Weitling mit Babeuf und Blanqui.

Weitling hat das Verdienst, die von den französischen Präsozialisten empfangenen Anregungen schon während seiner Pariser Zeit zu einer durchaus originellen Theorie der Revolution verarbeitet zu haben. Es ist daher auch nicht erstaunlich, daß Marx und Engels bei allen Vorbehalten, die sie Weitling gegenüber empfinden mußten, immer dann, wenn sie auf seinen Beitrag für die Ausbildung eines eigenständigen proletarischen Sozialismus zu sprechen kommen, ihm Lob zollen. So bemerkt Marx in seinen "Kritischen Randglossen" des Jahres 1844, nach dem Erscheinen von Weitlings Schrift über die "Garantien der Harmonie und Freiheit":

> "Was den Bildungsstand oder die Bildungsfähigkeit der deutschen Arbeiter im allgemeinen betrifft, so erinnere ich an Weitlings geniale Schriften, die in theoretischer Hinsicht oft selbst über Proudhon hinausgehn, so sehr sie in der Ausführung nachstehen. Wo hätte die Bourgeoisie – ihre Philosophen und Schriftgelehrten eingerechnet – ein ähnliches Werk ... in bezug auf die Emanzipation der Bourgeoisie – die politische Emanzipation – aufzuweisen? Vergleicht man die nüchterne kleinlaute Mittelmäßigkeit der deutschen politischen Literatur mit diesem maßlosen und brillanten literarischen Debut der deutschen Arbeiter; vergleicht man diese riesenhaften Kinderschuhe des Proletariats mit der Zwerghaftigkeit der ausgetretenen politischen Schuhe der deutschen Bourgeoisie, so muß man dem deutschen Aschenbrödel eine Athletengestalt prophezeien" [47].

Wenn es in der Engelsschen Vorrede zur deutschen Ausgabe des Kommunistischen Manifest heißt, daß "die Emanzipation der Arbeiter das Werk der Arbeiterklasse selbst sein muß", so ist mit diesem Programmsatz der eigentliche Gehalt der kommunistischen Theorie Weitlings angesprochen. Denn für ihn steht es fest, daß die proletarische Klasse nicht im Schlepptau kleinbürgerlich-radikaler Bewegungen verharren könne, sondern einer eigenständigen

---

[47] Marx, Texte zu Methode und Praxis, II, Leck/Schleswig 1966, S. 146.

Organisation bedürfe, um sich auf jenen Kampf vorzubereiten, den Weitling als "soziale Revolution" bezeichnet.

Auch für einen anderen Zeitgenossen Weitlings, für Ludwig Feuerbach, war das Erscheinen der Schrift über die "Garantien und Harmonie der Freiheit" ein geistiges Erlebnis. Im gleichen Jahr, 1844, aus dem Marxens Laudatio auf Weitling stammt, bekennt er in einem Brief an Friedrich Knapp:

> "Wie war ich überrascht von der Gesinnung und dem Geiste dieses Schneidergesellen! Wahrlich, er ist ein Prophet seines Standes... Wie frappierte mich auch der Ernst, die Haltung, der Bildungstrieb dieses Handwerksburschen! Was ist der Troß unsrer akademischen Burschen gegen so einen Burschen"

Und ganz ähnlich wie in Marxens Reaktion auf die Lektüre Weitlings schöpft auch Feuerbach im Anschluß an diese Laudatio neuen Mut, was gleichermaßen in eine Prognose künftiger sozialer Revolution einmündet:

> "Wahrlich bald – bald im Sinne der Menschheit, nicht des Individuums – bald wird sich das Blatt wenden, das Oberste zuunterst, das Unterste zuoberst kehren, die da herrschen, dienen, und die da dienen, herrschen. Dies wird das Resultat des Kommunismus sein – nicht das von ihm beabsichtigte. Neue Geschlechter, neue Geister werden so entstehen, und sie werden entstehen, wie einst aus den rohen Germanenstämmen, aus der unkultivierten, aber bildungsdurstigen Menschenmasse. Und jetzt schon haben wir die religiösen und theoretischen Anfänge dieser unvermeidlichen Metamorphose vor Augen. Während die Könige sich zu Betbrüdern, zu Pietisten sich erniedrigen, erheben sich die Handwerker zu Atheisten, und zwar Atheisten ... im Sinne ... des modernen, positiven, tatkräftigen, religiösen Atheismus" [48].

Wenn Engels im Jahre 1885 in seiner "Geschichte des Bundes der Kommunisten" von Weitling behauptet, dieser habe den Kommunismus auf das Urchristentum zurückführen wollen, so trifft dies nicht den Kern der Weitlingschen Intentionen. Für Weitling ist das Christentum und die Bibel stets mehr eine Waffe für den taktischen Gebrauch gewesen, die er einzusetzen wußte, um auf der Stufe der Handwerkerbildung die künftige proletarische Revolution zu pro-

---

[48] Feuerbach, L., Briefwechsel, Leipzig o. J., S. 195.

pagieren, und, was noch wichtiger ist, deren Rechtfertigung zu liefern. Daß er gerade mit dieser theologischen Rhetorik Einfluß nicht bloß auf seine Schneidergenossen hatte, die wie er durch alle europäischen Länder getrieben wurden, weil sie zu Hause in Deutschland das philiströse und politische Klima abstieß, dürfte unbestritten sein. Was Engels kritisierte, war denn auch weniger die theologische Einkleidung der Weitlingschen Schriften als vielmehr dessen undifferenzierte Revolutionstheorie. Daneben mögen auch banale Konkurrenzmotive nicht ganz auszuschließen sein, denn Marx und Engels hatten es nicht eben leicht, bei den "Straubingern" des Handwerkerkommunismus Fuß zu fassen, geschweige denn, den Einfluß der von Weitling ausgehenden Strömung zugunsten ihres eigenen zurückzudrängen[49].

Weitlings Revolutionstheorie ist weder rein blanquistisch noch trägt sie der behutsamen Taktik Marxens Rechnung. Sie ist das Ergebnis bitterer Erlebnisse. Er ist davon überzeugt, daß durch Reformen nichts entscheidend geändert werden könne, daß Reformen vielmehr erst dann sinnvoll seien, sobald eine soziale Revolution gelingt und auf ihrer Grundlage Reformarbeit geleistet werden kann. So hält er auch nichts vom allgemeinen Wahlrecht und von bürgerlichen Freiheiten für die Arbeiter:

> "Es erobern zuerst diejenigen Kämpfer, die die Revolution machen, das provisorische revolutionäre Wahlrecht und wählen in bewaffneten Versammlungen eine provisorische revolutionäre Regierung und revolutionäre Schiedsrichter zur Begründung der neuen Ordnung. Das Wahlrecht hat dann nur derjenige, der in einer sozial nützlichen Beschäftigung tätig ist und Fleiß, Fähigkeit, Ordnungsliebe zeigt. Ausgeschlossen vom Wahlrecht sind: Kapitalisten, Kaufleute, Geistliche, Advokaten, Lakaien u. dgl. parasitische Gestalten ... Nach dem Siege verkündet die revolutionäre Armee, daß hinfort die Grundsätze des Befreiungsbundes für die Verwaltung des Landes maßgebend sind. Das Proletariat

---

49 Hier ist Menschlich-Allzumenschliches mit am Werk – und es wäre ein fetischistischer Begriff von "Klassikern", dies nicht zu sehen und dabei zu übersehen, daß beim Bruch zwischen Weitling und Marx/Engels auf beiden Seiten noch anderes als mangelnde kommunistische Solidarität im Spiele war. Für die Genese der Weitlingschen Revolutionstheorie allerdings sind derartige Menschlichkeiten inzwischen vergessene Geschichte. Was fortwirkte und fortwirkt, ist der rationelle Kern der Weitlingdebatte unter den Kommunisten der Vormärzzeit.

wird bewaffnet, die böswilligen Reichen und die Antirevolutionäre werden entwaffnet; Gerichte und Polizei werden abgeschafft; das wahlberechtigte Volk bestimmt seine Vertrauensleute für die vakant gewordenen Stellen. Allgemeine Arbeitspflicht wird zum Gesetz erhoben; Verschwendung und Müßiggang als Verbrechen bestraft. Als Geld dienen nur Arbeitsscheine: Ausweise über Arbeitszeit und Arbeitsqualität, welche gegen gleichwertige Güter aus öffentlichen Warenlagern eingetauscht werden können. Die ganze arbeitsfähige Bevölkerung gruppiert sich in Gewerbeorganisationen und wählt aus ihrer Mitte zur Vertretung ihrer Interessen: Gewerbeausschüsse, Gewerbekammern und ein Sozialparlament des demokratisch-kommunistischen Familienbundes. Diese Ausschüsse bestimmen in allen Ortschaften den Arbeitswert der verschiedenen Produkte nach der Beschaffenheit und Menge. Die provisorische Regierung bleibt solange im Amt, wie der soziale Krieg dauert... Der soziale Krieg dauert aber solange, als noch in irgend einem Winkel der Erde die Kronen und Geldsäcke regieren und mit ihren Helfershelfern das Volk verdummen, um es desto sicherer ausbeuten zu können" [50].

Was Weitling hier skizziert, ist nichts anderes als eine Theorie der Diktatur des Proletariats als Übergangsregierung für die Vollendung der sozialen Revolution. Hier ist zum erstenmal von einem deutschen Sozialisten die diktatoriale Übergangsphase zum Kommunismus ins Auge gefaßt worden. Weitling geht davon aus, daß der Volksherrschaft als sozialer Grundlage die ökonomische Gleichheit entsprechen müsse. Ohne sie sei jeder Versuch zum Scheitern verurteilt, Demokratie zu praktizieren. Hinter dieser Programmatik steht der Zweifel an dem Konzept von Marx und Engels, die zur gleichen Zeit, als Weitling die Diktatur des Proletariats vertrat, die Taktik verfochten, es dürfe in Deutschland weder geheime Propaganda für die Revolution getrieben noch eine unmittelbar revolutionäre Volksherrschaft angestrebt werden. In einem Land, in dem die Bourgeoisie noch schwach sei, müsse man ihr zuerst zur Herrschaft verhelfen, um sodann, auf der Grundlage der bürgerlichen Republik, eine bessere Ausgangsbasis für die soziale Revolution des Proletariats zu gewinnen.

50 Zit. nach Rühle, O., Baupläne für eine neue Gesellschaft, Reinbek b. Hamburg 1971, S. 31 f. Vgl. Weitling, Garantien, a. a. O., S. 358 ff.

II. DIALEKTIK UND REVOLUTION BEI MARX UND ENGELS

Die erste Periode einer selbständigen deutschen Arbeiterbewegung, die von 1844 bis 1852 dauerte, war zugleich auch die der ersten internationalen Arbeiterbewegung, denn in der Geschichte des Bundes der Kommunisten spielte die Nationalität keine Rolle mehr: man war solidarisch aufgrund gemeinsamer Klasseninteressen. Zwar überwog in ihren Doktrinen noch ein – wie Engels es nennt – "bornierter Gleichheitskommunismus", "der sich ausschließlich oder vorwiegend auf die Gleichheitsforderung stützt" [1], doch unterschied sich ihr Kommunismus grundlegend von allem früheren utopischen Sozialismus dadurch, daß er nicht mehr abstrakt eine soziale Utopie entwarf, sondern nach den objektiven Bedingungen und den daraus sich ergebenden Zielen des proletarischen Kampfes zu fragen begann. Was Marx und Engels am Kommunistenbund von Anfang an abstoßen mußte, waren demnach: die konspirativen Elemente, die noch im Frühjahr 1847 dort vorherrschten und der "wahre Sozialismus" mit seiner – wie sie es nannten – "sentimentalen Liebesduselei", ein Gefühlskommunismus, der von der Losung ausging: "Alle Menschen sind Brüder".

Es ist bislang kaum beachtet worden, daß in der Marx-Engelsschen Fassung des Kommunistischen Manifests, dem die "Manifeste" Weitlings vorangingen, vom Proletariat meist in der dritten Person, mit einer gewissen Distanz, gesprochen wird, daß auch von den Kommunisten nicht in der "Wirform", in der "Du-Bruder-Geste" die Rede ist, sondern stets in der appelativen Form des Schlußsatzes des "Manifestes": Proletarier aller Länder, vereinigt Euch! Marx und Engels waren sich über den einzuschlagenden Weg so sehr im klaren, daß sie es sich leisten konnten, das Proletariat aller Länder zum Adressaten ihres Manifests zu machen, wogegen sie es strikt ablehnten, Gefühlskommunismus zu praktizieren, wie dies der "wahre Sozialismus" vieler ihrer Zeitgenossen tat. Besonders aber wollten sie "allen Konspirationsgelüsten, die Diktatur erfordern", einen festen Riegel vorschieben [2]. Deshalb verlangten sie auch eine völlige

[1] Engels, Fr., Zur Geschichte des Bundes der Kommunisten, 1885, Marx/Engels, Ausg. Schriften, Berlin 1955, Bd. II, S. 316.

Reorganisation des Bundes der Kommunisten als Auflage für ihren Eintritt, der 1847 erfolgte. Der Bund sollte demokratisch, nicht mehr blanquistisch organisiert sein; er sollte "in eine reine Propagandagesellschaft" verwandelt werden [3], mit Gemeinden, Kreisen, leitenden Kreisen, einer Zentralbehörde und dem Kongreß. Das radikalste an diesem Bund neuer Couleur war wohl der erste Artikel seiner Statuten:

> "Der Zweck des Bundes ist der Sturz der Bourgeoisie, die Herrschaft des Proletariats, die Aufhebung der alten, auf Klassengegensätzen beruhenden bürgerlichen Gesellschaft und die Gründung einer neuen Gesellschaft ohne Klassen und ohne Privateigentum" [4].

Revolution hatte für Marx und Engels absolut nichts zu tun mit Verschwörung, Aktionismus, Konspiration und Blanquismus. Revolution war für sie eine epochale, weltgeschichtlich notwendig gewordene Umwälzung der ökonomisch fundierten Herrschaftsverhältnisse der bürgerlichen Klasse. Sie war geknüpft an soziale Bedingungen, deren Verzögerung zwar menschlichem Zutun ausgesetzt war, deren Eintreten selbst aber – dies gilt nicht so sehr für den Zeitpunkt – eine geschichtliche Notwendigkeit war, kein Objekt der Konspiration.

Die Möglichkeit einer Revolution mußte vielmehr aus den objektiven Bedingungen des Akkumulationsgesetzes des Kapitals erst theoretisch abgeleitet und damit wissenschaftlich fundiert werden, bevor an ihre Durchführung zu denken war. Das eine tun und das andere nicht lassen, nämlich: die revolutionäre Theorie auszuarbeiten und gleichzeitig eine breite Organisation des Proletariats zu schaffen: dies war für Marx und Engels die positive Aufhebung des voluntaristischen und damit zugleich bloß spekulativen Vorgehens vieler ihrer Zeitgenossen. Daß sie gerade an diesem Punkt so unerbittlich fochten, hat mit zu ihrem schließlichen Sieg über die Weitling- und Blanquianhänger beigetragen. Daß sie nicht mehr von ihrer einmal theoretisch erarbeiteten Position abrückten, gab den Ausschlag für die spätere Entwicklung der deutschen und der internationalen Arbeiterbewegung.

---

2 A. a. O., S. 323.
3 Ebd.
4 Ebd.

Im Jahre 1847 allerdings war noch alles offen. Es konnte keine Rede davon sein, daß man Marx und Engels ihre theoretische Grundlegung der Revolution einfach abnahm. Hierfür bedurfte es eines lebenslangen Kampfes gegen die Abirrungen nach links – in anarchistische – und gegen die nach rechts – in reformistisch-revisionistische Positionen. Ihre eigene Revolutionstheorie war der schmale Grat, auf dem sich die Hauptlinie der Entwicklung der Sozialdemokratie bewegen sollte, solange es nach ihrem Willen ging.

Erst als Marx und Engels auf dem zweiten, mehr als zehn Tage dauernden Kongreß des Bundes der Kommunisten in erregten Debatten alle Zweifel an ihrer neuen Gesellschaftstheorie ausgeräumt hatten, konnten sie, beauftragt vom Kongreß, darangehen, das Kommunistische Manifest auszuarbeiten. Es enthält noch die Spuren der damals geführten Auseinandersetzungen, und zwar vor allem im dritten Hauptteil über den reaktionären, feudalen, kleinbürgerlichen, deutschen oder "wahren", konservativen und vor allem kritisch-utopischen Sozialismus und Kommunismus. Man fragt sich, weshalb in einer Programmschrift, die an die Arbeiterschaft aller Länder adressiert war und bei der es nicht auf Nebendinge, sondern einzig auf die Hauptlinie ankommen konnte, nicht weniger als ein Drittel des Textes den verschiedensten sozialistischen Strömungen und Richtungen ihrer Zeit gewidmet ist. Diese Seiten sind denn auch eine einzige Abrechnung mit den Konkurrenten, die sich damals allesamt um den Rechtstitel, die wahren und wirklichen Sozialisten zu sein, stritten. Wenn man bedenkt, wie Marx und Engels gerade am Manifest stilistisch gefeilt haben, wird man selbst der Kapitelüberschrift: "Sozialistische und kommunistische Literatur" gewiß keinen geringen Wert beimessen dürfen. In diesem Teil des Manifests wird gleichsam eine Begräbnisschau abgetaner Irrtümer geliefert; da gibt es Beerdigungen erster, zweiter und dritter Klasse, je nachdem, ob die inkriminierten Richtungen für den Bestand und die Fortentwicklung des "Bundes der Kommunisten" gefährlich , weniger gefährlich oder bloß als komisch eingestuft wurden. Die härteste Kritik trifft den "kritisch-utopischen Kommunismus", denn dieser war es, mit dem Marx und Engels es zum Zeitpunkt des Erscheinens des Manifests im Januar 1848 in London hauptsächlich zu tun hatten. Dieser kritisch-utopische Kommunismus wird seinem "Inhalt nach als notwendig reaktionär" apostrophiert. Ihre Hauptvertreter: Saint-Simon, Fourier und Owen gelten ihnen als "Erfinder" von Systemen. Gemeint ist damit, daß diese Utopisten an die Stelle der wirklichen historischen Bewegung und ihrer wissenschaftlichen Analyse die Bewegungen ihres eigenen Kopfes treten lassen, daß sie ihre eigene Phantasietätigkeit "an die Stelle der allmählich vor sich gehenden Organisation des Proletariats zur Klasse" setzen [5].

Darin eben, so argumentieren die Autoren des Manifests, liege der utopische und damit bloß vorwissenschaftliche Charakter solcher "Systeme": daß sie nicht die reale Dialektik der Geschichte als eine von Klassenkämpfen begreifen. Die historische Konstitution des Proletariats zu einer eigenen Klasse, den Weg von der "Klasse an sich" zur "Klasse für sich", verbauen sich diese Utopisten durch eine eigens für die Geschichte entworfene, ihr aber bloß aufgepfropfte und somit nur "ausgeheckte Organisation der Gesellschaft" [6].

"Die kommende Weltgeschichte löst sich", heißt es im Manifest, "für sie auf in die Propaganda und die praktische Ausführung ihrer Gesellschaftspläne", womit der zutiefst undialektische Charakter gekennzeichnet werden soll, der darin besteht, daß Theorie und Praxis proletarischer Klassenkämpfe nicht als einander bedingende und sich gegenseitig fordernde Momente begriffen, sondern als von außen her erst zu schaffende Elemente mißverstanden werden. Marx und Engels werfen den Utopisten vor, daß sie trotz redlicher Absicht dennoch den Kern des Ganzen verfehlen, der eben darin besteht, in der Geschichte selbst Theorie am Werke zu sehen und in der Theorie begriffene Geschichte. Subjektiv werden Saint-Simon und seine Schüler als durchaus integer bezeichnet, objektiv aber, gemessen am Fortgang der geschichtlichen Selbsttätigkeit des Proletariats, sind sie im Dickicht utopischer Konstruktionen stecken geblieben:

> "Sie sind sich zwar bewußt, in ihren Plänen hauptsächlich das Interesse der arbeitenden Klasse als der leidendsten Klasse zu vertreten. Nur unter diesem Gesichtspunkt der leidendsten Klasse existiert das Proletariat für sie. Die unentwickelte Form des Klassenkampfes wie ihre eigene Lebenslage bringen es aber mit sich, daß sie weit über jenen Klassengegensatz erhaben zu sein glauben" [7].

---

5 Marx/Engels, Ausg. Schriften, a. a. O., Bd. I, S. 51.
6 Ebd.
7 Ebd.

In dieser Erhabenheit, der Verselbständigung des utopischen Gedankens gegenüber dem zu Begreifenden, sehen Marx und Engels zugleich das Ferment des ideologischen Bewußtseins. Ideologie ist hier die sich ihrer Bedingtheit durch die Klassenlage nicht bewußtgewordene Form des menschlichen Denkens.

> "Sie greifen alle Grundlagen der bestehenden Gesellschaft an. ... Ihre positiven Sätze über die zukünftige Gesellschaft, z. B. Aufhebung des Gegensatzes zwischen Stadt und Land, der Familie, des Privaterwerbs, der Lohnarbeit, die Verkündung der gesellschaftlichen Harmonie, die Verwandlung des Staats in eine bloße Verwaltung der Produktion – alle diese ihre Sätze drücken bloß das Wegfallen des Klassengegensatzes aus, der eben erst sich zu entwickeln beginnt, den sie nur noch in seiner ersten gestaltlosen Unbestimmtheit kennen. Diese Sätze selbst haben daher noch einen rein utopistischen Sinn" [8].

Die von den utopischen Sozialisten gelieferten positiven Bestimmungen der neuen Gesellschaft – "Duodezausgaben des neuen Jerusalems" – finden sich sämtlich auch in den Schriften Weitlings, vor allem in seiner Hauptschrift: "Garantien der Harmonie und Freiheit" des Jahres 1842. So sehr Marx und Engels den produktiven und rationellen Kern dieser Schrift hervorheben, so streng ist ihr Urteil hinsichtlich des darin enthaltenen Anspruchs, ein neues Reich und eine neue Erde herbeiführen zu können. Zwar räumen sie ein, daß in diesen Schriften "höchst wertvolles Material zur Aufklärung der Arbeiter" [9] zu finden sei, doch mit der realen Organisation des Proletariats als einer historischen Einlösung der immanenten Dialektik kapitalistischer Produktionsweise verlieren diese Utopien ihre historische Bedeutung. Sie können allenfalls noch eine propädeutische, das Denken und die Kritik der Verhältnisse in Gang setzende Funktion besitzen. Doch

> "in demselben Maße, worin der Klassenkampf sich entwickelt und gestaltet, verliert diese phantastische Erhebung über denselben, diese phantastische Bekämpfung desselben allen praktischen Wert, alle theoretische Berechtigung" [10].

---

[8] A. a. O., S. 51 f.
[9] A. a. O., S. 51.
[10] A. a. O., S. 52.

Die Träume von einer besseren Welt sind gleichsam die Jugendbewegung des Sozialismus, historische Dokumente aus einer Zeit, als man hinauszog und die wirkliche Alltagswelt hinter sich ließ. Sobald aber einmal das Proletariat selbst anfängt, der Gestalt gewordene Widerspruch und die konkrete Negation der bürgerlichen Gesellschaft zu werden, sobald es anfängt, zur Klasse für sich zu werden, beginnen solche Zukunftsträume reaktionär zu werden. Ihr Utopismus wird zur Bremse im Klassenkampf, zur Vorgeschichte, die aufzuheben ist in der wirklichen Geschichte des Sozialismus:

> "Waren ... die Urheber dieser Systeme auch in vieler Beziehung revolutionär, so bilden ihre Schüler jedesmal reaktionäre Sekten. Sie halten die alten Anschauungen der Meister fest gegenüber der geschichtlichen Fortentwicklung des Proletariats. Sie suchen daher konsequent den Klassenkampf wieder abzustumpfen und die Gegensätze zu vermitteln. Sie träumen noch immer die versuchsweise Verwirklichung ihrer gesellschaftlichen Utopien, Stiftung einzelner Phalanstere, Gründung von Home-Kolonien, Errichtung eines kleinen Ikariens, ... und zum Aufbau aller dieser spanischen Schlösser müssen sie an die Philantropie der bürgerlichen Herzen und Geldsäcke appellieren. Allmählich fallen sie in die Kategorie der ... reaktionären oder konservativen Sozialisten und unterscheiden sich nur noch von ihnen durch mehr systematische Pedanterie, durch den fanatischen Aberglauben an die Wunderwirkungen ihrer sozialen Wissenschaft" [11].

Bringt man diese Kritik des utopistischen Sozialismus auf eine Formel, so besagt diese, daß dort, wo die geschichtliche Selbsttätigkeit des Proletariats beginnt, die Legitimation des Utopismus aufhört: daß dort, wo das Proletariat selbst zur historischen Kraft wird, die vom utopistischen Sozialismus für die ganze Gesellschaft ausgedachten besseren Welten reaktionär, weil retardierend werden. Sie stumpfen die beginnende Verschärfung der Klassengegensätze eher ab als daß sie sie beschleunigten, schärften und zuspitzten.

Wenige Wochen vor der Februarrevolution haben Marx und Engels das mit stilistischer Akribie erarbeitete Kommunistische Manifest nach London zum Druck gesandt, wo es, zuerst in deutscher Sprache veröffentlicht, seinen Weg in die Weltgeschichte des letzten Jahrhunderts nahm. 1869 von Bakunin ins Russische übersetzt,

---

11 Ebd.

wurde es ein halbes Jahrhundert später zur Losung der Oktoberrevolution. Beim Zeitpunkt der Erstveröffentlichung des Manuskripts bildeten die Kommunisten selbst noch ein sektierererisches Konglomerat verschiedenster Bestrebungen und Gruppierungen. Im damaligen Rußland und in den Vereinigten Staaten gab es sie kaum auch nur sporadisch. Rußland war die Macht der europäischen Reaktion und Amerika das gelobte Land für Einwanderer, gerade auch für solche sozialistischer und kommunistischer Provenienz: "Das Kommunistische Manifest hatte zur Aufgabe, die unvermeidlich bevorstehende Auflösung des modernen bürgerlichen Eigentums zu proklamieren" [12]. Sein Grundgedanke aber bestand darin,

> "daß die ökonomische Produktion und die aus ihr mit Notwendigkeit folgende gesellschaftliche Gliederung einer jeden Geschichtsepoche die Grundlage bildet für die politische und intellektuelle Geschichte dieser Epoche; daß demgemäß (seit Auflösung des uralten Gemeinbesitzes an Grund und Boden) die ganze Geschichte eine Geschichte von Klassenkämpfen gewesen ist, Kämpfen zwischen ausgebeuteten und ausbeutenden, beherrschten und herrschenden Klassen auf verschiedenen Stufen der gesellschaftlichen Entwicklung; daß dieser Kampf aber jetzt eine Stufe erreicht hat, wo die ausgebeutete und unterdrückte Klasse (das Proletariat) sich nicht mehr von der sie ausbeutenden und unterdrükkenden Klasse (der Bourgeoisie) befreien kann, ohne zugleich die ganze Gesellschaft für immer von Ausbeutung, Unterdrückung und Klassenkämpfen zu befreien" [13].

Die Geschichte des Manifests "spiegelt ... bis zu einem gewissen Grade die Geschichte der modernen Arbeiterbewegung seit 1848 wider" [14].

Was Marx und Engels den Weitlingianern, weniger Weitling selbst, vorwerfen, läßt sich schlagwortartig auf drei Verfehlungen reduzieren: Dogmatismus, Idealismus (Utopismus) und Voluntarismus. Anläßlich der Spaltung der Zentralbehörde des Kommunistenbundes in London am 15. September 1850, der damit in eine "Fraktion Marx" und in eine Minderheitenfraktion, die "Partei Willich-Schapper" zerfiel, lieferte Marx eine Begründung für diesen Trennungsschnitt. Was er dabei an der Schapper-Fraktion kritisierte, gilt

---

[12] A. a. O., S. 18.
[13] A. a. O., S. 18 f.
[14] A. a. O., S. 21.

generell für den Revolutionarismus Weitlings und seiner blanquistisch-konspirativ verfahrenden Londoner Handwerksschüler:

> "An die Stelle der kritischen Anschauung setzt die Minorität eine dogmatische, an die Stelle der materialistischen eine idealistische. Statt der wirklichen Verhältnisse wird ihr der bloße Wille zum Triebrad der Revolution. Während wir den Arbeitern sagen: Ihr habt 15, 20, 50 Jahre Bürgerkriege und Völkerkämpfe durchzumachen, nicht nur um die Verhältnisse zu ändern, sondern um Euch selbst zu ändern und zur politischen Herrschaft zu befähigen, sagt Ihr im Gegenteil: 'Wir müssen gleich zur Herrschaft kommen, oder wir können uns schlafen legen.' Während wir speziell die deutschen Arbeiter auf die unentwickelte Gestalt des deutschen Proletariats hinweisen, schmeichelt Ihr auf plumpste 'Weise' dem Nationalgefühl und dem Standesvorurteil der deutschen Handwerker, was allerdings populärer ist. Wie von den Demokraten das Wort Volk zu einem heiligen Wesen gemacht wird, so von Euch das Wort Proletariat. Wie die Demokraten schiebt Ihr der revolutionären Entwicklung die Phrase der Revolution unter" [15].

Die Analyse der Kontroverspunkte zwischen der Fraktion Marx und der Minderheitenfraktion Willich-Schapper führt zum Kern der Kontroverse auch zwischen Marx und Engels einerseits und den Weitling-Schülern und Utopisten andererseits.

Die Marx/Engelssche Kritik läuft auf den Vorwurf des Voluntarismus hinaus (eine Bezeichnung, für die auch "Anarchismus" einstehen könnte), so wenn Marx behauptet, daß die abgespaltene Fraktion "statt der wirklichen Verhältnisse" den "bloßen Willen zum Triebrad der Revolution" machen wolle und damit notwendig im Putschismus und Aktionismus ende, taktische Fehler, die für Marx gerade in der Zeit der Restauration nach der gescheiterten

---

15 Enthüllungen über den Kommunistenprozeß zu Köln, in: Marx, Politische Schriften, Hrsg. H.-J. Lieber, Stuttgart 1960, Bd. 1; S. 454 f. Da gegenwärtig "die lohnabhängigen Massen" und "das Proletariat" erneut zu Fetischen in den Köpfen mancher "Marxisten" verdinglicht werden, erscheint es angebracht, auf die fortwährende Aktualität der Marxschen Kritik am Revoluzzertum hinzuweisen. Dies gilt im gleichen Sinne für die damit oft verbundene Unschuld der Revolutionsvorstellungen. Vgl. dagegen Engels, Von der Autorität, in: Marx/Engels, Ausgewählte Schriften in 2 Bänden, Bd. 1, S. 603 ff., ders. Zur Geschichte des Bundes der Kommunisten, a. a. O., Bd. II, S. 314 ff.

48er Revolution die sinnlose Opferung proletarischer Energie bedeuten mußten.

Wer undialektisch denkt, wird leicht moralisierend. Und eben das Moralisieren, das Hegelsche "Räsonnieren" ist es, wogegen Marx und Engels die Spitze ihrer Utopismuskritik kehren: gegen die Unverbundenheit des reinen und arglosen Wollens mit seinem eigenen Begriff, gegen das Sich-Erheben über die Niederungen der historischen, wirklichen Bewegung, der Todsünde falschen Bewußtseins. Ein solches Denken ist nicht unehrliches Denken, sondern objektiv notwendiger Schein einer Welt, die es begreifen möchte und am Ende doch nur – weil in bloßer Empörung verharrend – verklärt:

> "Sie wollen die Lebenslage aller Gesellschaftsglieder, auch der bestgestellten, verbessern. Sie appellieren daher fortwährend an die ganze Gesellschaft ohne Unterschied, ja vorzugsweise an die herrschende Klasse. Man braucht ihr System ja nur zu verstehen, um es als den bestmöglichen Plan der bestmöglichen Gesellschaft anzuerkennen" [16].

In diesem Verfahren des utopischen Denkens sehen Marx und Engels den Grund für die Unfruchtbarkeit aller Utopien seit Thomas Morus; sie alle antizipieren die beste aller Welten und überlassen zugleich die wirkliche Welt ihrer Entfremdung. Sie alle spekulieren über das Reich der Freiheit, statt in der wirklichen Welt die Kräfte aufzuspüren, die die herrschende Entfremdung überwinden könnten.

Die Utopisten glauben an die Macht des Beispiels und verharren deshalb in der Personalisierung historischer Ereignisse, ohne sich des Bedingtseins allen menschlichen Handelns durch die von Menschen selbst geschaffenen Umstände innewerden zu können. Sie überspringen damit die dialektische Vermitteltheit von menschlicher Aktion und realer historischer Bewegung. Selbst dort, wo sie angreifen, verbleiben sie im Vorraum umwälzend-revolutionärer Praxis. Selbst dort, wo sie, wie Weitling, kritische Kommunisten sind, drücken sie lediglich eine historische Tendenz aus, ohne sie wirklich begreifen zu können: Die "Revolutionsmacherei", gegen die Marx und Engels sich Zeit ihres Lebens – wie übrigens nicht weniger vehement auch Lenin – wendeten, hat ihre Ursache nicht etwa

---

[16] Marx/Engels, Ausg. Schriften, a. a. O., Bd. I, S. 51.

in einem leidenschaftlich-ungestümen Temperament der Revolutionäre, sondern in der mangelnden Einsicht in die realen Voraussetzungen, Bedingungen und Ursachen revolutionärer Umwälzungen. Revolutionsmacherei entspringt einer mangelnden begrifflichen Aufarbeitung der historischen Bewegungsgesetze des Kapitalismus. Denn Revolutionen bedürfen einmal eines "passiven Elements" wie Marx in der Vorrede zur "Kritik der Hegelschen Rechtsphilosophie" schreibt, worunter er die konkrete Struktur der Bedürfnisse der breiten Massen, d. h. der lohnabhängigen Industriearbeiter versteht. Diese selbst müssen auf die revolutionäre Theorie hin inklinieren; sie müssen in ihr den adäquaten Ausdruck ihrer eigenen Bedürfnisse erkennen, um in Bewegung zu kommen [17]. Zweitens aber – und dies haben Marx und Engels stets betont – müsse eine soziale Revolution, um siegreich zu sein, zugleich eine europäische sein; sie muß internationalen Charakter tragen, weil das Kapital und dessen Konzentration wie das Proletariat und dessen Lebensinteressen im internationalen Verbund existieren. Drittens gilt es nach Marx und Engels, für Deutschland zunächst den Boden für die kommende soziale Revolution, von deren Unvermeidlichkeit sie überzeugt sind, dadurch zu bereiten, daß das schwache deutsche Bürgertum seinen ersten politischen Sieg auch wirklich erreicht, da

> "es sich vor allem darum handelte, durch politische Siege sich erst das Gebiet zu erobern, worauf allein solche Dinge (Streiks, Revolutionen usw. K. L.) auf die Dauer durchführbar waren" [18].

Viertens bedarf es als ökonomischer Voraussetzung der proletarischen Revolution einer nicht bloß latenten, sondern einer akuten, ins Auge springenden Wirtschaftskrise, so wie die industrielle Krise von 1847 die Revolution von 1848 vorbereitet hat. In "Revue von Mai bis Oktober 1850" in der "Neuen Rheinischen Zeitung" heißt es daher in diesem Sinne:

---

[17] Vgl. Engels, Revolution und Konterrevolution in Deutschland, in: Marx/Engels, Deutsche Geschichte im 19. Jahrhundert, hrsg. I. Fetscher, Frankfurt am Main 1969, S. 78.

[18] Marx/Engels, Ausg. Schriften, a. a. O., Bd. II, S. 327.

"Bei dieser (gegenwärtigen, K. L.) allgemeinen Prosperität, worin die Produktivkräfte der bürgerlichen Gesellschaft sich so üppig entwickeln, wie dies innerhalb der bürgerlichen Verhältnisse überhaupt möglich ist, kann von einer wirklichen Revolution keine Rede sein. Eine solche Revolution ist nur in den Perioden möglich, wo diese beiden Faktoren, die modernen Produktivkräfte und die bürgerlichen Produktionsformen, miteinander in Widerspruch geraten"[19].

"Alle Welt weiß heutzutage, daß jeder revolutionären Erschütterung ein gesellschaftliches Bedürfnis zugrundeliegen muß, dessen Befriedigung durch überlebte Einrichtungen verhindert wird"[20].

Fünftens und letztens sind Revolutionen im 19. Jahrhundert, so sie wirkliche, und das heißt für Marx und Engels stets: soziale Revolutionen sein sollen, nur in solchen Ländern möglich, in denen der Prozeß der Industrialisierung am weitesten fortgeschritten ist, weil nur in solchen Ländern auch ein entwickeltes Proletariat existieren kann, das sich nicht mehr, wie etwa in der Juli- oder in der Februarrevolution in Frankreich, in "Revolutionen" verliert, die eher Staatsstreichen ähneln, weil sie die ökonomische Grundlage der Gesellschaft unangetastet lassen. Für Deutschland aber bedeutet dies, daß es zumindest in politischer Hinsicht vergleichsweise hinter England und Frankreich zurückgeblieben war, wie dies Engels in seiner Analyse über Revolution und Konterrevolution in Deutschland konstatiert:

"Die Arbeiterklasse Deutschlands ist in ihrer gesellschaftlichen und politischen Entwicklung ebenso weit hinter der Englands und Frankreichs zurück, wie die deutsche Bourgeoisie hinter der Bourgeoisie jener Länder. Wie der Herr, so der Knecht. Die Entwicklung der Existenzbedingungen für ein zahlreiches, starkes, konzentriertes und intelligentes Proletariat, geht Hand in Hand mit der Entwicklung der Existenzbedingungen für eine zahlreiche, wohlhabende, konzentrierte und mächtige Bourgeoisie. Die Arbeiterbewegung selbst ist niemals unabhängig, sie trägt niemals ausschließlich proletarischen Charakter, solange nicht alle die verschiedenen Teile der Bourgeoisie, namentlich ihr fortschrittlichster Teil, die großen Fabrikherren, die politische Macht erobert und den Staat ihren Bedürfnissen entsprechend umgestaltet haben. Dann ist der Augenblick gekommen, wo der unvermeidliche Konflikt zwischen

---

19 Neue Rheinische Zeitung, H. V/VI (1850), Hambg., S. 329.
20 Ebd.

Fabrikherren und Lohnarbeitern in drohende Nähe rückt und nicht länger hinausgeschoben werden kann, der Augenblick, wo sich die Arbeiterklasse nicht länger mit trügerischen Hoffnungen und niemals erfüllbaren Versprechungen abspeisen läßt, wo endlich das große Problem des 19. Jahrhunderts, die Aufhebung des Proletariats, mit voller Klarheit und in seinem wahren Lichte in den Vordergrund rückt" [21].

Faßt man diese fünf Grundbedingungen – neben denen es noch eine Reihe anderer, doch von vergleichsweise sekundärer Bedeutung gibt – wiederum in schematische Begriffe, so ergibt sich ein Katalog von Postulaten, den man wie folgt formulieren könnte:

1. Revolutionen sind nur möglich, wenn es ein Subjekt, einen historischen Träger gibt, dessen konkrete Bedürfnisse sich soweit artikulieren müssen, daß die revolutionäre Theorie als der adäquate Ausdruck dieser kollektiven Interessen erscheint;
2. Soziale Revolutionen – denn um solche kann es sich bei "totalen" und "wirklichen" Revolutionen nur handeln, – müssen notwendig internationalen Charakter tragen;
3. In Deutschland kann eine soziale Revolution nur dann auf der Tagesordnung stehen, wenn es der Bourgeoisie gelingt, im Bunde mit allen beherrschten Schichten zunächst den Staat – auf dem Wege einer politischen Revolution – zu erobern, weil nur so die Voraussetzungen geschaffen werden, daß im Fortgang der Konzentration des Kapitals auf der einen und der Verelendung des Proletariats auf der anderen Seite der zentrale Konflikt zwischen Produktivkräften und Produktionsverhältnissen in seine akute Phase tritt;
4. Revolutionen sind nur im Gefolge einer universellen ökonomischen Krise denkbar, in der die antagonistische Struktur der bürgerlichen Klassengesellschaft jedermann sinnfällig wird, in der die beiden Klassen einander offen gegenübertreten können, erst dort also, wo der Geldschleier zerrissen ist. Marx und Engels waren der Überzeugung, daß die Welthandelskrise von 1847 die eigentliche Grundlage der Februar- und Märzrevolutionen bilde und daß dementsprechend die Prosperität von 1849/50 die Grundlage der neuerstarkten europäischen Reaktion sei;
5. Soziale Revolutionen setzen einen vergleichsweise hohen Entwicklungsgrad der industriellen Revolution voraus, weil nur so

---

21 Engels: Revolution und Konterrevolution, a. a. O., S. 83 f.

die Unvermeidlichkeit des revolutionären Konflikts zutagetritt und nur so gewährleistet ist, daß das Proletariat in geschlossener und disziplinierter Form sich erhebt und damit die Klassengesellschaft als ganze aufhebt.

Ein Revolutionsbegriff, wie Marx und Engels ihn aufgrund historischer und ökonomischer Analysen des 19. Jahrhunderts entwickelt haben, besitzt Geltung nur für hochindustrialisierte kapitalistische Länder (wie z. B. England und Frankreich). Er setzt eine umfassende Theorie der Gesellschaftsentwicklung voraus, die von einem blanquistisch-konspirativen Ansatz her nicht zu leisten ist. Dies ist der Grund, weshalb Wilhelm Weitling sich auf derartige Kautelen nicht einlassen konnte und wollte. Für ihn blieb es unverständlich, daß das Proletariat nicht direkt und unmittelbar seine Rechte einklagen konnte, die ihm seines Erachtens seit der Französischen Revolution zustanden.

Der "klassische Revolutionsbegriff" von Marx und Engels behauptet somit zweierlei:

Erstens: die soziale, proletarische Revolution ist im weltgeschichtlichen Maßstab unvermeidlich;

Zweitens: Wann, wo, mit welcher Intensität und mit welchem Erfolg soziale Revolutionen auftreten werden, läßt sich nicht abstrakt, sondern nur auf der Grundlage einer genauen Analyse der jeweiligen ökonomischen, historischen, kulturellen und sozialen Vorbedingungen ausmachen, von denen das Eintreten revolutionärer Situationen abhängt.

Als revolutionäre Situationen bezeichnen Marx und Engels nur solche Zeitpunkte, in denen es bereits ein klassenbewußtes, einheitliches und organisiertes Proletariat gibt, das aufgrund akuter Wirtschaftskrisen selbst in der Lage ist, die antagonistische Struktur kapitalistischer Gesellschaftsformen zu begreifen und damit deren Negation auf revolutionärem Wege zu leisten.

Der Streit um diesen klassischen Revolutionsbegriff, der in der Auseinandersetzung mit Weitling und Blanqui einsetzt und seine Fortsetzung in der Auseinandersetzung mit Bakunin findet, geht nicht um die Frage der Unvermeidlichkeit sozialer Revolutionen, sondern allein um die zweite Behauptung, um die Frage des WANN, WO, und schließlich auch um die Frage, ob das Proletariat in Deutschland eine vergleichsweise Reife besitzt, um soziale Revolutionen erfolgreich durchführen zu können.

Weitling und später auch Bakunin setzen dieser klassischen Revolutionstheorie die "anarchistische" entgegen, die davon ausgeht, daß es keiner Zwischenstufen bedürfe, daß das Bürgertum nicht erst seine politischen Bastionen ausgebaut haben müsse, damit auf dieser Grundlage das Proletariat zum Zuge kommt, sondern daß das Proletariat unmittelbar und direkt die Macht im Staat ergreifen könne. Dies führt weiter zu der Frage, welche Funktion der bürgerlich-republikanische Staat in der Gesellschaftstheorie Marxens und Engels einerseits und nach anarchistischer Staatsauffassung andererseits besitzt. Das Revolutionsproblem gipfelt somit in der Frage, wie Staat und Gesellschaft sich zueinander verhalten, in welcher Art ihre Beziehung zu denken ist und auf welche Weise die Strategie und Taktik des revolutionären Handelns organisierbar sei, damit es zu einer proletarischen Revolution kommt. War Weitling noch eher Gefühlsanarchist, so tritt mit Bakunin eine erklärtermaßen anarchistische Revolutionstheorie auf den Plan.

III. STAAT – REVOLUTION – ANARCHIE

1. Revolte gegen den Staat: Bakunin

Kaum eine Gestalt des 19. Jahrhunderts ist gleichermaßen zum Objekt phantasiereicher Legendenbildungen geworden wie jener Michail Bakunin, der nach seiner Flucht aus der sibirischen Verbannung in den Jahren 1868–1872 zum Gegenspieler Marxens in der I. Internationale wurde. Die Rolle, die Bakunin bis zu seinem Ausschluß aus der Internationale auf dem Haager Kongreß spielte, bleibt in der Literatur umstritten. Von der kommunistisch-parteioffiziellen Geschichtsschreibung als "einer der heftigsten Feinde der revolutionären Arbeiterbewegung", als Denunziant und Spitzel gebrandmarkt [1], fand er im Zusammenhang mit der Suche nach den geistigen Urahnen der antiautoritären Studentenbewegung erneut Bewunderer und Adepten [2]. Marx selbst dürfte, als er nach zweijähriger Auseinandersetzung mit den Bakunisten in seinem Brief an Kugelmann unterm 28. März 1870 seine "Konfidentielle Mitteilung" versandte, vermutlich einer Denunziation aufgesessen sein, wenn er in Bakunin einen Spion des Zaren sehen wollte. Wurde in der Tradition des Marxismus Bakunin zu einer Art von "Blitzableiter", an dem man seinen Unmut abreagieren, sich selbst aber bestätigt fühlen konnte [3], so blieb er in der bürgerlichen Geschichtsschreibung die Inkarnation von Gewalttätigkeit. Freilich läßt sich nicht bestreiten, daß der Lebenswandel Bakunins solcher Legendenbildung Vorschub geleistet hat.

Michail Bakunin wurde im Jahre 1814, vier Jahre vor Marx, im Gouvernement Prjamuchino (Twer) geboren. Er entstammt russischem Beamtenadel und war für die Militärlaufbahn bestimmt. Sehr früh kommt er mit der Gedankenwelt der romantischen Phi-

---

1 Anarchismus, in: Philosophisches Wörterbuch, Hg. Georg Klaus, Manfred Buhr, Leipzig 1965, S. 20 f.

2 Über die Gründe der heute mancherorts sich abzeichnenden Neurezeption Bakunins und des Anarchismus vgl. das proanarchistische Vorwort von Hansjörg Viesel zur Neuedition von Bakunin: Staatlichkeit und Anarchie. Berlin 1972.

3 Leser, Norbert, Die Odysee des Marxismus, Wien-München-Zürich 1971, S. 250.

losophie, insbesondere Fichtes, mit Alexander Herzen und den französischen Sozialisten in Berührung, vor allem mit Proudhon. Durch Belinski wird er mit Hegel vertraut, der einen entscheidenden Einfluß auf ihn ausübte. 1840 geht er nach Berlin und liefert hier sein Debüt mit einem Artikel über "Die Reaktion in Deutschland", der in den Deutschen Jahrbüchern für Wissenschaft und Kunst, herausgegeben von Arnold Ruge, erscheint. Dieser Artikel ist die wohl wichtigste Programmschrift des politisch-philosophischen Anarchismus im Vormärz. Es geht Bakunin darin nicht um die Herstellung der Gleichheit, welche noch für Babeuf, Blanqui und Weitling im Vordergrund stand, sondern um die Realisierung der Freiheit, um Autonomie und Selbtätigkeit des Einzelnen, der allen staatlichen Zwang als heteronome Fremdbestimmung abweist, hierin Max Stirner verwandt. Bakunins Anarchismus ist die zur Religion gewordene Freiheitslehre der idealistischen Philosophie Fichtes. Das Prinzip der Freiheit wird für Bakunin zum Prinzip der stets fälligen Revolution. Charakteristisch hierfür ist sein Geschichtsbegriff, der ganz im Stile des deutschen Spätidealismus als "eine freie, somit aber auch eine notwendige Entwicklung des freien Geistes" [4] bestimmt wird. Radikaldemokratisch seiner politischen Substanz nach, bestimmt Bakunin die demokratische Bewegung in Deutschland nicht mehr als bloße "Opposition gegen die Regierenden", nicht mehr als "eine besondere konstitutionelle oder politisch-ökonomische Veränderung", sondern, im Sinne seiner anarchistischen Freiheitsreligion, als "eine totale Umwandlung desjenigen Weltzustandes" [5], der das schlechte Bestehende zum allein Notwendigen und damit Unveränderbarem hypostasieren möchte. Insofern ist nicht nur das revolutionäre Freiheitsstreben, sondern die Demokratie selbst eine neue Religion, die diesen schlechten Weltzustand durch eine neue Form des demokratischen Lebens umstürzen soll. Erst wenn die demokratische Bewegung zur Religion der Freiheit wird, kann sie den alten Zustand der Welt besiegen, und zwar im Sinne einer totalen Umwälzung des Lebens bis in die kleinsten Erscheinungen des Alltags hinein.

---

[4] Bakunin, M., Philosophie der Tat. Auswahl aus seinem Werk. Hrsg. R. Beer, Köln 1968, S. 63.

[5] A. a. O., S. 65.

"Ihrem Wesen, ihrem Prinzipe nach ist die demokratische Partei das Allgemeine, das Allumfassende, ihrer Existenz nach aber, als Partei, ist sie nur ein Besonderes, das Negative, dem ein anderes Besondere, das Positive, gegenübersteht" [6].

Bakunins Problem besteht nun darin, wie aus der demokratischen Partei die demokratische Gesellschaft, aus der Negation des positiv Bestehenden die Idee des Ganzen verwirklicht werden könne: "Idee des Ganzen" verstanden als realisierte Freiheit, aus der auch die Gleichheit als notwendiges Moment demokratischer Existenz entspringen müsse. Die demokratische Partei ist für Bakunin nur die abstrakte Negation des schlechten Positiven, mit dem zusammen sie zugrundegehen muß, damit die Totalität der Freiheit entstehen kann:

"Der Demokratismus besteht noch nicht als er selbst in seinem affirmativen Reichtum, sondern nur als das Negieren des Positiven, und deshalb muß es auch in dieser schlechten Gestalt mit dem Positiven zusammen zugrunde gehen, um aus seinem freien Grunde in einer wiedergeborenen Gestalt, als lebendige Fülle seiner selbst wieder hervorzuspringen; – und diese Veränderung der demokratischen Partei in sich selber wird ... eine qualitative Umwandlung, eine neue, lebendige und lebendig machende Offenbarung" sein, "ein neuer Himmel und eine neue Erde – eine jugendliche und herrliche Welt, in der alle gegenwärtigen Dissonanzen zur harmonischen Einheit sich auflösen werden" [7].

Das Grundmotiv der anarchistischen Revolutionstheorie liegt hier in nuce vor: die Negation der Negation des Bestehenden als Offenbarung; die Zertrümmerung des ganzen alten Weltzustandes, der wert ist, daß er zugrundegeht. Der Apokalyptiker Bakunin sieht in der Revolution, nicht mehr in einem Napoleon, den Weltgeist über die zu Staub gesunkenen Städte reiten. In seiner Revolutionstheorie erfüllt sich die Heinesche Eschatologie aus dem Jahre 1834:

"Es werden Kantianer zum Vorschein kommen, die auch in der Erscheinungswelt von keiner Pietät etwas wissen wollen und erbarmungslos mit Schwert und Beil den Boden unseres europäischen Lebens durchwühlen, um auch die letzten Wurzeln der Vergangenheit auszurotten.

---

6 A. a. O., S. 66.
7 A. a. O., S. 66 f.

Es werden bewaffnete Fichteaner auf den Schauplatz treten, die in ihrem Willensfanatismus weder durch Furcht noch durch Eigennutz zu bändigen sind; denn sie leben im Geist, sie trotzen der Materie, gleich den ersten Christen, die man ebenfalls weder durch leibliche Qualen noch durch leibliche Genüsse bezwingen konnte" [8].

Das allumfassende Prinzip der unbedingten Freiheit, politisch gefaßt, ist das Prinzip der idealistischen und anarchistischen Philosophie wie das der Revolution im Bakuninschen Verstande. Totale Negation und totale Revolution: für Bakunin gehen beide eine unauflösbare Einheit ein. Nur so kann er behaupten, daß die Demokratie als Partei die Partei der Reaktion zu ihrer Bedingung und nicht bloß zu ihrem Gegenüber hat; nur so kann Bakunin die Revolution als die endliche Vernichtung und Zerstörung beider Positivitäten: der Demokratie wie der Reaktion, bestimmen. Beide zusammen sind das ins Widersprüchliche gewendete Prinzip des Lebens, das wieder zur Einheit und Harmonie will – durch Revolution. Die Reinheit der einander ausschließenden Prinzipien, die doch beide Prinzipien des Lebens selbst sind, gebietet es, daß die totale Position wie die entschiedene Negation sich im revolutionären Umsturz – als feindliche Brüder – zusammenfinden, um der Verwässerung dieser reinen Prinzipien, wie sie durch die "vermittelnden Positivisten", durch die liberalen Reformer, versucht wird, zu verhindern, damit aus lauwarm – dem liberalen Alltag – Himmel oder Hölle wird. Für Bakunin ist – vom Standpunkt des schlechten Bestehenden her – beides letztlich Ausformung des einen Lebens. In ihrer Reinheit sind beide nur herzustellen durch ein Bündnis zwischen Finsternis und Licht. Die Dämmerung aber, das Grau in Grau der bürgerlichen Mechanei, ist der eigentliche Feind des Lebens; wer Bakunin liest, wird finden, daß Revolution und Romantik hier noch ein und dasselbe sind, daß Fichtes Absolutismus des reinen tätigen Ichs und Bakunins Revolutionsmetaphysik aus dem gleichen Holz sind.

Seine revolutionäre Mathematik lautet: Man nehme die finsterste Reaktion und die entschiedenste Revolution, d. h. jene Kräfte, für die die Demokratie keine Parteisache mehr, sondern eine Religion geworden ist und vernichte mit diesem Bündnis die lauwarme

---

[8] Heine, H., Zur Geschichte der Religion und Philosophie in Deutschland, Frankfurt am Main 1966, S. 201 f.

Mitte, die prinzipienlos und kompromißbereit dahinbrütet, wie das Justemilieu. So wird Bakunin mit der entschiedenen Rechten spielend fertig; Anders verhält es sich dagegen mit den Liberalen:

> "Mit diesen Leuten ist es schwer ins Reine zu kommen, da sie ebenso wie die deutschen Konstitutionen, mit der rechten Hand zurücknehmen das, was sie mit der linken zugeben, – sie antworten niemals 'ja' oder 'nein'; – sie sagen: 'gewissermaßen haben sie recht, aber doch', und wenn sie schon nichts mehr zu sagen haben, da sagen sie: 'Ja, es ist ein eigen Ding'" [9].

Die Partei der vermittelnden, unentschiedenen Liberalen ist Bakunin zufolge die immer noch mächtigste. Im Bunde mit den konstitutionellen Monarchien sorgt sie dafür, daß weder die Reaktionäre noch die entschiedenen Revolutionäre ganz zum Zuge kommen. Diese Liberalen sind Ausdruck reaktionärer Unentschlossenheit, um deren Überwindung es Bakunin zu tun ist. Die Wahrheit liegt für ihn nicht in der Mitte – wie für die Liberalen –, sondern allein in der Aufhebung der Extreme in ein höheres Drittes, so wie Politik nicht aus Frieden, sondern aus Kampf besteht. Bakunin ist Dezisionist wie später Sorel und Carl Schmitt: ihnen allen geht es um die Tugend der letzten Entschiedenheit. Jede Revolution hat etwas von Bakunin: in ihrer Frontenteilung, ihrer Zerreibung des Mittelfeldes.

Die Logik, mit der Bakunin operiert, ist die Hegelsche Dialektik. Darum empfiehlt er den vermittelnden Positiven, den Liberalen, die Lektüre der dreibändigen Hegelschen Logik: "Die Herren sind an die Logik Hegels zu verweisen, wo die Kategorie des Gegensatzes so schön behandelt ist.–" [10] Zwar herrschen in der Realität noch die Vermittler; die Logik der Geschichte aber gehört dem Gegensatz im Hegelschen Sinne: als der Aufhebung der dualistisch-dichotomischen Gegensätze in der Revolution. Das Begreifen dieses Gegensatzes ist für Bakunin bereits revolutionäre Praxis.

Die entscheidende Differenz zwischen Bakunin und dem Marxismus besteht darin, daß für jenen Revolution als Theorie-Praxis-Identität gefaßt wird, als "eine ursprüngliche Tat des praktischen

---

[9] Bakunin, a. a. O., S. 75.
[10] A. a. O., S. 77.

autonomischen Geistes"[11] und nicht, wie bei Marx und im Marxismus, als die revolutionäre Bewegung des Proletariats, der konkret gewordenen Negation der kapitalistischen Klassengesellschaft.

Das Wahre ist für Bakunin nicht das Ganze, sondern der Gegensatz. Revolution ist das Prinzip des Gegensatzes, die endliche Aufhebung aller Positivitäten in der Geschichte durch deren Negation, als welche Revolution begriffen wird. Das wahre ist allein der Gegensatz, der mit dem Leben des Ganzen in eins gesetzt wird. Ohne Gegensatz kein Leben, ohne schmerzliche Reibung mit der Wirklichkeit keine Bewegung und damit keine Revolution[12].

Der Gegensatz ist die Wahrheit, aber er existiert nicht als solcher, er ist nicht als Totalität da. Der Gegensatz ist "eine an sich seiende, verborgene Totalität und seine Existenz ist gerade die sich widersprechende Entzweiung seiner beiden Glieder – des Positiven und des Negativen"[13]. Das Wesen der Totalität, der Gegensatz, kommt zu seiner wirklichen Existenz, er wird von einem an sich- zu einem anundfürsichseienden Gegensatz erst durch die Aufhebung, durch Negation seiner Existenz: d. h. politisch durch die Zerstörung seiner beiden ihn konstituierenden Positivitäten. Dies leistet allein die reine Logik und – im politischen Feld – die totale Revolution im Sinne der Anarchie als der Synthese von wahrer Freiheit und wirklicher Gleichheit. Die Legitimierung der revolutionären Praxis geschieht denn auch durch die Behauptung, daß das Positive seine Bewegung allein durch das Leben der Negation empfängt. Es gibt also in der wirklichen Welt des Begriffes, in der begrifflichen Wirklichkeit und im wirklichen Begriff eine Unruhe, die sich zum Gegensatz verschärft, die den Gegensatz auf den Begriff zu bringen vermag:

> "Das Positive und das Negative sind folglich nicht gleichberechtigt, wie die Vermittelnden es denken; – der Gegensatz ist kein Gleichgewicht, sondern ein Übergewicht des Negativen, welches der übergreifende Moment desselben ist; – das Negative, als das bestimmende Leben des Positiven selbst, schließt in sich allein die Totalität des Gegensatzes ein und so ist es auch das absolut Berechtigte"[4].

---

[11] Ebd.
[12] Vgl. a. a. O., S. 64.
[13] A. a. O., S. 78.
[14] A. a. O., S. 80.

Bakunins Revolutionstheorie ist die zur Politik gewordene "Philosophie der Tat". Wort und Begriff stammen vom Vater des russischen Linkshegelianismus, von August Cieszkowski. Dieser wunderliche Katholik wurde im gleichen Jahre wie Bakunin, 1814, in Sucha geboren, war gebürtiger Pole und 1849–1862 Abgeordneter des Preußischen Landtages. Er gründete zusammen mit Michelet 1843 eine Philosophische Gesellschaft in Berlin. Sein frühes Werk: "Prolegomena zur Historiosophie", das 1838 erschien, hat sowohl auf Moses Heß, Alexander Herzen als auch auf Bakunin den stärksten Einfluß ausgeübt. Was Bakunin von Cieszkowski übernimmt, ist das dialektische Prinzip, das sich aus der Eliminierung des Versöhnungscharakters der Hegelschen Dialektik, die eine Dialektik der Synthesen war, ergibt. Aus ihr entwickelt Bakunin eine Dialektik der Antithesen, was sich politisch als das Prinzip der permanenten Revolutionierung des alten Weltzustandes niederschlägt, da gemäß der Antithesendialektik eine Revolution die andere aufhebt und in der nächsten sich die übrig gelassenen Widersprüche der vorangegangenen reproduzieren. Es ist kein Zufall, daß im gleichen Jahr 1842, als Bakunin seinen Jahrbuch-Artikel niederschrieb, der Junghegelianer Edgar Bauer seine Schrift "Bruno Bauer und seine Gegner" erscheinen ließ, in dem sich der gleiche Grundgedanke findet wie im Bakunin-Aufsatz: der Kampf der Gegensätze, genannt Prinzipien, zwischen Vergangenheit und Zukunft treibt nicht zur Vermittlung, sondern zerstört die Vermittlung, als welche die Gegenwart zu begreifen ist. Die Zeit ist der Tod jeder Vermittlung; Geschichte ist der Kampf des Neuen gegen das alte Prinzip. Sie führt zur Vernichtung der These, des Alten, Positiven. Der Übergang (die Revolution) vom Alten zum Neuen und der Kampf zwischen beiden endet mit dem völligen Untergang des Alten und läßt das Neue, die Antithese, allein übrig, die damit ihren Partei-Charakter verliert. Die Revolution als Vernichtungsschlacht ist für Bauer wie für Bakunin die gesetzmäßige Gestalt des Fortschritts, weil "jedes Prinzip, welches neu auftritt in der Weltgeschichte, v a n d a l i s c h ist" [15].

Bakunin setzt für "vandalisch" "zerstörerisch", negierend oder revolutionär; "Infolgedessen erscheint bei Bauer der antagonistisch-

[15] Zit. nach Stucke, H., Philosophie der Tat, Stuttgart 1963, S. 139, Bauer, E., Bruno Bauer und seine Gegner, Berlin 1842, S. 139.

stufenweise aufsteigende Fortschritt der Geschichte als eine Folge von revolutionären Umwälzungen: jede Stufe, jedes Prinzip erzeugt dialektisch ihre oder seine Antithese, die sie vernichtet und ihrerseits zur These geworden, wiederum ihre Antithese und ihren Untergang hervorruft usw., so daß 'eine Revolution die andere aufhebt'" [16].

"Nur eine Vernichtungsschlacht kann die Sache zu Ende führen", dieser Satz, der sich als conclusio hinter allen Revolutionsschriften Bakunins findet, stammt aus dem Begriffslaboratorium des deutschen Linkshegelianismus [17]. Die Ethik, die sich aus diesem Kardinalsatz linkshegelianischer Revolutionstheorie ergibt, wurde im Jahre 1842 von Edgar Bauer und von Bakunin deutlich ausgesprochen. Bei Bauer heißt es:

> "Werdet daher endlich einmal klug und lernt es, daß allein im Extreme die Wahrheit und der Sieg sein kann. Denn nur das Extrem kann ein Prinzip rein aufnehmen und durchführen, nur das Extrem und sein Prinzip hat zeugende Kraft, während derjenige, welcher zwei Prinzipien vermitteln will, nur das Äußerliche, die Nebensachen auffaßt, erst den Geist aus ihnen treiben muß und daher von vornherein auf jeden Fortschritt Verzicht leistete" [18].

Was bei Hegel "faule Existenz" genannt wurde, ist hier die weichmütige Versöhnung der Gegensätze. Wahre und einzige Vermittlung derselben liegt im Prinzip der Negation, das, wenn es politisch wird, Revolution heißt. Bei Bakunin liest sich das noch emphatischer:

> "... die Vermittelnden mahnen wir, ihre Herzen der Wahrheit zu öffnen und sich von ihrer armseligen und blinden Weisheit, von ihrem theoretischen Hochmut und von der knechtischen Furcht zu befreien, welche ihre Seele austrocknet und ihre Bewegung lähmt. Laßt uns also dem ewigen Geiste vertrauen, der nur deshalb zerstört und vernichtet, weil er der unergründliche und ewig schaffende Quell alles Lebens ist. – Die Lust der Zerstörung ist zugleich eine schaffende Lust!" [19].

---

16 Ebd., S. 140.
17 Ebd., S. 141 (Bauer, a. a. O., S. 94 u. 106).
18 Ebd., Anm. 30 (Bauer, a. a. O., S. 37)
19 Bakunin, a. a. O., S. 95 f.

Bakunin geht, hierin dem jungen Marx vergleichbar, nicht etwa vom Proletariat aus, sondern "von der Hölderlin-Stimmung des jungen deutschen Intellektuellen im Vormärz. Er sucht sich von dem Druck zu befreien, den der deutsche Philister- und Polizeistaat auf ihn und seinesgleichen ausübt" [20]. Bakunin jedoch blieb dieser Mentalität des deutschen Vormärz verhaftet, während Marx zur Kritik der politischen Ökonomie weiterging.
Die Geschichte der Revolutionstheorie des 19. Jahrhunderts ist weithin zugleich die Geschichte des Konflikts zwischen Marx und Bakunin. Dessen Ziel bestand darin, die Untertanen zu Menschen "emporzurevolutionieren". Das zentrale Thema des reiferen Marx hingegen war es, das Untergangsgesetz der kapitalistischen Produktionsweise zu formulieren, um den Gang dieser Gesetzmäßigkeit beschleunigen zu können. Bakunin ist Vormärzstimmung; Marx der politische Ökonom, der den Vormärz zwar in sich aufgenommen hat, ihn aber dann "aufhob" im Sinne des Negierens und Beerbens, um ihn in die neue Form der Kritik der kapitalistischen Ökonomie zu transformieren. Bakunin sympathisiert mit dem Proletariat, er ist ein Volksfreund; Marx ist der Theoretiker, dem die Realisierung der Theorie aus der Geschichte entgegenkommt. Er ist kein sentimentaler Freund des Proletariats, das er kaum kannte, sondern dessen Wegweiser. Gerade im Festhalten an der Vormärz-Stimmung sieht Marx die Todsünde Bakunins.

Was Engels Bakunin vorwirft, ist revolutionäre Ungeduld, ist der Fehler, den letzten Schritt vor dem ersten tun zu wollen. Dem liegt weniger persönliche Abneigung zugrunde als historische Erfahrung. Denn Bakunins Aktionismus lieferte Marx und Engels abschreckende Beispiele genug: So in Lyon, wo ein Jahr vor dem Pariser Kommuneaufstand die Sektion der "Internationale" eine Republik proklamierte und eine Regierung aus zur "Internationale" gehörigen Arbeitern und aus radikaldemokratischen Republikanern gebildet hatte. Man ergriff Maßnahmen zur Bewaffnung des Volkes, schaffte sofort die Verbrauchssteuern ab, was der neuen revolutionären Lyoner Regierung zunächst Popularität verschaffte. "Aber", wie Marx in seinem Brief an Beesly (19. 10. 1870) berichtet, "die Esel, Bakunin und Cluseret, kamen nach Lyon und verdarben alles. Da sie beide zur 'Internationale' gehören, hatten sie

---

20 Rosenberg, A., Geschichte des Bolschewismus, Frankfurt Main, S. 50 f.

leider Einfluß genug", um ihre Freunde zu einem Handstreich auf das Rathaus anzustiften, wo man, allerdings nur für kurze Zeit – die "verrücktesten Gesetze über Abschaffung des Staats und dergleichen Blödsinn" erließ, mit dem Effekt, daß die zunächst errungenen Erfolge ebenso rasch wieder verloren gingen. Nach ihrem Mißerfolg hinterließen Bakunin und Cluseret ein Chaos. Das Fazit aus dem Kampf gegen die Bakunisten zogen Marx und Engels bereits 1873, als sie im Auftrage des Haager Kongresses der Internationale einen "Bericht über das Treiben Bakunins und der Allianz der sozialistischen Demokratie" verfaßten, der zu dessen Ausschluß aus der Internationale führte.

Die I. Internationale wurde auf Initiative der englischen Gewerkschaften am 28. September 1864 gegründet. Sie war von Anfang an alles andere als das, was man sich heute unter einer Partei vorstellt; sie war weit mehr eine lose Assoziation sehr unterschiedlicher Richtungen der europäischen Arbeiterbewegung. Außer der Gruppe um Marx, die im Generalrat den Ton angab, gehörten ihr Lassalleaner, Blanquisten, sowie Anhänger Proudhons und Bakunins an. Ferner englische Gewerkschaftler, die zu jener Zeit in ihrem Lande das liberale Bürgertum unterstützten, sowie Emigranten aus dem zaristischen Rußland, die der demokratischen Bewegung nahestanden. Die lokalen Arbeiterorganisationen der einzelnen Länder bildeten die Sektionen der Internationalen Arbeiterassoziation, als deren oberste und richtunggebende Kontrollinstanz der Jahreskongreß fungierte. Er wählte den Generalrat und bestimmte dessen Sitz.

Im Gegensatz zum Bund der Kommunisten war die Internationale eine auf weiteste Öffentlichkeit bedachte Organisation, die alle Geheimbündelei und Verschwörung verurteilte. "Daß die Errichtung besonderer politischer Arbeiterparteien unentbehrlich für die Machteroberung, die Machteroberung aber unentbehrlich für die soziale Revolution sei", war für den Generalrat der Internationale ein unverrückbarer Grundsatz.

Im Kommunistischen Manifest wird das Verhältnis der revolutionären Theorie zur Praxis wie folgt bestimmt:

> "Die Kommunisten unterscheiden sich von den übrigen proletarischen Parteien nur dadurch, daß einerseits sie in den verschiedenen nationalen Kämpfen der Proletarier die gemeinsamen, von der Nationalität unabhängigen Interessen des gesamten Proletariats hervorheben und zur

> Geltung bringen, andrerseits dadurch, daß sie in den verschiedenen Entwicklungsstufen, welche der Kampf zwischen Proletariat und Bourgeoisie durchläuft, stets das Interesse der Gesamtbewegung vertreten" [21].

Es sind sonach zwei Dinge, die die Kommunisten den übrigen proletarischen Parteien voraushaben sollen: den Internationalismus und die Vertretung der Interessen der "Gesamtbewegung". Da es eine solche Gesamtbewegung zu der Zeit, als das Kommunistische Manifest erschienen war noch längst nicht gab, sondern eben nur einzelne, einander oft befehdende Teilbewegungen, so fragt es sich, wer die Inhalte dieser Gesamtinteressen für alle proletarischen Parteien und Gruppierungen verbindlich festlegen und für alle anderen zur Norm machen konnte. Darauf gibt es, dem Selbstverständnis der Autoren des Kommunistischen Manifests entsprechend, nur die Antwort: die Kommunisten, als deren theoretische Führer sich die beiden Autoren Marx und Engels verstanden. Aus diesem Bewußtsein schöpften sie, auch als die Erste Internationale sich als das erwies, was sie in Wirklichkeit war, nämlich eine politisch kaum handlungsfähige Föderation autonomer nationaler Gruppierungen, die Überzeugung, daß sie selbst es nur sein konnten, die dem Proletariat seine Mission wiesen, und dies auf der Grundlage der von ihnen erarbeiteten revolutionären und ökonomischen Theorie.

Das Kommunistische Manifest fährt an der gleichen Stelle, die Besonderheit der Kommunisten gegenüber der Masse des übrigen Proletariats umreißend, fort:

> "Die Kommunisten sind also praktisch der entschiedenste, immer weiter treibende Teil der Arbeiterparteien aller Länder; sie haben theoretisch vor der übrigen Masse des Proletariats die Einsicht in die Bedingungen, den Gang und die allgemeinen Resultate der proletarischen Bewegung voraus" [22].

Um diesen Vorsprung vor der übrigen Masse zu gewinnen, konnte ein Proletarier bzw. eine proletarische Gruppierung nichts anderes tun, als die Werke der Autoren Marx und Engels studieren und

---

21 Marx/Engels, Ausg. Schriften, Berlin 1955, Bd. I, S. 35.
22 Ebd.

sich die darin enthaltenen Theorien über Bedingungen, Gang und allgemeine Resultate der proletarischen Bewegung aneignen, um sie dann in der Praxis des Klassenkampfes anzuwenden. Dieser Anspruch aber wurde nicht bloß von Bakunin, sondern zuweilen von großen Teilen der Mitglieder der Ersten Internationale als "autoritär" empfunden. Sie ging in den siebziger Jahren "an ihren inneren Gegensätzen und den autokratischen Methoden von Marx zugrunde" [23]. Marx selbst beschreibt die Zeit der I. Internationale:

> "Die Geschichte der Internationalen war ein fortwährender Kampf des Generalrats gegen die Sekten und Amateurversuche, die sich gegen die wirkliche Bewegung der Arbeiterklasse innerhalb der Internationalen selbst zu behaupten suchten... Ende 1868 trat der Russe Bakunin in die Internationale mit dem Zweck, innerhalb derselben eine zweite Internationale, mit ihm als Chef, unter dem Namen der 'Alliance de la Démocratie Socialiste' zu bilden. Er – ein Mensch ohne alles theoretische Wissen – prätendierte, in jenem Sonderkörper die wissenschaftliche Propaganda der Internationalen zu vertreten... Sein Programm war ein rechts und links oberflächlich zusammengeraffter Mischmasch – Gleichheit der Klassen (!), Abschaffung des Erbrechts als Ausgangspunkt der sozialen Bewegung (St. Simonistischer Blödsinn), Atheismus als Dogma den Mitgliedern vordiktiert usw. und als Hauptdogma (proudhonistisch) Abstention von politischer Bewegung. Diese Kinderfibel fand Anklang (und hat noch gewissen Halt) in Italien und Spanien, wo die realen Bedingungen der Arbeiterbewegung noch wenig entwickelt sind, und unter einigen eitlen, ehrgeizigen, hohlen Doktrinären in der romanischen Schweiz und in Belgien. Für Herrn Bakunin war und ist die Doktrin (sein aus Proudhon, St. Simon etc. zusammengebettelter Quark) Nebensache – bloß Mittel zu seiner persönlichen Geltendmachung. Wenn theoretisch Null, ist er als Intrigant in seinem Element" [24].

Das Prinzipielle der unüberbrückbaren Feindschaft zwischen Marx und den Bakunisten hat Engels in einem Brief an von Patten angesprochen, in dem es heißt:

> "Die Anarchisten ... erklären, die proletarische Revolution müsse damit anfangen, daß sie die politische Organisation des Staates abschafft.

---

[23] Rosenberg, a. a. O., S. 64.

[24] Marx/Engels, Ausg. Briefe, Berlin 1953, S. 317 f. (Brief an F. Bolte, 23. Nov. 1871).

Aber die einzige Organisation, die das Proletariat nach seinem Siege fertig vorfindet, ist eben der Staat. Dieser Staat mag sehr bedeutender Änderungen bedürfen, ehe er seine neuen Funktionen erfüllen kann. Aber ihn in einem solchen Augenblick zerstören, das hieße den einzigen Organismus zerstören, vermittelst dessen das siegende Proletariat seine eben eroberte Macht geltend machen, seine kapitalistischen Gegner niederhalten und diejenige ökonomische Revolution der Gesellschaft durchsetzen kann, ohne die der ganze Sieg enden müßte in einer neuen Niederlage und in einer Massenabschlachtung der Arbeiter, ähnlich derjenigen nach der Pariser Kommune" [25].

Bakunin konnte sich in der Tat bei seinem Argwohn, es ginge in erster Linie nicht um die Abschaffung des Staates, sondern um seine Benutzung als Machtinstrument zur Niederhaltung der besiegten Klasse, auf Marx und Engels selbst berufen. Diese haben nie einen Zweifel daran gelassen, daß die siegreiche Revolution die politische Autorität nicht beseitigen, sondern umgekehrt gerade bestärken müsse, um dann den sozialen Umwälzungsprozeß in Angriff nehmen zu können. Die Abschaffung des Staates, von der sie sprachen, war gemeint als Endziel des Ganzen, nicht aber als der Beginn, wie Bakunin es wollte. Die von Bakunin und seinen Anhängern verfochtene sofortige Abschaffung des Staates als des Grundübels aller Gesellschaften mußte daher von Marx und Engels als Illusion verworfen werden. Engels hat diesen Gegensatz, der auch die Strategie und Taktik bestimmt, wie folgt formuliert:

"Während die große Masse der sozialdemokratischen Arbeiter mit uns der Ansicht ist, daß die Staatsmacht weiter nichts ist als die Organisation, welche sich die herrschenden Klassen, Grundbesitzer und Kapitalisten gegeben haben, um ihre gesellschaftlichen Vorrechte zu schützen, behauptet Bakunin, der Staat habe das Kapital geschaffen, der Kapitalist habe sein Kapital bloß von der Gnade des Staates. Da der Staat also das Hauptübel sei, so müsse man vor allem den Staat abschaffen, dann gehe das Kapital von selbst zum Teufel; während wir umgekehrt sagen: schafft das Kapital, die Aneignung der gesamten Produktionsmittel in den Händen weniger ab, so fällt der Staat von selbst ... die Abschaffung des Kapitals ist eben die soziale Umwälzung und schließt eine Veränderung der gesamten Produktionsweise in sich. Nun aber, da für Bakunin der Staat das Grundübel ist, darf man nichts tun, das den Staat ... am Leben erhalten kann. Daher also vollständige Abstention

25 A. a. O., S. 433 (Brief an von Patten, 18. April 1883).

von aller Politik. Einen politischen Akt begehen, besonders aber an einer Wahl teilnehmen, wäre Verrat am Prinzip ... Die Masse der Arbeiter wird sich aber nie einreden lassen, daß die öffentlichen Angelegenheiten ihres Landes nicht zugleich ihre eigenen Angelegenheiten sind. Sie sind von Natur politisch" [26].

Hinter der Kontroverse Bakunin contra Marx und Engels, die an Heftigkeit alle übrigen Fehden, welche im Umkreis der I. Internationale ausgefochten wurden, übertraf und bis zur erbitterten Feindschaft ging, verbirgt sich ein entscheidender sachlicher Gehalt. Denn von dieser Kontroverse her läßt sich sowohl das Verhältnis des Marxismus zum Anarchismus als auch die spezifische Eigenart des Marx-Engelsschen Revolutionsbegriffes entwickeln. Die kardinale Differenz kann man am unterschiedlichen Verhältnis von Ziel und Weg beschreiben. Beide, Anarchisten und Marxisten, streben letztlich die Abschaffung der politischen Autorität des Staates an; insofern darf man behaupten, daß sie das gleiche Ziel verfolgen. Doch jenseits dieser Absicht beginnen sie sich zu trennen: denn auf welchem Weg die Ersetzung der öffentlichen Funktionen des Staates durch bloß administrative Akte erfolgen kann und soll, darüber gehen die Auffassungen diametral auseinander. Für Bakunin stellt sich der Gang der Dinge etwa so dar: Vertrauend auf die instinktiven Aspirationen und die elementaren Bedürfnisse der Massen der Bauern, der städtischen und ländlichen Arbeiter und nicht zuletzt auch des Lumpenproletariats, erhofft er eine auf die Abschaffung des Staates und der Kirche gerichtete kollektive Aktion, etwa einen Massenstreik, der an die Stelle zentralistischer Staatsgewalt die Selbstverwaltung der Kommunen nach räteorganisatorischen Prinzipien setzen werde. Die soziale Neuorganisation soll dann ausschließlich von unten nach oben erfolgen und so verhindern, daß an die Stelle des liquidierten Staates ein neuer Staat tritt, d. h. mit der revolutionären Aktion selbst verbindet sich der Gedanke der unverzüglichen Herbeiführung eines absolut herrschaftslosen Zustands, in dem das Prinzip der Autonomie an die Stelle der Autorität tritt:

"Wir wollen den Wiederaufbau der Gesellschaft und die Konstituierung der Einheit der Menschheit nicht von oben nach unten, durch

[26] Zit. nach Mayer, G., Friedrich Engels, Bd. II, 2. A. Köln 1971, S. 218 f.

irgendwelche Autorität und durch sozialistische Beamte, Ingenieure und andere offizielle Gelehrte – sondern von unten nach oben, durch die freie Föderation der von dem Joch des Staates befreiten Arbeiterassoziationen aller Art" [27].

Bakunin kämpft somit nicht gegen diesen oder jenen, gegen einen besonderen Staat, sondern gegen das Prinzip der Staatlichkeit als solches. Deshalb will er jede bestehende Staatsmacht zerstören, um an ihre Stelle die freie Asssoziation und Föderation aller Arbeitenden zu setzen. Anti-Kapitalismus und Anti-Etatismus verbinden sich für Bakunin in ein und derselben Revolution:

"Die revolutionäre Selbstbefreiung der Massen konnte nicht Befreiung von einer bestimmten historischen und klassenpolitischen Form des Staates und deren Ersetzung durch eine andere, sondern nur Emanzipation vom Staats-Prinzip sein... Die kompromißlose Außerkraftsetzung des Autoritäts-Prinzips durch die Beseitigung seines Inbegriffs, des Staates, war für Bakunin ... nicht ein evolutionäres Fern-, sondern ein revolutionäres Nahziel: Die Revolution ... sollte Kapitalismus und Staat, Autoritarismus und Ausbeutung buchstäblich auf einen Schlag vernichten" [28].

Der Haß auf jedwede Obrigkeit, kennzeichnender Grundzug des Bakuninschen Verhaltens, wird zum Bestimmungsgrund für die Revolutionsvorstellung; der Wille zur totalen Veränderung der Welt eliminiert die Wege und Übergänge zugunsten einer unmittelbaren Vergegenwärtigung des Endziels. So gebietet die Reinheit der Prinzipien auch nicht, sich auf Wahlen einzulassen, weil der Kampf um Arbeiterstimmen einer Anerkennung des Staates gleichkäme, um dessen Abschaffung es Bakunin allein zu tun ist. Für Marx ist

---

[27] Bakunin, Werke III, S. 188. Bakunin erhofft sich eine neue, "in den Massen des Volkes" entstehende Intelligenz, die "die neue Wissenschaft befreien wird von allen Dummheiten der Metaphysik und der Theologie. Diese Intelligenz wird keine patentierten Professoren, keine Propheten und keine Priester haben, sie wird in jedem und allem leuchten und weder eine neue Kirche, noch einen neuen Staat gründen, sie wird die letzten Spuren des unheilvollen und verfluchten Prinzips der göttlichen wie menschlichen Autorität zerstören und wird jedem seine volle Freiheit zurückgeben ..." (Gott und der Staat, Reinbek b. Hamburg 1969, S. 164).

[28] Anarchismus, Hrsg. von Borries/Brandies, Frankfurt a. M. 1970, S. 383 f.

diese Haltung nichts anderes als die von ihm und Engels schon an Max Stirner kritisierte abstrakte Empörung:

> "Es ist die alte Einbildung, daß der Staat von selbst zusammenfällt, sobald alle Mitglieder aus ihm heraustreten, und daß das Geld seine Geltung verliert, wenn sämtliche Arbeiter es anzunehmen verweigern ... Es ist die alte Illusion, daß es nur vom guten Willen der Leute abhängt, die bestehenden Verhältnisse zu ändern, und daß die bestehenden Verhältnisse Ideen sind ... Diese ideelle Erhebung über die Welt ist der ideologische Ausdruck der Ohnmacht der Philosophen gegenüber der Welt. Ihre ideologischen Prahlereien werden jeden Tag durch die Praxis Lügen gestraft" [29].

Marx mußte in der Revolutionsvorstellung Bakunins eine Inkarnation jener Stufe der innertheoretischen Praxisbewältigung sehen, die er in seiner Kritik der "Deutschen Ideologie" gerade überwinden wollte. Die Auflösung aller Staaten in einer Weltföderation und die Völkerverbrüderung zu fordern, erschien ihm als gefährliche Narretei. Nicht das Endziel Bakunins war der Gegenstand seiner Kritik, sondern allein der Glaube, daß der Staat sich mit einem Schlag abschaffen ließe, "noch früher, als die sozialen Verhältnisse abgeschafft sind, die ihn erzeugt haben" [30].

Auch hinsichtlich der Träger einer künftigen sozialen Revolution wich Bakunin von Marx ab. Er hielt die englischen Arbeiter ebenso wie die deutschen für zu bürgerlich, um ihnen revolutionäre Energien zuzumuten. Dagegen sah er in den slawischen Volksmassen und hier wieder besonders in den russischen Bauern ein unerschöpfliches revolutionäres Potential, das nur der Leitung durch entschlossene Revolutionäre bedürfe, um die Revolution zu machen. Der revolutionäre Gewaltakt selbst, der gleichsam als Initialzündung wirken sollte, könne ohne große Vorbereitung die natürlichen Tugenden der Massen, das im Instinkt des Volkes vorhandene revolutionäre Potential freisetzen. Diese unterschiedliche Einschätzung der potentiellen Träger von Revolutionen mußte auch zu einer unterschiedlichen Vorstellung darüber führen, in welchen Ländern die Revolution zuerst erwartet werden konnte:

---

[29] Marx, K., Deutsche Ideologie, Berlin 1953, S. 397.
[30] Zit. nach Mayer, a. a. O., S. 238.

"Während Marx die Überzeugung gewonnen hatte, daß eine Revolution nur in den Industriegesellschaften und durch das klassenbewußte Industrieproletariat herbeigeführt werden könne, sah Bakunin revolutionäre Möglichkeiten gerade in den noch nicht industrialisierten Ländern wie Italien oder seiner russischen Heimat... 'Hier gibt es im Gegensatz zu anderen europäischen Ländern keine privilegierte Klasse von Arbeitern, die sich mit ihrer dank beträchtlicher Löhne erworbenen literarischen Bildung brüsten, die den Prinzipien des Bürgers, dem Ehrgeiz und der Eitelkeit in einem Maße huldigen, daß sie sich vom Bürger nur noch durch ihre Lage, nicht aber durch ihre Denkungsart unterscheiden'"[31].

Bakunin hielt die konspirativen Taktiken von Geheimbünden in den romanischen Ländern, vor allem in Italien und in Spanien, aber auch in der Schweiz und in Rußland für unerläßlich, um durch direkte Aktionen die schlummernden Energien des Volkes hervorzulocken. Daß die Unterdrückten aus Instinkt und von Natur aus revolutionär seien, galt ihm für ausgemacht: wozu dann also die Umwege über große Parteiorganisationen, die neue Privilegien, Ämter und damit Korruption schufen?

"Wir sprechen", schrieb er, "von der großen Masse der Arbeiter, die durch ihre tägliche Arbeit zermürbt, unwissend und erbärmlich ist. Welche politischen und religiösen Vorurteile man der Arbeiterklasse auch ... einzutrichtern versucht hat – sie bleibt, ohne es zu wissen, sozialistisch; sie ist im Grunde ihres Wesens, instinktiv und vermöge ihrer Stellung, sozialistischer als alle bürgerlichen und wissenschaftlichen Sozialisten zusammengenommen. Sie ist sozialistisch durch alle Bedingungen ihrer materiellen Existenz, durch alle Bedürfnisse ihres Daseins ..." [32].

Die Revolutionäre sollen das Volk nicht belehren, sondern zum Aufstand führen: dies ist der Kernsatz der Bakuninschen Theorie. Daß diese Maxime für Marx und Engels nur auf Dilettantismus hinauslaufen konnte, ist angesichts ihrer unentwegten Bemühung, durch die wissenschaftliche Grundlegung jedweder politischen Aktion eine Anleitung zum bewußten Handeln zu schaffen, nicht verwunderlich. Sieht man, wie Marx und Engels, in der Revolution das unabwendbare Ergebnis des historischen Prozesses und des

---

31 Joll, J., Die Anarchisten, Frankfurt–Berlin–Wien 1971, S. 66.
32 Zit. nach Joll, a. a. O., S. 67 (Sperrung vom Verf.).

allmählichen Erwachens der Proletarier zu ihrer Rolle im Klassenkampf, so muß die Vorstellung Bakunins, daß eine Handvoll opferbereiter und zu allem entschlossener Führer genüge, die die stets schon als vorhanden angenommenen revolutionären Potenzen in den breiten Massen des unterdrückten Volkes nur zu provozieren hätten, als sektiererische Taktik und politischer Hazard erscheinen. Die schlummernde revolutionäre Energie des Volkes in dieser Weise organisieren zu wollen: dies hieß für Marx und Engels Rückfall in die utopistischen Spekulationen des vorindustriellen Zeitalters, wo Sklavenaufstände und spontane Empörungen ihren Ort haben konnten, deren stetes Scheitern aber eben der Blindheit instinktiver Auflehnung verschuldet war. Daß unpolitische Massen den Reichtum der kapitalistischen Gesellschaft in einer höheren Organisationsform nicht zur sozialistischen Neuordnung würden nutzen können, sondern bloß Zerstörung, Unordnung und Chaos bringen würden, stand für Marx außer Zweifel. Um dies zu vermeiden, hielt er die genaue Analyse der bestehenden Gesellschaft für die einzig erfolgversprechende Bedingung für deren planmäßige Umwandlung. Bakunins unbegrenzte Hoffnung auf die schöpferische Kraft revolutionärer Gewalt und die daraus entspringenden Putschaktionen gehörten für ihn in das Arsenal idealistischer Phraseologie, dazu angetan, "den bonapartistischen oder anderen Staatsanwälten als Beweisstücke gegen die Internationale" [33] zu dienen. Tatsächlich war Bakunin nicht nur für den von Marx weitgehend bestimmten Kurs des Generalrats der Internationale eine ständige Gefahr. Seine Bevorzugung lose organisierter Geheimbünde gegenüber den politischen Massenparteien, seine Verherrlichung der Rebellen- und Brigantenführer [34] und sein anti-theoretischer Affekt gegen die von ihm als autoritär gekennzeichnete Marxsche Theorie ließen eine unüberbrückbare Kluft zwischen Anarchismus und Marxismus entstehen.

Die strategische und taktische Kontroverse mit den Bakunisten

---

[33] Marx/Engels, Die angeblichen Spaltungen in der Internationale, MEW XVIII, S. 34.

[34] "Der Bandit ist immer der Held, der Beschützer, der Rächer des Volkes, der unversöhnliche Feind jedes Staates ..., ein Kämpfer auf Leben und Tod gegen die Zivilisation von Staat, Aristokratie, Bürokratie und Klerus". (zit. nach Hobsbawm, E. S., Sozialrebellen, Neuwied–Berlin 1962, S. 46, Anm.).

ist für den Revolutionsbegriff der marxistischen Theorie von entscheidender Bedeutung, denn dabei geht es vor allem um die Frage der politischen Beteiligung der Arbeiterklasse an bürgerlichen Revolutionen und um die Wahlfrage. Für die Bakunisten und "Allianzisten" galt es als ausgemacht,

> "daß man an keiner Revolution sich beteiligen dürfe, die nicht die sofortige volle Emanzipation der Arbeiterklasse zum Ziel habe, daß die Vornahme irgendwelcher politischen Handlung die Anerkennung des Staats, dieses Prinzips des Bösen, in sich schließe und daß daher namentlich die Teilnahme an irgendwelcher Wahl ein todeswürdiges Verbrechen sei" [35].

Für Marx wie für Engels waren derlei Fragen nicht solche der Reinheit revolutionärer Prinzipien, sondern allein taktische Fragen der Zweckmäßigkeit. Sie hielten nichts von der radikal sich gebärdenden Haltung derer, die den Staat einfach abzuschaffen gedachten, ohne sich darüber im Klaren zu sein, daß mit dessen sofortiger Abschaffung auch das einzig verbliebene Mittel aus der Welt geschafft wäre, mit dem die Arbeiterklasse nach erfolgter Revolution ihre Reformmaßnahmen in die Wege leiten konnte. Besonders für Länder wie Deutschland und Spanien, vor allem aber für Rußland, die vergleichsweise industriell zurückgeblieben waren und in denen es eine nur schwache politische Bourgeoisie gab, konnte "von einer s o f o r t i g e n vollständigen Emanzipation der Arbeiterklasse noch gar nicht die Rede sein. Ehe es dahin kommt", schreibt Engels, "muß Spanien" – und dies gilt analog auch für Deutschland und das zaristische Rußland – "noch verschiedne Vorstufen der Entwicklung durchmachen und eine ganze Reihe von Hindernissen aus dem Weg räumen" [36]. Solche Hindernisse waren etwa das Preußische Dreiklassenwahlrecht sowie die in der Restaurationsperiode restringierte Koalitions- und Versammlungsfreiheit und dergleichen mehr. Im Sinne dieser taktischen und langfristig strategischen Politik heißt es schon im Kommunistischen Manifest:

> "In Deutschland kämpft die Kommunistische Partei, sobald die Bourgeoisie revolutionär auftritt, gemeinsam mit der Bourgeoisie gegen die

---

35 Engels, Die Bakunisten an der Arbeit, MEW XVIII, S. 477.
36 A. a. O., S. 477.

absolute Monarchie, das feudale Grundeigentum und die Kleinbürgerei" [37].

Erst nach dieser gleichsam politischen Flurbereinigung konnte die Arbeiterklasse darangehen, die Revolution weiterzutreiben zu einer proletarisch-sozialistischen. So sollten die Kommunisten nach Marx und Engels in jedem Land jene Bewegungen unterstützen, die auf eine politische Revolution abzielten und damit erst das Terrain schaffen, von dem aus dann die eigentlich soziale Revolution ihren Ausgang nehmen konnte. Dementsprechend sollten sie sich in Frankreich den sozialistisch-demokratischen Parteien und in Polen der nationalen Partei verbünden, die eine agrarische Revolution zum Ziel hatte. Überall aber sollten die Kommunisten an der Verbindung und Verständigung der demokratischen Parteien mitarbeiten, eine Politik, die man heute wohl "Volksfrontpolitik" nennen würde.

So wenig Weitling und seine Anhänger begreifen konnten, daß es zur revolutionären Erhebung noch anderer Voraussetzungen bedurfte als des revolutionären Willens der Revolutionäre, so wenig war Bakunin bereit und in der Lage, der taktischen Linie der Marxschen Politik zu folgen. Letztlich liegt hier der sachliche Kern der Auseinandersetzungen in der Ersten Internationale bis zum Ausschluß der Bakuningruppe. Die Bakunisten behaupteten, daß jede politische Beteiligung die Arbeiterklasse korrumpieren müsse, während es allein darauf ankäme, die direkte Arbeiterrevolution unmittelbar durchzuführen. Demgegenüber bedeutete für Marx und Engels das politische Auftreten der Arbeiterklasse, die Ausnutzung der jeweils vorhandenen bürgerlichen Freiheiten, keineswegs auch eine Anerkennung der bestehenden Zustände. Eindeutig hat diese Taktik Engels formuliert:

> "Wenn dieses Bestehende uns die Mittel gibt, um gegen das Bestehen zu protestieren, so ist die Anwendung dieser Mittel keine Anerkennung des Bestehenden" [38].

Wo aber, wie in Deutschland oder in Spanien, die politischen Zustände derartige Möglichkeiten nicht bieten, dort gilt es, durch Un-

---

[37] Marx/Engels, Ausg. Schriften, a. a. O., Bd. I, S. 53.

[38] Engels, Über die politische Aktion der Arbeiterklasse. Rededisposition, MEW XVIII, S. 421.

terstützung der radikalen demokratischen Parteien solche rechtsstaatlichen Möglichkeiten zuallererst herbeizuführen. Eine "reformistische" Interpretation dieser Taktik verbietet sich schon deswegen, weil Marx und Engels stets betonen, daß die Gewinnung von Teilzielen nur Ausgangspunkt für weitergehende Zielsetzungen sein könne; vor allem dann, wenn hinter den Teilzielen der politischen Revolution eine organisierte Arbeiterschaft steht, die den Reformen Nachdruck verleiht. Nicht die Zerschlagung, sondern die Benutzung der Staatsmacht, nicht Wahlboykott, sondern die Inanspruchnahme des Parlaments als Tribüne für die Forderungen der Arbeiter – dies war das taktische Konzept von Marx und Engels:

> "Wir müssen den Regierungen erklären: wir wissen, daß ihr die bewaffnete Macht seid, die gegen die Proletarier gerichtet ist; wir werden auf friedlichem Wege gegen euch vorgehen, wo uns das möglich sein wird, und mit Waffen, wenn es notwendig werden sollte" [39].

Die Kritik an Bakunin war eine Konsequenz der Wendung gegen Putschismus und revolutionäre Phrase. Wer zugleich politische Abstinenz und provokatorische Gewalt predigt, wie Bakunin und seine Jünger dies taten, ist für Marx und Engels ein in die Arbeiterbewegung abgeirrter Bourgeoisrepublikaner mit radikalem Anstrich. Denn Gewalt kann und soll nur dort eingesetzt werden, wo das Verhalten der herrschenden Regierungen der Arbeiterschaft keine andere Wahl läßt. In Fällen aber, wo Demokratie schon besteht, komme es darauf an, "die demokratisch legitimierten Zwangsmittel gegen die Besitzenden einzusetzen" [40].

Anarchismus ist sowohl eine Kritik der bestehenden Herrschaftsformen als auch eine Lehre vom herrschaftslosen Zustand. Seiner Zielsetzung nach kann er als der Versuch einer Synthese von Liberalismus und Sozialismus gelten, weshalb man vom Anarchismus auch manchmal als von einem "libertären Sozialismus" spricht. Zwar will der Anarchismus in der Regel eine politische Umwälzung, doch – und dies ist das charakteristische Merkmal – in einer

---

[39] Aufzeichnung einer Rede von Karl Marx über die politische Aktion des 21. Sept. 1871, MEW VII, S. 652.

[40] Kramer, D., Reform und Revolution bei Marx und Engels, Köln 1971, S. 160.

Situation, in der eine sozial und ökonomisch reif gewordene Basis fehlt.

Der vom Anarchismus negierte Staat gilt ihm als ein die Vielfalt des Lebens einschränkender, hierarchischer Herrschaftsverband, der aufgrund seiner Souveränität der Allmacht Gottes gleicht. So ist auch der Titel der Bakuninschen Schrift zu verstehen: "Gott und der Staat". An die Stelle Gottes ist in der politischen Welt der Staat getreten – es ist nebensächlich, ob seine Gewalt von den Herrschern als göttlichen Ursprungs oder als auf Volkssouveränität gegründet ausgegeben wird. In jedem Fall verlangt dieser Staat Disziplin, blinden Gehorsam, Zwang und – bei nonkonformem Verhalten – die Verhängung von Sanktionen: der Staat ist der Feind der menschlichen Freiheit. Dies gilt nach Bakunin auch für den Kommunismus. Auch im Kommunismus konzentriert sich alle Macht in der Gesellschaft im Staat, deshalb sei er – wie der bürgerliche Staat – autoritär.

Was der Anarchismus an staatlicher Hierarchie und Unterordnung unter ihre Zwecke verabscheut, ist die Heteronomie, der er die Autonomie freier Willensentscheidungen entgegensetzt. Die Aktualität des Anarchismus in heutigen westlichen Gesellschaften hängt offensichtlich mit der Diskrepanz zwischen objektiver Klassenlage und fehlendem Klassenbewußtsein der arbeitenden Schichten zusammen: daher werden der Staat und seine Organe zum wesentlichen Bezugspunkt prinzipiell systemoppositioneller Gruppierungen, die, auch wenn sie sich oft einer vom Marxismus entliehenen Terminologie bedienen, dennoch ihrer Grundsubstanz nach anarchistischer Natur sind. Institutioneller oder struktureller Gewalt soll mit "Gegengewalt" geantwortet werden: durch permanente Verunsicherung und Störung des Gesamtsystems im Sinne sich häufender Revolten. Im Unterschied zur marxistischen ist die anarchistische Vorstellung von Revolution weder an die Bedingung der Verelendung, noch an eine feste Klassenorganisation gebunden. Die revolutionäre Haltung und Situation soll aus der Erkenntnis der eigenen Unfreiheit und des erfahrenen oder festgestellten Unrechts erwachsen. Revolten sind in der anarchistischen Konzeption daher permanente Revolten gegen die Organe des Staates. Ziel – seit den ersten Anfängen des Anarchismus – ist die Herstellung einer solidarischen Gemeinschaft, die von den Prinzipien der Autonomie, des Föderalismus und der Brüderlichkeit bestimmt sein soll.

2. Proudhon und der Marxismus

Proudhon kann als der eigentliche Stammvater des modernen französischen Sozialismus bezeichnet werden. Seine Etikettierung als individualistischer Anarchist, wie sie in der marxistischen Proudhon-Literatur bis heute üblich ist, die ihn zusammen mit Max Stirner und Bakunin in die Geschichte des "kleinbürgerlichen Anarchismus" verbannt, unterschätzt Proudhons Bedeutung für die Herausbildung des revolutionären Syndikalismus. Seine erste Schrift "Qu'est-ce que la proprieté" aus dem Jahre 1840, die eine Kritik des Eigentums und der auf ihm beruhenden politischen Herrschaft enthält, kann als eine dem Kommunistischen Manifest vergleichbare Kampfschrift für das französische Proletariat gelten [41]. Von den "kleinbürgerlichen Sozialisten" unterschied Proudhon sich darin, daß er nicht wie diese nur einzelne Seiten oder "Auswüchse" wie das Fabriksystem oder das Geld angriff, sondern die Institution des Privateigentums selbst. Durch eine Umkehrung der Vorzeichen wandte er die Resultate der englischen ökonomischen Klassiker in ihr Gegenteil: "Hatten die bürgerlichen Oekonomen den durch die Bewegung des Privateigenthums erzeugten Reichthum benützt, um das Privateigenthum zu bejahen, so benützte Proudhon das durch die Bewegung des Privateigenthums erzeugte Elend, um das Privateigenthum zu verneinen" [42]. Wie für den historischen Materialismus so sind auch für Proudhon die Gesetze der Ökonomie die Gesetzmäßigkeiten der Geschichte. Es fragt sich daher, weshalb Marx unmittelbar vor der Abfassung des Kommunistischen Manifests, am Schnittpunkt zwischen politischer Ideologiekritik und ökonomischer

---

[41] Die Schwierigkeit, Proudhon einzuordnen, umreißt Lichtheim wie folgt: "Proudhon sticht nicht so sehr wegen seiner persönlichen Originalität ins Auge (er ist kaum interessanter als Blanqui oder einflußreicher als Blanc). Er sprengt den Rahmen, weil für ihn ein sozialistisches Etikett zu eng ist. So hat man in der Tat schon gefragt, ob er, außer im allgemeinsten Sinne, denn überhaupt ein Sozialist gewesen sei. In einigen Punkten greift er eindeutig auf Rousseau zurück. In anderen weist er auf den reformistischen Sozialismus der achtziger Jahre hin, ja selbst schon auf den Anarcho-Syndikalismus der neunziger, der dann 1905 wieder aufflammen sollte" (Lichtheim, G., Ursprünge des Sozialismus, Gütersloh 1969, S. 93).

[42] Mehring, F., Geschichte der deutschen Sozialdemokratie, 1. Teil, Stuttgart 1897, S. 27.

Analyse, eine Abrechnung mit dem französischen Sozialisten Proudhon und seiner Schrift "Philosophie des Elends" aus dem Jahre 1846 vornahm, eine Abrechnung, die bereits wesentliche Motive des Kommunistischen Manifests und seiner späteren "Kritik der politischen Ökonomie" enthält.

Die Differenz zwischen Marx und Proudhon ist vor allem eine Differenz der Methoden: bei Marx ist dies die dialektische, der Hegelschen Logik folgende Methode, bei Proudhon ein "ethischer Dualismus" [43]. Proudhons an Kant orientiertes Denken tendiert dahin, die kantischen Antinomien auch in die Sozialwissenschaft und in die Nationalökonomie einzuführen. Danach haben alle Dinge in der wirklichen Welt ihre schlechte und ihre gute Seite, sie bewegen sich in einem "Einerseits – Andererseits", ohne daß diese beiden Seiten als Momente einer unauflösbaren Totalität begriffen würden. Die ethische Maxime aus dieser Position kann Marx zufolge nur lauten, daß es stets gelte, die guten Seiten einer Sache zu bewahren und die schlechten auszuschalten. Proudhon folgt hierin der Lehre vom goldenen Mittelweg, wie sie seit der aristotelischen Ethik für die ganze abendländische Philosophie verbindlich gewesen ist:

> "Für Herrn Proudhon hat jede ökonomische Kategorie zwei Seiten, eine gute und eine schlechte. Er betrachtet die Kategorien, wie der Spießbürger die großen Männer der Geschichte betrachtet: Napoleon ist ein großer Mann, er hat viel Gutes getan, er hat auch viel Schlechtes getan. Die gute Seite und die schlechte Seite, der Vorteil und der Nachteil zusammengenommen bilden für Herrn Proudhon den Widerspruch in jeder ökonomischen Kategorie. Zu lösendes Problem: die gute Seite bewahren und die schlechte beseitigen" [44].

Was bei dieser undialektischen Widerspruchslogik verloren geht, ist die historisch-kritische Genese der analysierten Erscheinungen. Indem Proudhon weder deren Totalität als eine durch Widersprüche sich herstellende und vermittelte, noch deren wirkliche Entwicklung in Erwägung zieht, bleibt er an der Oberfläche der Erscheinungen, d. h. unhistorisch. Er bescheidet sich mit abstrakt-moralisierenden Urteilen. Dieses dualistische Verfahren führt dann dazu,

---

[43] Mayer, H., Karl Marx und das Elend des Geistes, Meisenheim am Glan 1948, S. 24.

[44] Marx, K., Das Elend der Philosophie, Berlin 1952, S. 131 f.

"daß Sein und Sollen, gute und schlechte Gesellschaft unverbunden für ihn dastehen, ohne daß er sich fragte, wie man die gute aus der schlechten herausschälen könne" [45]. Kennzeichen hierfür ist der Schlachtruf vom Eigentum, das Diebstahl sei, ein Satz, der (dem Gironde-Politiker Brissot aus der Zeit der Französischen Revolution zugeschrieben wird, und der) Proudhons Name bis zum heutigen Tag begleitet. Doch entgeht ihm die für Marx weit wichtigere Tatsache, daß der Diebstahl selbst, als gewaltsame Verletzung des Eigentums gefaßt, bereits das Eigentum zu seiner Grundlage hat. Denn ohne Eigentum kann es auch keinen Diebstahl geben. Marx hat die anklagende Rede vom Eigentum als Diebstahl ihres radikalen Anspruchs entkleidet und der Pseudoradikalität eines Kleinbürgers zugerechnet, der über die polemische Gebärde nicht zur historischen Analyse, zu den Entstehungsbedingungen des Privateigentums vordringt, eine Arbeit, von der her überhaupt erst die Beseitigung des Übels, das eben nicht im Diebstahl, sondern in der privaten Aneignung von Mehrwert besteht, in den Blick kommen kann. Statt sich über die historischen Formationen des Eigentums, seine verschiedenen Entwicklungsstufen zu erklären, bündelt Proudhon in abstrakter Weise ein Derivat des Eigentums und macht es zur Hauptsache: den Diebstahl. Marx stellt – im Gegensatz zu Proudhon – bei seinen ökonomischen Analysen seine persönlichen Empfindungen und Gefühle zurück, um sich nicht den Weg abzuschneiden, der nur über eine Kritik der historisch gewordenen Formen des Eigentums führen kann. Proudhon versteht unter dem Eigentum, das Diebstahl sein soll, nur den ohne Arbeit erzielten Gewinn (Wucher, Zins, Miete, Pacht, Handelsgewinne). Die Abschaffung des Eigentums soll durch die Abschaffung von Geld und Zins erfolgen, durch Mittel also, die sich gegen die Konsequenzen des Eigentums richten, nicht aber gegen das Eigentum selbst. Lichtheim erklärt Proudhons Haltung durch die Vorstellung einer "Gesellschaft aus unabhängigen Handwerkern und Bauern, die auf der Grundlage der durch Arbeit geschaffenen Wertrelationen ihre Überschußprodukte austauschten. War nun dieser Zustand 'natürlich', dann folgte daraus, daß der Kapitalismus etwas Unnatürliches war" [46]. Mit anderen Worten: Proudhon will "bürgerliche

---

[45] Mayer, H., a. a. O., S. 31.
[46] Lichtheim, a. a. O., S. 99.

Lebensbedingungen ohne die notwendigen Konsequenzen dieser Bedingungen" [47]. Den Grund für diese Abstraktion von der wirklichen historischen Gestalt des Eigentums, eine Gestalt, die ohne jene Folgen, die Proudhon abschaffen möchte, gar nicht zu denken ist, sieht Marx in Proudhons erkenntnis-theoretischen Dualismus zwischen der Wirklichkeit und den Prinzipien, Ideen und Kategorien, der dem Denken Proudhons zugrunde liegt. Er kritisiert daher dessen dogmatische Kritik:

> "So ist ... Proudhon ... gezwungen, zu einer Fiktion zu greifen, um die Entwicklung zu erklären. Er bildet sich ein, die Teilung der Arbeit, der Kredit, die Maschinen usw., alles sei erfunden worden, um seiner fixen Idee, der Idee der Gleichheit, zu dienen. Seine Erklärung ist von einer köstlichen Naivität. Man hat diese Dinge für die Gleichheit erfunden, doch leider haben sie sich gegen die Gleichheit gekehrt ... Das heißt, er geht von einer frei erfundenen Annahme aus, und da die wirkliche Entwicklung und seine Fiktion einander auf Schritt und Tritt widersprechen, schließt er daraus, daß hier ein Widerspruch besteht. Er verhehlt dabei, daß es nur ein Widerspruch zwischen seinen fixen Ideen und der wirklichen Bewegung ist" [48].

Im Gegensatz zu Proudhon gibt es die Idee der Gleichheit für Marx nur in den Köpfen der Menschen, nicht jedoch als historisches Subjekt. In der historischen Wirklichkeit gibt es nur die konkreten Formen der Ungleichheit. Fragt Proudhon: wie entsteht aus der Idee der Gleichheit die reale Ungleichheit, so Marx nach den objektiven Bedingungen der konkreten Formen der Ungleichheit in der Gesellschaft. Für Proudhon lassen die Prinzipien, die der Wirklichkeit zugrunde liegen, in der Praxis viel zu wünschen übrig; deshalb bejaht er das Prinzip des Eigentums und will nur arbeitsloses Einkommen abschaffen, um damit das Eigentum in seiner Reinheit wiederherzustellen. Da aber unter den gegebenen Eigentumsverhältnissen das arbeitslose Einkommen eine notwendige Konsequenz dieser Verhältnisse darstellt, entsteht ein Widerspruch zwischen Idee und Realität, eine "Antinomie". Statt aber nun diese Antinomie als Ausdruck der wirklichen Geschichte zu begreifen, kehrt Proudhon das Verhältnis um und läßt die Geschichte als Verwirklichung der begrifflichen Widersprüche erscheinen.

---

[47] Marx, a. a. O., S. 15 f.
[48] A. a. O., S. 11 f.

Was sich hier zeigt, ist der schon bekannte Gegensatz, wie er auch zwischen Marx und Weitling und zwischen Marx und Bakunin gegeben war. In all diesen Kontroversen stehen sich zwei methodische Prinzipien unvereinbar gegenüber: auf der Seite Proudhons eine an ethischen Postulaten orientierte Kritik; auf seiten von Marx dialektische Kritik, die nichts von abstrakten Werturteilen, sondern alles von objektbezogener Analyse erwartet. Letztlich wollen die genannten Theoretiker das gleiche Endziel: eine Gesellschaft von freien und gleichen ohne Staat und Exekutivgewalt, in der die Assoziation der freien Produzenten die Produktion planmäßig regelt, damit die menschlichen Gattungsmöglichkeiten sich frei entfalten können. Methoden und Wege zu diesem Ziel jedoch sind jeweils verschieden. Bei Weitling, Bakunin und Blanqui ist es die direkte Aktion der Erniedrigten, von der sie die Befreiung erhoffen; bei Marx und Engels hingegen bedarf es der Gesellschaftstheorie und der Kritik der politischen Ökonomie, von denen her erst die Grundlagen für eine umwälzende Praxis gewonnen werden sollen. Deutlich tritt die Negation aller bloßen Empörungshaltungen, wie Marx und Engels sie an den "Straubingern" und "Knoten", den Handwerksgesellen kritisieren, in brieflichen Äußerungen aus dem Jahre 1846 hervor, als Engels in Paris mit den "wahren Sozialisten" und "brüderlichen Demokraten" zusammenstieß und über diese Erfahrungen an Marx wie folgt berichtet:

> "Mit den Straubingern hier denk' ich durchzukommen. Die Kerle sind freilich gräßlich unwissend und durch die Lebenslage gar nicht präpariert... Der Grün hat scheußlich geschadet. Er hat bei den Kerls alles Bestimmte in bloße Duselei, Menschheitsstreben usw. verwandelt. Unter dem Scheine, den Weitlingschen und sonstigen Systemkommunismus anzugreifen, hat er ihnen den Kopf voll unbestimmter Belletristen- und Kleinbürgerphrasen gesetzt und alles andre für Systemreiterei ausgegeben. Selbst die Schreiner ... schließen sich ... lieber der größten Duselei, friedlichen Beglückungsplänen usw. an als diesem 'Löffelkommunismus'. Es herrscht eine grenzenlose Konfusion hier vor" [49].

Marx hat zeitlebens einen Kampf gegen die "ganze Bande halbreifer Studiosen und überweiser Doctores" geführt, "die dem Sozia-

---

[49] Marx/Engels, Ausg. Briefe, Berlin 1953, S. 29 (Brief Engels an Marx vom 23. Oktober 1846).

lismus eine 'höhere, ideale' Wendung" geben wollten, was ihm zufolge darauf hinauslief, "die materialistische Basis (die ernstes objektives Studium erheischt, wenn man auf ihr operieren will) zu ersetzen durch moderne Mythologie, mit ihren Göttinnen der Gerechtigkeit, Freiheit, Gleichheit und fraternité" [50]. Marx verwarf jene Parteilichkeit, die objektives Studium durch revolutionär-emotionales Engagement ersetzen wollte. Die materielle Basis bedarf der differenzierten historischen Analyse, ehe es um die Herstellung von Gerechtigkeit – der Kardinaltugend Proudhons – gehen konnte. Die Marxsche Abneigung gegen Revolutionsmacherei entspringt dem Mißtrauen gegenüber utopischen Phantasien über künftige Gesellschaften sowie der Überzeugung, daß mit dem Aufkommen einer Arbeiterbewegung die einstmals noch progressiven, weil gesellschaftskritisch intendierten Utopien ihre historische Funktion mittlerweile eingebüßt haben:

> "Es ist natürlich", schreibt Marx im Jahre 1877, "daß der Utopismus, der vor der Zeit des materialistisch-kritischen Sozialismus letzteren in nuce in sich barg, jetzt wo er post festum kommt, nur noch albern sein kann, albern, fad und von Grund aus reaktionär ..." [51].

Die Utopie erdenkt Rezepte und gibt Handlungsanweisungen, bevor sie die wirklichen Zusammenhänge begrifflich analysiert hat. Sie weiß vorweg, was sie von der Welt zu halten habe, wo deren Übel liegen und wie ihnen abzuhelfen sei. Marx hingegen hält weder Rezepte bereit, wie die Welt aus einem Punkte zu kurieren sei, noch gibt er vorschnell strategische Anweisungen. Vielmehr geht es ihm um das Problem, "ob die vorgeschlagenen Lösungen sich auch aus den Voraussetzungen historisch ergeben könnten" [52]. Dies bedeutet für die Frage des Theorie-Praxis-Verhältnisses und damit für die Problematik des revlutionären Handelns, daß die politische Praxis theoretisch begründet und rational ausgewiesen sein muß, um nicht blinde Praxis zu sein. Die proudhonistische Taktik hingegen ist für Marx eine Taktik des Einerseits-Andererseits, analog der von Proudhon durchgeführten Auflösung der Hegelschen Dialektik in eine Zwei-Seiten-Lehre:

---

50 A. a. O., S. 364 f. (Brief Marx an F. A. Sorge vom 19. Oktober 1877).
51 A. a. O., S. 365.
52 Mayer, H., A. a. O., S. 31.

"... hat Proudhon auch in seinen letzten Schriften den Zusammenschluß des arbeitenden Volkes, dem dunkel erst sich sein Klassenbewußtsein in der Form einer Erkenntnis der Verschiedenheit seiner Interessen von denen der Bourgeoisie ankündige, als historische Notwendigkeit gefordert, hat er zuweilen auch die Idee der sozialen Revolution in kräftigen Strichen entworfen als eine grundsätzliche Beseitigung des auf Ausbeutung der Besitzlosen sich gründenden kapitalistischen Wirtschaftssystems und dessen Ersetzung durch eine Organisation des ökonomischen Lebens, die jeden Klassenunterschied verbannt – den Klassenkampf im proletarischen Sinne ... hat er nie vertreten. Denn nicht eine Fortbildung des gegebenen Wirtschaftssystems, sondern seine Rückbildung in kleinbürgerliche Verhältnisse schwebte ihm vor ..." [53].

Proudhon möchte durch eine neue Organisation von Konsumtion und Produktion in freien Assoziationen die Arbeit von der Abhängigkeit an das Kapital lösen und dadurch einen idealen Zustand herbeiführen, der die Produktion den Interessen aller Gesellschaftsmitglieder dienstbar macht. Für Marx regelt sich das Verteilungsproblem, dem Proudhon die ganze Aufmerksamkeit zuwendet, erst im Gefolge der Überführung der Produktionsmittel in den Besitz der Gesellschaft. So muß Marx Proudhon als ein Utopist erscheinen, als einer, der ins Wasser springen und dabei trocken bleiben möchte. Was er Proudhon letztlich vorwirft, ist sein Unverständnis für Dialektik; denn

"was die dialektische Bewegung ausmacht, ist gerade das Nebeneinanderbestehen der beiden entgegengesetzten Seiten, ihr Widerstreit und ihr Aufgehen in eine neue Kategorie. Sowie man sich nur das Problem stellt, die schlechte Seite auszumerzen, schneidet man die dialektische Bewegung entzwei" [54].

Proudhon sieht in den ökonomischen Widersprüchen nicht das verändernde Prinzip selbst, sondern er bleibt vor der schlichten Zweiheit stehen: Dialektik heißt ihm nichts anderes als das Bedenken der Licht- und Schattenseite jeder ökonomischen Kategorie [55].

Proudhons Wendung gegen die Formen von Herrschaft ließ ihn

---

[53] Muckle, F., Die großen Sozialisten, Bd. I, 4. Aufl., Leipzig und Berlin 1920, S. 130.

[54] Marx, Das Elend der Philosophie, a. a. O., S. 133.

[55] Vgl. das Beispiel der Sklaverei, a. a. O., S. 132 f.

für die französische Arbeiterbewegung zum "ersten eigentlichen Philosophen des Anarchismus" [56] werden. Eine Gesellschaft von Gleichen und Freien kann sich für ihn nur von der Basis her ergeben. Selbstverwaltung statt staatlicher Herrschaft und Autorität; Ablehnung jedweder Form von Diktatur: das ist sein anarchistisches Programm.

1883 hat Kropotkin vor Gericht bekannt: "Man wirft mir vor, der Vater des Anarchismus zu sein; das ist zu viel Ehre. Der Vater des Anarchismus ist der unsterbliche Proudhon." [57] Proudhons Programm der auf dem Prinzip der "Gegenseitigkeit" beruhenden Kommunen will vor allem das Grundübel des arbeitslosen Einkommens ohne äquivalente Arbeitsleistung beseitigen. Diese auf der Grundlage von freien Verträgen geschaffenen Kommunen bedeuten die Abschaffung jeglicher Form politischer Zentralisation, auch in jener Form, wie sie zu seiner Zeit von Louis Blanc und dann auch von Lassalle propagiert wurde. Die Vorstellung der vom Staat finanzierten Arbeiterassoziationen widerstreitet seiner Vorstellung und seiner Forderung eines föderalistischen Aufbaus der einzelnen Kommunen untereinander.

Bei Proudhon wiederholt sich die vielen französischen Kommunisten und Sozialisten eigene Wendung gegen die Zirkulationssphäre und den Geldschleier. Dies läßt sich mit der französischen Wirtschafts- und Gesellschaftsstruktur erklären, die bis weit in das 19. Jahrhundert durch Grundbesitz und Finanzkapital bestimmt war. Hier setzt die Kritik – auch Proudhons – an und nicht an den Produktionsformen selbst, d. h. der gesellschaftlichen Produktion und der privaten Aneignung. Eine Veränderung der gesellschaftlichen Verhältnisse konnte für ihn nicht eine bloß politische sein, d. h. die Ersetzung einer politischen Verfassung durch eine neue, wenn auch gerechtere. Soziale und politische Veränderung hieß für Proudhon soviel wie Selbstorganisation der Gesellschaft und damit Abschaffung des Staates.

---

[56] Joll, a. a. O., S. 51.

[57] Zit. nach Frei, B., Die anarchistische Utopie, Frankfurt Main 1971, S. 19.

3. Staat und Revolution bei Lassalle

Ferdinand Lassalle, Führer der Anfangsphase des "Allgemeinen Deutschen Arbeitervereins" gehört zu den umstrittensten Persönlichkeiten der deutschen Arbeiterbewegung. Nicht nur seine bewegte Biographie und sein früher Tod in einem Duell, sondern auch seine theoretischen Schriften haben immer Anlaß zu Kontroversen gegeben, die sich bis in die jüngste Phase des Selbstverständnisses der SPD verfolgen lassen. Lassalle schuf jedoch bei all seiner persönlichen Eitelkeit und seinem Hang zur dramatischen Pose das, was es in keinem Land der damaligen Zeit gab: eine Parteiorganisation, die unter seiner geistigen Führung und Jahrzehnte später erst unter der von Marx und Engels stand.

Lassalles "Allgemeiner Deutscher Arbeiterverein" (ADAV) vollzog die Trennung der deutschen Arbeiterbewegung vom bürgerlichen Liberalismus. Sein "Arbeiterprogramm" des Jahres 1862 und sein "Offenes Antwortschreiben an das Zentral-Kommitee" von 1863 dienen der theoretischen Legitimierung dieser Trennung von der bürgerlichen Linken. Dies gilt auch für seine Kampfschrift gegen den liberalen Genossenschaftler Schulze-Delitzsch: "Herr Bastiat-Schulze von Delitzsch. Der ökonomische Julian oder Kapital und Arbeit" (1864). Das "Offene Antwortschreiben" führte zur Gründung des Allgemeinen Deutschen Arbeitervereins am 23. Mai 1863, dessen erster Präsident Lassalle wurde. Dieser Arbeiterverein war zugleich die erste außerparlamentarische Opposition auf deutschem Boden, entstanden aus dem mangelnden Willen der liberalen Fortschrittspartei, sich für die Sache der Arbeiter, das hieß damals vor allem: für die Durchsetzung des allgemeinen und gleichen Wahlrechts gegen das Dreiklassensystem, einzusetzen. Das Verhältnis der Arbeiterschaft zur Politik der bürgerlichen Liberalen und der 1861 gegründeten "Deutschen Fortschrittspartei" vom Jahre 1863 bestimmt Lassalle in seiner Rede "Zur Arbeiterfrage" wie folgt:

> "Im Jahre 1848 war eine Revolution, und bei dieser erlangte das Volk das allgemeine Wahlrecht. Darauf kam eine Periode der Reaktion ... Der König von Preußen oktroyierte am 5. Dez. 1848 eine Verfassung; auch diese enthielt noch das allgemeine Wahlrecht ...; dennoch wurde bald darauf ein neues Wahlgesetz mit dem Dreiklassensystem oktroyiert ... Eine neue, nach dem neuen Wahlgesetz ernannte Kammer genehmigte es und stellte die Verfassung fest! ... für die De-

mokratie war die neue Verfassung ein Rechtsbruch! ... Die Bourgeoisie wollte sich aus dem großen Kampfe mit ihrer speziellen Beute, mit einer bürgerlichen Verfassung, für sich allein zurückziehen, und wir, das Volk, sollten bleiben, wo wir wollten ... Später wurde die Fortschrittspartei gebildet; warum verleugnet diese den Namen der Demokratie? Doch wohl, weil man nicht mehr Demokrat sein wollte ... Wir schwiegen noch immer, trotz der Verleugnung des allgemeinen Wahlrechts, um des Friedens willen. Wir sagten uns: wenn die Fortschrittspartei ... die Herrschaft erlangt, so wird sie doch gezwungen sein, dem Volke Konzessionen zu machen und mit ihm abzurechnen. An der gegenwärtigen in Preußen vorhandenen Situation zeigte es sich aber bald, daß die Fortschrittspartei durchaus nicht die nötige Energie hat, um eine energische Regierung in Verlegenheit zu setzen. Sie kann und wird sich selbst nicht einmal ans Ruder bringen, und so lange wir nur ihr folgen, bleiben wir im Sumpfe stecken ... Ich habe die Überzeugung erlangt, daß, wenn wir hinter der Fortschrittspartei stehen bleiben, eine Stagnation unvermeidlich ist ... Fragen Sie nun die Tüchtigsten der Fortschrittler, warum sie das tun, ... so sagen sie Ihnen: Ja, wir möchten das Wohl, aber das Volk ist nicht so weit, es würde unseren Schritt nicht billigen! ... Nun, meine Herren, Sie gehören ja zum Volke! Zeigen Sie der Fortschrittspartei gerade dadurch, daß Sie sie mißbilligen, den Irrtum, in dem sie über Sie befangen ist. Dann zwingen Sie sie, voranzugehen" [58].

Die Gründung des Allgemeinen Deutschen Arbeitervereins, gemäß Lassalles Konzeption eine Allianz der Wissenschaft und der Arbeiter, ist sonach eine Reaktion auf den vom bürgerlichen Liberalismus nach dem Scheitern der 48er Revolution begangenen "Bundesgenossenverrat". Es war dies kein freiwilliger, sondern ein durch die opportunistische Politik der Deutschen Fortschrittspartei erzwungener Schritt. Lassalles Politik gegenüber den Liberalen und "Manchesterleuten" läßt sich als die konsequente Absage an die vom bürgerlichen Liberalismus vollzogene Abkehr von der demokratischen Emanzipationsbewegung des Volkes und der Arbeiter verstehen. Deren politisches Kampfziel hieß für Lassalle in jener Zeit: Überwindung des Dreiklassenwahlrechts und Einführung des allgemeinen und gleichen Wahlrechts, ein Ziel, das nunmehr durch die Organisierung der Arbeiterschaft in einer eigenen Partei erreicht werden sollte. In der gleichen Rede aus dem Jahre 1863 hat

58 Lassalle, F., Reden und Schriften, Hrsg. F. Jenaczek, München 1970, S. 220 ff.

Lassalle die Grundabsicht seiner Politik klar formuliert, wenn er den Arbeitern zuruft:

"Die Fessel von Ihrem Fuße muß Ihnen abgenommen werden, aber nur im Frieden, durch die Initiative der Intelligenz und mit der sympathischen Hilfe der besitzenden Klassen, deren Spitzen, die Männer der Wissenschaft, bereits vorangehen und den Anfang machen ... 'Bei der Bildung dieser Zeit ist es nötig, daß Ihr Besitzenden und Intelligenten alle Kräfte darauf verwendet, diese Fessel von uns zu nehmen.' So müssen Sie ihnen zurufen! [59]"

Erst als Lassalle erkennen mußte, daß das von ihm angestrebte Bündnis mit den Konservativen und Bismarck, dessen Gegner auch die seinen waren, nicht zum Erfolg der Sache der Arbeiter führen konnte, entwickelt er eine Revolutionstheorie. In der Forderung nach dem allgemeinen Wahlrecht selbst sah er – unter damaligen Verhältnissen begreiflich – eine revolutionäre Politik. Die Einführung des preußischen Dreiklassenwahlrechts war ein Verfassungsbruch. Lassalle verweist auf die "schreiende Ungerechtigkeit", die darin besteht, daß die minderbemittelten "arbeitenden" Klassen, die nach seinen Angaben etwa 89 % der Bevölkerung ausmachen, zwar – auf dem Wege der indirekten Besteuerung – die Hauptlast an der Aufbringung der öffentlichen Finanzen tragen, zugleich aber ihrer politischen Rechte beraubt werden. Der Weg zur Erfüllung der legitimen Interessen der Lohnarbeiter geht nur über die Erlangung ihrer politischen Rechte, als deren vornehmstes das allgemeine Wahlrecht zu gelten habe.

Zusammengenommen bilden diese Argumente für Lassalle eine politische Programmatik, die revolutionären Charakter trägt. "So oft ich allgemeines Wahlrecht sage, muß es von Euch Revolution und immer wieder Revolution verstanden werden" [60]. Diese Aussage vor Frankfurter Arbeitern ist dahingehend zu verstehen, daß Lassalle aufgrund seiner Erfahrungen mit den bürgerlichen Liberalen davon überzeugt war, daß das allgemeine Wahlrecht den Arbeitern kaum als ein Geschenk zufallen würde, sondern daß es, wenn überhaupt, nur als das Ergebnis eines langen und zähen Kampfes zu erwarten war. Das gleiche galt für die von ihm gefor-

59 A. a. O., S. 219.

60 Vgl. Bernstein, E., Einleitung zum Arbeiterlesebuch, Werke III, S. 176.

derte Intervention des Staates zugunsten der arbeitenden Klassen: Der Staat sollte der Brechung jenes als "ehernes Lohngesetz" bekannten Naturgesetzes der bürgerlichen Gesellschaft dienen, das oft Lassalle zugeschrieben wird, in Wirklichkeit aber bereits bei Malthus, Say, Ricardo, John Stuart Mill und anderen Ökonomen des 19. Jahrhunderts entwickelt worden war.

Die auch als "Existenzminimumtheorie des Lohnes" genannte Theorie besagt, daß

> "der durchschnittliche Arbeitslohn immer auf den notwendigen Lebensunterhalt reduziert bleibt, der in einem Volke gewohnheitsmäßig zur Fristung der Existenz und zur Fortpflanzung erforderlich ist. Dies ist der Punkt, um welchen der wirkliche Tageslohn in Pendelschwingungen jederzeit herumgravitiert ... Er kann sich nicht dauernd über diesen Durchschnitt erheben – denn sonst entstünde durch die leichtere, bessere Lage der Arbeiter eine Vermehrung der Arbeiterehen und der Arbeiterfortpflanzung ... und somit des Angebots von Händen, welche den Arbeitslohn wieder auf und unter seinen früheren Stand herabdrücken würde. Der Arbeitslohn kann auch nicht dauernd tief unter diesen notwendigen Lebensunterhalt fallen, denn dann entstehen – Auswanderungen, Ehelosigkeit, Enthaltung von der Kindererzeugung und endlich eine durch Elend erzeugte Verminderung der Arbeiterzahl, welche somit das Angebot von Arbeiterhänden noch verringert und den Arbeitslohn daher wieder auf den früheren Stand zurückbringt" [61].

Lassalles Anspruch war es, den Arbeitern das geheime "eherne Lohngesetz" zu erklären, um sie damit in die Lage zu versetzen, es aufzuheben, d. h. sich das Recht auf den vollen, unverkürzten Arbeitslohn zu erstreiten. Die Bedingungen, auf denen das Gesetz des Arbeitslohnes beruht und die es aufzuheben galt, sind u. a. folgende: Die Arbeiter müssen formal-rechtlich freie Individuen sein, um gültige Verträge über den Tausch der Arbeitsleistung gegen ein Entgelt, den Lohn, mit den Unternehmern abschließen zu können;

Der Staat darf in das Wirtschaftsleben der Gesellschaft nicht intervenieren;

Die Produktion muß auf Rechnung nicht der Arbeitenden selbst, sondern nur auf Rechnung von Privatunternehmern betrieben werden;

---

[61] Lassalle, a. a. O., S. 181.

Es muß freie Konkurrenz herrschen, so daß das Spiel von Angebot (Arbeit) gegen Nachfrage (Lohn) in Gang bleiben kann.

Nur wenn und solange diese Bedingungen gegeben sind, kann das "eherne und grausame Gesetz" wie ein Naturgesetz die Gesellschaft beherrschen. Zur Aufhebung dieses Lohngesetzes sollen die Arbeitenden – auf freiwilliger Grundlage – zur sozialen Selbsthilfe greifen und die für das Walten des Lohngesetzes ausschlaggebenden Bedingungen auf organisierte und friedliche Weise – in "Assoziationen", kollektiven Interessengemeinschaften – aufheben. In diesen Assoziationen verfügen die Arbeiter selbst über die Mittel zur gemeinsamen Produktion. Staatliche Intervention in Form von Krediten soll die Organisation ermöglichen. Die Produktion auf eigene Rechnung gewährt den ungeschmälerten Arbeitsertrag. Lassalle geht davon aus, daß der Arbeiter als einzelner – ohne Kapital – hilflos ist und nur die in einer Assoziation verbundenen Arbeiter sich an die Stelle der privaten Unternehmer zu setzen vermögen. Der Arbeiterstand selbst soll Unternehmer werden, um so die Scheidung von Arbeitslohn und Unternehmergewinn aufzuheben.

Arbeiterassoziationen sind nach Lassalle allerdings nur dann möglich, wenn die Arbeiterklasse entsprechende politische Macht zu ihrer Durchführung besitzt. Die Brechung des "ehernen Lohngesetzes" durch die soziale Selbsthilfe der Arbeiter setzt voraus, daß diese sich in den Besitz der staatlichen Machtmittel setzen, um so auf dem Wege über die Gesetzgebung die erforderlichen Kredite für die Funktionsfähigkeit der freien Assoziationen zu erhalten. Das Recht auf den vollen Arbeitsertrag ist somit zwar eine ökonomische und soziale Forderung, ihre Realisierung aber steht und fällt mit der Einführung des allgemeinen Wahlrechts. Denn nur so kann gewährleistet werden, daß der Staat zur Interessenwahrung des Arbeiterstandes beiträgt:

> "Der Zweck des Staates ist nicht der, dem einzelnen die persönliche Freiheit und sein Eigentum zu schützen, wie die Idee der Bourgeoisie ist, sondern vielmehr der, durch seine Vereinigung die einzelnen in den Stand zu setzen, eine solche Stufe des Daseins zu erreichen, die sie als einzelne nie erreichen könnten, eine Summe von Macht und Freiheit zu erlangen, die sie einzeln nie erlangen könnten" [62].

---

[62] A. a. O., S. 216.

Mit seiner idealisierenden Bestimmung des Staates steht der Lassalleanismus in einem unüberbrückbaren Gegensatz zur Marxschen Theorie. In bewußtem Gegensatz zur anarchistischen, vor allem auch zur liberalen Staatslehre, knüpft Lassalle an die Hegelsche Staatstheorie an und unternimmt es, die sittliche Idee des Staates mit den Interessen des Arbeiterstandes zur Deckung zu bringen. Ist für Marx und Engels der bürgerliche Staat Ausdruck und Garant der Klassengesellschaft, so soll er bei Lassalle – als Volksstaat – gerade deren Überwindung leisten. Das große Gewicht, das bei ihm staatliche Intervention erhält, führt zur Konzeption einer Art von Wohlfahrtsstaat im Sinne des aufgeklärten Absolutismus, mit dem Unterschied freilich, daß an der Spitze dieses absolutgesetzten Staates der Wille des Volkes stehen soll: Der Staat ist nichts anderes als "die große Organisation, die große Assoziation der arbeitenden Klassen" [63].

Lassalles Staat ist der Idee nach ein freier Volksstaat, wie ihn später das Gothaer Programm der SPD des Jahres 1875 gefordert hat. Im Hintergrund dieser Vorstellung steht der Gedanke, daß ein Staat zum Schutze und zur Förderung der arbeitenden Klassen errichtet werden könne, als ein gesellschaftsenthobenes Wesen, "das seine eigenen 'geistigen, sittlichen, freiheitlichen Grundlagen' besitzt" [64]. Für Marx ist dieser Gedanke Ausdruck des überkommenen "Untertanenglaubens an den Staat", während es der Arbeiterklasse einzig darum gehen könne, "den Staat aus einem der Gesellschaft übergeordneten in ein ihr durchaus untergeordnetes Organ zu verwandeln" [65]. Als Repräsentant der herrschenden Klasseninteressen einer Zeit soll der Staat nach Marx zusammen mit allen übrigen "Überbauten" in die Gesellschaft zurückgenommen werden, sobald einmal der Klassenantagonismus beseitigt ist. Wird der Staat in der Periode der revolutionären Umwandlung, die zwischen der kapitalistischen und der kommunistischen Gesellschaft liegt, vorübergehend zur "Diktatur des Proletariats", so tritt er damit zugleich auch in seine agonale Endphase, bevor er "überflüssig" wird. Bei Lassalle hingegen ist der Staat gerade Ausdruck der höchsten Kulturstufe der Menschheit, Sinnbild und Or-

---

63 A. a. O., S. 199.
64 Marx, Kritik des Gothaer Programms, Berlin 1965, S. 32.
65 Ebd

gan der sittlich kulturellen Idee des Arbeiterstandes. Daher kann es nicht um seine Abschaffung, sondern nur um seine Versittlichung zu tun sein: in der Phase, wo die Arbeiter selbst den Staat tragen, verschwindet sein Machtcharakter zugunsten der in ihm angelegten Sittlichkeit. Damit übernimmt Lassalle Hegelsches Erbe: die Geschichte ist für beide Entwicklung im Bewußtsein der Freiheit.

Wollte Bakunin den bürgerlichen Staat zerschlagen, so möchte Lassalle ihn zur reinen Sittlichkeit geläutert sehen. Für beide ist der Staat eine eigene, von der Gesellschaft getrennte Gewalt, die die gesellschaftlichen Prozesse bestimmt. Für Marx hingegen ist der Staat etwas von der Totalität der Gesellschaft lediglich Abgeleitetes, ein Derivat, das nur von der strukturellen Veränderung der sozialen Verhältnisse her verändert werden kann; nicht aber vermag der Staat – oder dessen Vernichtung – die Gesellschaft von sich aus umzuformen.

Der Differenz im Staatsbegriff entspricht die der Lassalleschen Revolutionstheorie. So wie der Staat bei Lassalle seiner Form nach Machtstaat ist, seiner Idee nach aber Sittlichkeit, so verhalten sich auch die revolutionären Umbrüche in der Geschichte zu deren Fortschritt im Bewußtsein der Freiheit: "Ihr habt ganz recht", läßt Lassalle Hutten (im Sickingendrama) sagen – und es kann nicht bezweifelt werden, daß dies seine eigene Auffassung wiedergibt –, "es ist Vernunft ihr Inhalt, doch ihre Form bleibt ewig – die Gewalt" [66]. Revolutionen zerbrechen sonach überholte Ordnungen, die nicht mehr im Einklang mit dem Fortschritt der Geschichte stehen. Sie vollziehen sich im Innern der Gesellschaft, reifen heran, längst bevor es zu gewaltsamen Ausbrüchen kommt. So war es in der Zeit vor der Französischen Revolution, als "der stille, unmerklich revolutionierende Fortschritt der Industrie" es dahin gebracht hatte,

> "daß bereits lange vor Ende des vorigen Jahrhunderts der Grundbesitz zu einem seiner frühern Wichtigkeit verhältnismäßig völlig entkleideten Element geworden und neben der Entwicklung der neuen Produktionsweisen und der Reichtümer ... zu einer untergeordneten Stelle herabgesunken war. Die Revolution war somit bereits in dem Innern der Gesellschaft, in den tatsächlichen Verhältnissen derselben eingetreten, lange ehe sie in Frankreich ausbrach, und es war nur noch erfor-

---

66 Lassalle, Werke I, S. 244.

derlich, diesen Umschwung auch zur äußern Anerkennung zu bringen, ihm rechtliche Sanktion zu geben" [67].

Aus dieser Vorstellung vom langsamen Heranreifen der Revolution im Innern einer Gesellschaft folgt, daß man Revolutionen nicht machen, sondern lediglich beschleunigen oder hemmen kann. Die Wissenschaft besitzt nach Lassalle die wichtige Aufgabe, Hebammendienste zu leisten, um den richtigen Instinkt der Arbeiterklasse mit theoretischen Einsichten zu verbinden. Nur beide zusammen ergeben ein revolutionäres Potential, da die Leidenschaft allein blind, die Wissenschaft für sich genommen aber ohnmächtig bleiben müßte. Die Bedürfnisse der Massen als das dynamische Prinzip bedürfen einer wissenschaftlichen Klärung, um ihre Progreß-Pfade in der Geschichte zu beleuchten. Wissenschaft und Revolution haben gemeinsam, daß in beiden etwas Neues in der Welt erscheint. Es ist ein weiteres Charakteristikum der Revolutionen, daß in ihnen wie im wissenschaftlichen Fortschritt "ein neues Prinzip an die Stelle eines bestehenden Zustandes gesetzt wird" [68], wobei es von sekundärer Bedeutung ist, ob dies gewaltsam oder organisch geschieht. Da das Kommen der revolutionären Umwandlungen stets als ein objektiver, historischer Prozeß im Schoße der alten Gesellschaft vorsichgeht, stehen die Menschen vor der Alternative, ob sie dieses Heranreifen des Neuen hemmen oder aber beschleunigen, humanisieren und zivilisieren wollen. Im ersten Falle ist eine gewaltsame Entladung unausweichlich; im Falle der "Geburtshilfe" seitens der Wissenschaft hingegen kann die Revolution "in voller Gesetzlichkeit und mit allen Segnungen des Friedens" erfolgen. Lassalles Arbeiteragitation versteht sich als der Versuch, die unausbleibliche Revolution zu kanalisieren, sie auf dem Wege der Einführung des allgemeinen Wahlrechts zu humanisieren, um auf diese Weise die "Konvulsionen der Gewalt" zu vermeiden [69]. Sie hat nicht allein die Arbeiter, sondern zugleich auch die herrschenden Schichten zum Adressaten: ihnen soll klargemacht werden, daß sie die Wahl zwischen der vorzeitigen und hellsichtigen Reform von oben oder aber der katastrophischen Zerstörung haben, bei der Revolutionen vulkanartig hervorbrechen und die uneinsichtig Herrschenden mit in

67 Lassalle, Reden und Schriften, a. a. O., S. 34.
68 Lassalle, F., Ausg. Texte, ed. Ramm, Stuttgart 1962, S. 221.
69 Ebd.

den Abgrund ziehen. Lassalle versteht sich als Wächter und Mahner, der nicht davon ablassen kann, das Gewissen der Konservativen Partei zu schärfen, um sie dazu zu bewegen, sich gemeinsam mit den Führern des Arbeiterstandes der Sache der friedlichen Revolutionierung der Gesellschaft zu widmen, worunter er vor allem die Erziehung und Bildung der Arbeiterklasse versteht. Analysiert man die zahlreichen Reden Lassalles, in denen er auf Struktur, Wesen und historische Bestimmung der kommenden Revolution des Arbeiterstandes zu sprechen kommt, so wird man feststellen, daß sie zumeist nach einem bestimmten dramaturgisch-taktischen Konzept entworfen sind, das Thilo Ramm treffend formuliert hat:

> "Lassalle zeigt zunächst den Konflikt nicht als zufälligen, sondern als einen durch die bisherige Konstellation der Machtverhältnisse notwendigen und deutet seine Lösungsmöglichkeit an. Dabei begehrt er diese Lösung von einer der bestehenden Mächte, nicht ohne seine Zweifel darüber zu offenbaren, ob sie zu einer wirklichen Lösung fähig sei. Die Konsequenz, die er dann allerdings nicht offen zieht, sondern ebenfalls nur andeutet, ist, daß erst ein Umsturz die Lösung bringen könne und werde" [70].

Nach diesem Schema verfährt Lassalle sowohl bei seiner Forderung nach staatlich einzurichtenden Produktivassoziationen, als auch bei der nach einem sozialen Volkskönigtum. Stets läßt er die Konsequenz seiner Überlegungen in den Zweifel an der Reformbereitschaft der herrschenden Schichten ausmünden, wobei er jedoch die letzte Gewißheit ausspart, um sich und seinen Adressaten alle Möglichkeiten offenzuhalten.

Lassalles Revolutionstheorie, wollte man sie auf eine knappe Formel bringen, ist eine Lehre von der Abkürzung der geschichtlichen Entwicklung. Revolution ist demnach immer als latente Möglichkeit vorhanden; sie ist – wiederum hegelisch – das Schreiten des Geistes durch die Geschichte. Ob diese Schritte allerdings zum Stampfen werden oder ob das revolutionäre Feuer wie eine Morgenröte heraufkommt – dies hängt primär von der Haltung und dem Bewußtsein sowohl der arbeitenden als auch der herrschenden Schichten ab. Dasjenige Element, dem Lassalle die Abkürzung der geschichtlichen Entwicklung aufträgt, ist die Bildung des Arbeiter-

---

70 Ramm, Th., Ferdinand Lassalle als Rechts- und Sozialphilosoph, Meisenheim am Glan 1956, S. 120.

standes. Sie obliegt der Wissenschaft und ihr hat Lassalle sich zeitlebens verschrieben [71]. Sie ist für ihn zugleich Hebamme und Wegweiser der kommenden Revolution, die Lassalle am Ende seines "Arbeiterprogramms" – in der stilistischen Attitüde eines späten Idealismus und einer epigonenhaften Romantik – prophezeit:

> "Von den hohen Bergspitzen der Wissenschaft aus ... sieht man das Morgenrot des neuen Tages früher, als unten in dem Gewühle des täglichen Lebens ... Ein Purpursaum färbt rot und blutig den äußersten Horizont, das neue Licht verkündend, Nebel und Wolken raffen sich auf, ballen sich zusammen und werfen sich dem Morgenrot entgegen, seine Strahlen momentan verhüllend, – aber keine Macht der Erde vermag das langsame und majestätische Aufsteigen der Sonne selbst zu hindern, die eine Stunde später, aller Welt sichtbar, hell leuchtend und erwärmend am Firmamente steht. Was eine Stunde ist in dem Naturschauspiel eines jeden Tages, das sind ein und zwei Jahrzehnte in dem noch weit imposanteren Schauspiel eines weltgeschichtlichen Sonnenaufgangs" [72].

Es mögen solche Lyrismen gewesen sein, die Marxens Abneigung Lassalle gegenüber bestärkt haben. Diese Abneigung diktiert auch seine Kritik des Gothaer Programms, in dem er nur eine "Heiligsprechung der Lassalleschen Glaubensartikel" sehen konnte [73]. Dieses Programm enthält nach Marx nur leere Allgemeinheiten, wie sie sich auch bei Lassalle finden lassen. So etwa ist in ihm die Rede vom "unverkürzten Ertrag" der Arbeit, vom "freien Staat", den es zu erringen gelte, von der "demokratischen Kontrolle des arbeitenden Volkes". Grimmig stellt Marx fest:

> "... das ganze Programm, trotz alles demokratischen Geklingels, ist durch und durch vom Untertanenglauben der Lassalleschen Sekte an den Staat verpestet oder, was nicht besser, vom demokratischen Wunderglauben, oder vielmehr ist es ein Kompromiß zwischen diesen zwei Sorten, dem Sozialismus gleich fernen, Wunderglauben" [74].

---

71 Vgl. bes. Lassalle, F., Arbeiterlesebuch und andere Studientexte, Hrsg. W. Schäfer, Reinbek bei Hamburg 1972.

72 Lassalle, Reden und Schriften, a. a. O., S. 60.

73 Marx an W. Bracke am 5. Mai 1875, in: Kritik des Gothaer Programms, a. a. O., S. 16.

74 Marx, Kritik des Gothaer Programms, a. a. O., S. 36.

Assoziationen und Staatsfinanzen auf der Grundlage der bestehenden Gesellschafts- und Staatsordnung zu fordern erschien Marx als Widerspruch in sich. Die Forderung nach gerechter Verteilung der Arbeitsprodukte stellt für ihn einen Rückfall in den rohen Verteilungskommunismus dar, der vergißt, daß die "jedesmalige Verteilung der Konsumtionsmittel nur Folge der Verteilung der Produktionsbedingungen selbst"[75] sein kann, daß soziale Ungleichheit somit nur eine Äußerungsform der kapitalistischen Produktionsform ist. Die Lassallesche Richtung in der deutschen Sozialdemokratie hält Marx deswegen für obsolet, weil sie nicht dessen innezuwerden vermag, daß die Realisierung ihrer Vorstellungen unter den gegebenen Bedingungen illusorisch ist und daß, selbst wenn sie zu Teilen gelänge, damit auf die Dauer kaum eine Lösung der Klassenprobleme herbeigeführt werden könnte. Marx zufolge preist Lassalle Heilmittel an, ohne deren Wirkung, geschweige denn deren Zusammensetzung zu kennen. Es ist der gleiche Vorwurf, den Marx und Engels auch gegen Proudhon und Bakunin erheben: der Mangel an gründlicher, differenzierter Analyse und als praktische Konsequenz deren Ersetzung durch idealistische Maximen. War es bei Bakunin ein ungeduldiger Aktionismus, so bei Lassalle ein illusionärer Reformismus, den sie kritisieren. In beiden Verhaltensformen erkennen sie als gemeinsame Wurzel die Abdankung der wissenschaftlichen Gründlichkeit zugunsten propagandistischer Zurichtung. Darin sehen Marx und Engels eine problematische Popularisierung versprengter gedanklicher Motive, die nicht durch kritische Analyse ausgewiesen werden. Paradebeispiel ist das "eherne Lohngesetz", von dem, wie Marx spöttisch anmerkt, "Lassalle bekanntlich nichts als das den Goetheschen 'ewigen, ehernen, großen Gesetzen' entlehnte Wort 'ehern'" gehört. "Das Wort e h e r n ist eine Signatur, woran sich die Rechtgläubigen erkennen"[76]. Rechtgläubigkeit und doktrinäre Verstiegenheit, Revolutionsmacherei und ein Wunderglaube, der die Welt aus einem Punkte kurieren will, dies ist immer wieder Gegenstand ihrer Kritik an ihren zahlreichen Gegnern.

Die widersprüchlichen Beurteilungen, die die Lassallesche Theorie und Politik erfahren haben, resultieren vor allem aus dessen

---

[75] A. a. O., S. 25.
[76] A. a. O., S. 29.

Stellung zu den linken Liberalen. Einerseits sah er deutlich, daß deren Preisgabe der Forderung nach einem allgemeinen und gleichen Wahlrecht zugleich auch die Preisgabe der demokratischen Tradition von 1848 war. Lassalle zog daraus die Konsequenz: Gründung eines demokratischen Arbeitervereins. Andererseits aber hatten die Liberalen tiefgehende Konflikte mit Bismarck, so daß Lassalle, der ihnen die nötige Energie absprach, diese Konflikte im Sinne der Arbeiterschaft auszutragen, objektiv gesehen zugleich Bismarck in die Hände arbeitete. Unter den gegebenen politischen Verhältnissen jedoch schien Lassalle dies die einzige Möglichkeit, um über das allgemeine Wahlrecht das deutsche Proletariat zu einer Macht im Staate werden zu lassen [77]. Er selbst bezeichnet den politischen Stellenwert seiner Angriffe auf die Fortschrittspartei in seiner Leipziger Rede vom 16. April 1863:

> "In welchem Sinne habe ich die Fortschrittspartei angegriffen? Doch gewiß nicht in dem Sinne, daß wir mit der Reaktion gehen wollten. Nein, wir wollen die Fortschrittspartei unterstützen, soweit sie der Reaktion gegenübertritt; wir wollen sie aber gleichzeitig auch vorwärts drängen" [78].

In der gleichen Rede charakterisiert Lassalle sich selbst als Anhänger einer radikalen Demokratie. Dementsprechend muß er sich gegen eine Partei wie die Fortschrittspartei absetzen, der er vorwirft, den "Namen der Demokratie" zu "verleugnen" [79].

Eduard Bernstein charakterisiert diese Taktik Lassalles wie folgt:

> "Wer Lassalle als Politiker begreifen und richtig beurteilen will, muß zwischen seinen Zwecken und seinen Mitteln unterscheiden. Anders verfahren, heißt im Widerspruch mit Lassalles Anforderungen handeln, denn er selbst hat wiederholt in scharfer Dialektik den grundsätzlichen Gegensatz von Zweck und Mittel betont. Streng und bestimmt in seinen politischen Zwecken, war Lassalle, gerade weil er sich in den Zwecken eisenfest fühlte, wenig beengt in seinen Mitteln. Man wird daher die letzteren immer falsch beurteilen, wenn man nicht behufs ihrer Abschätzung seine in Frage kommenden Zwecke heranzieht, wird nie-

---

[77] Vgl. dazu Carr, E. H., Lassalle meets Bismarck, in: Studies in Revolution, Liverpool und London 1962.

[78] Lassalle, Reden und Schriften, a. a. O., S. 222.

[79] A. a. O., S. 221.

mals, wie das bei anderen Sozialisten anginge, seine Zwecke mit Sicherheit aus seinen Mitteln ableiten können" [80].

Es stellt sich jedoch die Frage, wie weit sein taktisches Vorgehen letztlich doch programmatische Ziele unterläuft und damit zugleich verändert. So bietet Lassalle Angriffsflächen genug, zumal es ein leichtes ist, seine agitatorischen Äußerungen in Programmsätze umzudeuten. Lassalle sah sich einer politischen Situation gegenüber, in der er selbst zum Führer einer Bewegung wurde, die, wie Bernstein treffend bemerkt, erst der "Keimling einer politischen Partei" war [81]. Diese erhob die demokratischen Forderungen des einst fortschrittlichen Bürgertums zum Programm. Was Lassalle jedoch übersah, war die Tatsache, daß 90 % minderbemittelte und unterdrückte Bevölkerung nicht ohne weiteres zu einem klassenbewußten Proletariat zu entwickeln war. Denn diese der preußischen Einkommensstatistik entnommene Zahl umfaßt auch den Mittelstand sowie die ländliche Bevölkerung. So bedeutet die Agitation für seinen Arbeiterverein nicht nur Trennung von Arbeiterschaft und liberalem Bürgertum, sondern vor allem auch den Ausschluß jener Schichten, die zwar politisch unterpriviligiert waren, jedoch nicht dem Arbeiterstande angehörten. Die Gründung der sozialistischen Partei in Deutschland wurde so im Gegensatz zu einer von Marx und Engels geforderten bürgerlichen Revolution vorangetrieben. Damit aber war der Weg einer sozialdemokratischen Partei eingeschlagen, die, wenn auch oft verbal verleugnet, im Kern reformerisch war, die vor allem Machtbeteiligung anstrebte, um auf diesem Wege soziale Verbesserungen für die Arbeitenden zu schaffen. Dieses Programm fand auch im sozialdemokratischen Revisionismus seit der Jahrhundertwende seinen Ausdruck.

Damit ist zugleich das Dilemma einer jeden sozialistischen Arbeiterbewegung in unserem Jahrhundert umrissen, ein Dilemma, das in der Alternative besteht: entweder den alten revolutionären Idealen treu zu bleiben und dabei Gefahr zu laufen, sich als sektiererische Organisation zu isolieren, oder aber eine Massenbasis zu gewinnen, was nur auf dem Wege kontinuierlicher Reform mög-

---

80 Bernstein, E., Wie Fichte und Lassalle national waren, in: Archiv für die Geschichte des Sozialismus und der Arbeiterbewegung, Leipzig 1915, Jg. 5, S. 152.

81 A. a. O., S. 153.

lich zu sein scheint. Der Weg der Sozialdemokratie in allen westeuropäischen Ländern ist bis heute an dem Konzept einer reformistischen Volkspartei orientiert. Insofern stellt das Godesberger Programm der SPD des Jahres 1959 nur eine Konsequenz dieser Entwicklung dar.

4. Der Streit um die Pariser Kommune und der Marxsche Staatsbegriff

Kaum ein Ereignis der europäischen Geschichte ist so umstritten wie der Aufstand der Kommune vom 18. März 1871. Die darauffolgenden zwölf Wochen müssen angesichts der disparaten Kommuneliteratur zu einem nicht geringen Teil der mythologisierenden Geschichtsschreibung zugerechnet werden. Offizielle Versionen: in Preußen diejenige des konservativen preußischen Historikers Treitschke vom Jahre 1875 und in der Sowjetunion jene der stalinistischen Periode von 1933–1953, dienten vorwiegend ideologischen Bedürfnissen. Nicht nur bei Treitschke und in der an ihn anschließenden Geschichtsschreibung war der Kommuneaufstand ein Schreckgespenst, das man als "dämonisch" in Fußnoten verbannte [82]; im Stalinismus diente die Kommunehistoriographie der Rechtfertigung stalinistischer Herrschaftspraktiken.

Stalin ließ die bekannten Kommunehistoriker C. Fridljand und

---

[82] Die für die Einstellung großer Teile des deutschen Bürgertums der Bismarck-Ära repräsentative Zeitschrift "Die Grenzboten" brachte gegen Ende 1871 einen Artikel, in dem nach der Schilderung angeblicher, während der Kommune-Kämpfe verübter Greueltaten von polnischen Beteiligten die Rede ist, die immer dort "wie Geier zum Aase" geflogen seien, wo "die rothe Fahne, das Symbol der radicalen Umwälzung der bestehenden gesellschaftlichen und politischen Verhältnisse, die Oriflamme der communistischen Meuchelmörder und Mordbrenner, aufgepflanzt wurde". Im Übrigen wolle man "keine Geschichte der Commune ... schreiben ..., mit ihren Communisten, ihren fahnenflüchtigen Soldaten, ihren Verbrechercohorten, ihren Mörder- und Mordbrennerbanden und dem Abschaum der europäischen Revolution, der sich an ihre Fersen hing und seine schmutzigen Ziele mit dem kleinen Kern berechtigter Zwecke mischte, den man in ihrem wüsten Treiben immerhin erkennen konnte" (Die Grenzboten, 30. Jg. (1871), II. Sem., 2. Bd., S. 812 und 819 f.).

N. M. Lukin Ende der dreißiger Jahre liquidieren. Sämtliche Arbeiten, die nach 1934 in der Sowjetunion entstanden, beschäftigten sich ausschließlich mit politisch unbedenklichen Gegenständen: mit der Rolle des Künstlers in der Pariser Kommune oder mit dem Theaterleben jener Periode; schließlich erschien 1939 ein Aufsatz über die Volksbildung während der Pariser Kommune. Stalin vertrat die Auffassung, man dürfe nicht bei der Engelsschen Formel vom Absterben des Staates stehenbleiben, denn man habe es in der Sowjetunion mit einer völlig andersgearteten Situation zu tun, "wo der Sozialismus in einem einzelnen Land gesiegt hat, das von einer kapitalistischen Umwelt umgeben und der Gefahr eines kriegerischen Überfalls von außen ausgesetzt ist" [83].

Stalin widerrief damit ausdrücklich die von Engels postulierte Ersetzung des Staates – als eines Herrschaftsinstrumentes in Klassengesellschaften – durch die "Verwaltung von Sachen und die Leitung von Produktionsprozessen". Bei Engels hieß es:

> "Sobald es keine Gesellschaftsklassen mehr in der Unterdrückung zu halten gibt, sobald mit der Klassenherrschaft und dem in der bisherigen Anarchie der Produktion begründeten Kampf ums Einzeldasein auch die daraus entspringenden Kollisionen und Exzesse beseitigt sind, gibt es nichts mehr zu reprimieren, das eine besondre Repressionsgewalt, einen Staat, nötig machte. Der erste Akt, worin der Staat wirklich als Repräsentant der ganzen Gesellschaft auftritt – die Besitzergreifung der Produktionsmittel im Namen der Gesellschaft – ist zugleich sein letzter selbständiger Akt als Staat ... In dem Maß, wie die Anarchie der gesellschaftlichen Produktion schwindet, schläft auch die politische Autorität des Staats ein. Die Menschen, endlich Herren ihrer eignen Art der Vergesellschaftung, werden damit zugleich Herren der Natur, Herren ihrer selbst – frei" [84].

Stalin ließ, in Umkehrung der Engelsschen These vom Absterben und Einschlafen der Staatsautorität, diese These selbst zum Anachronismus werden, indem er die Sowjetunion als eine von äußeren Feinden umringte sozialistische Macht darstellte, die sich im Inland der Spione und Diversanten erwehren müsse. Dies könne nur durch eine Stärkung der Staatsmacht, nicht aber durch deren Abschaffung geleistet werden. Erst wenn die Umwelt des Sowjetstaa-

---

[83] Stalin, J., Fragen des Leninismus, Berlin 1952, S. 724.

[84] Engels, Fr., "Anti-Dühring", Berlin 1948, S. 347 f. und 354.

tes selbst sozialistisch geworden sei, stünde der Fortfall des Staates auf der Tagesordnung. Bis dahin aber gelte es, den Staat und seine Organe, die Sicherheitsbehörden und Polizeiapparate zu stärken und auszubauen.

Stalins Vorstellung vom Sozialismus in einem Lande mußte das Prinzip der Pariser Kommune suspekt werden. Er bekämpfte jede Form der Gleichstellung als Gleichmacherei und beschwor die Sowjetintelligenz als die Hauptträgerin des Staates, ihre wirtschaftlich-organisatorische und kulturell-erzieherische Aufgabe noch energischer wahrzunehmen. Ihr gebühre das Privileg im Staate, da sie, als "Volksintelligenz", die Hauptlast bei der Sicherung der bürokratischen Einrichtungen zu tragen habe.

Damit erscheint die Diktatur des stalinistischen Herrschaftsapparates als die wahre und einzig mögliche Demokratie und die Kommune dient nur mehr der Apologie des Terrors. Konsequent wird ihr nun auch ihr Scheitern vorgeworfen. Gab es 1871 doch noch keine einheitliche Partei oder Parteilinie und keine straffe Parteiführung. Zugleich wird der nationale Aspekt der Kommune zu einem Vorbild für Sowjetpatriotismus umstilisiert; die Kommune wird zum patriotisch-proletarischen Akt verklärt, der alle Schichten des Volkes angespornt habe:

> "Ein großer patriotischer Aufschwung ergriff die Bevölkerung Frankreichs und richtete sie zum Kampf gegen die deutsche Invasion auf. Die Vertreter verschiedener gesellschaftlicher Schichten, Menschen verschiedenen Alters, verschiedenen Berufs und verschiedener Überzeugung brannten auf den Kampf mit den geschworenen Feinden Frankreichs, seiner Freiheit und Unabhängigkeit ... Die Arbeiter wünschten heiß, mehr und besser zu arbeiten ..." [85].

Wie sehr sich die Sowjethistoriographie mit dieser Deutung des Pariser Kommune-Aufstandes von jener der marxistischen "Klassiker" entfernt hat, mag eine Briefstelle von Engels belegen, die vom 12. September 1870 datiert und an Marx adressiert ist:

> "Sich für die Bourgeois gegen die Preußen zu schlagen, wäre Wahnsinn ... Nach dem Frieden sind alle Chancen günstiger für die Arbeiter, als sie je vorher waren. Aber werden sie sich nicht wieder fortreißen

---

85 Istoriceski Zurnal, Nr. 2/3, 1944, S. 48.

lassen unter dem Druck des auswärtigen Angriffs und die soziale Republik proklamieren am Vorabend des Sturms auf Paris? Es wäre scheußlich, wenn die deutschen Armeen als letzten Kriegsakt einen Barrikadenkampf gegen die Pariser Arbeiter auszufechten hätten. Es würde uns um 50 Jahre zurückwerfen und alles so verschieben, daß jeder und jedes in eine falsche Stellung käme, und dann der Nationalhaß und die Phrasenherrschaft, die dann unter den französischen Arbeitern aufkommen würden! ..." [86]

Engels ging es im Herbst 1870 eindeutig um die Interessen der internationalen Arbeiterklasse und nicht um den nationalen Freiheitskampf, den die stalinistischen Sowjethistoriker rühmen. Diese Form der Sowjethistoriographie stellt zwei Grundthemen der marxistischen Staatstheorie, wenngleich in verfremdeter Gestalt, zur Diskussion: die These vom Absterben des Staates und der Gedanke der Diktatur des Proletariats. Beide sind zwar nicht erst in der Zeit während und nach der Pariser Kommune entwickelt worden: sie erhielten aber durch die damit verbundene historische Erfahrung ihren aktuell-politischen Stellenwert. Erschien doch, nach anfänglichen Empfehlungen zum Stillhalten, Marx die Kommune als der wahre Gegensatz zur zentralisierten Staatsgewalt, als eine Revolution gegen den Staat selbst[87]. Sie ist ihm die "Rücknahme der Staatsgewalt durch die Gesellschaft als ihre eigne lebendige Macht", die Rücknahme der Staatsgewalt "durch die Volksmassen selbst, die an Stelle der organisierten Gewalt der Unterdrückung ihre eigne Gewalt schaffen" [88].

Zum Verständnis dieser Beurteilung der Kommune durch Marx sollte man sich daran erinnern, daß das erste Dekret der Kommune die Ersetzung des stehenden Heeres durch das bewaffnete Volk vorsah, eine Abschaffung des Heeres also, Teile jener "Zerstörung der alten Staatsgewalt", wie Marx sie bereits im letzten Kapitel seines "Achtzehnten Brumaire" vom Jahre 1852 gefordert hatte.

---

86 Marx/Engels, Ausg. Briefe, a. a. O., S. 287 f.

87 So schrieb Marx in der "Zweiten Adresse des Generalrats über den Deutsch-Französischen Krieg vom 9. September 1870:" Jeder Versuch der französischen Arbeiter, "die neue Regierung zu stürzen, wo der Feind fast schon an die Tore von Paris pocht, wäre eine verzweifelte Torheit".

88 Marx/Engels, MEW XVII, S. 541.

"Aber die Revolution ist gründlich. Sie ist noch auf der Reise durch das Fegefeuer begriffen. Sie vollbringt ihr Geschäft mit Methode... Sie vollendete erst die parlamentarische Gewalt, um sie stürzen zu können. Jetzt, wo sie dies erreicht, vollendet sie die Exekutivgewalt, reduziert sie auf ihren reinsten Ausdruck, isoliert sie, stellt sie sich als einzigen Vorwurf gegenüber, um alle ihre Kräfte der Zerstörung gegen sie zu konzentrieren. Und wenn sie diese zweite Hälfte ihrer Vorarbeit vollbracht hat, wird Europa von seinem Sitze aufspringen und jubeln: Brav gewühlt, alter Maulwurf!" [89].

Wenn Marx die Kommune später als den direkten Gegensatz der Napoleonischen Diktatur bezeichnet, so ist dies dahin zu verstehen, daß sie die Leistung vollbringt, die zentralisierte Staatsgewalt zu zerstören, indem sie diese auf ihre höchste Spitze treibt, auf den Punkt des dialektischen Umschlags der Steigerung ins Extrem und darauffolgender "Aufhebung". In diesem Sinne begreift er die Kommune als die Revolution gegen den Staat selbst, als dessen Aufhebung, Vollendung, Reduzierung, Konzentration und darauffolgende Zerstörung. Die Demokratie beginnt mit der Selbstregierung des Gemeinwesens. Diese aber ist nur dann möglich, wenn der verselbständigte, gegen die Bedürfnisse der Mehrheit bürokratisch abgeschlossene Staat in die Hand der Mehrheit übergeht:

"Da nun der 'Staat' doch nur eine vorübergehende Einrichtung ist, deren man sich im Kampfe, in der Revolution bedient, um seinen Gegner gewaltsam niederzuhalten, so ist es purer Unsinn, vom 'freien Volksstaat' zu sprechen: Solange das Proletariat den Staat noch gebraucht, gebraucht es ihn nicht im Interesse der Freiheit, sondern der Niederhaltung seiner Gegner, und sobald von Freiheit die Rede sein kann, hört der Staat als solcher auf zu bestehen" [90].

Schon hier ergibt sich ein enger sachlicher Zusammenhang zwischen zwei Gedankenreihen: der Diktatur des Proletariats und der Aufhebung der Staatsgewalt durch das Volk. Marx sah in einer "Diktatur des Proletariats" als einer Mehrheitsherrschaft keinen Gegensatz zur Demokratie, sondern ihren bewaffneten Schutz. Die Dialektik von Demokratie und Diktatur der Mehrheit, die Aufhe-

---

89 Marx/Engels, Ausg. Schriften, Bd. 1, a. a. O., S. 306 f.
90 Engels an A. Bebel, 18./23. 3. 1875, in: Ausg. Briefe, a. a. O., S. 348.

bung der vom Volk losgelösten Exekutivgewalt durch deren Vollendung gehört zum Kern der Marxschen Staatstheorie [91].

Hatte Hegel noch die Versöhnung des Dualismus zwischen dem Staat und dem "System der Bedürfnisse", als welches er die bürgerliche Gesellschaft begreift, in der Idee des Staates selber leisten wollen, so verwirft Marx diese Aufhebung als ideologische Hypostasierung, als Mystifikation. Der Staat erschien Hegel als der Ausdruck der höchsten Sittlichkeit und damit als die eigentliche Wirklichkeit der gesellschaftlichen Totalität. Damit war er in den Sternenhimmel des Begriffs projiziert und die herrschende Entfremdung zwischen privater, bürgerlicher Existenz und politischer Existenz nicht aufgelöst, sondern ideologisiert, d. h. im System verewigt. Die von Hegel noch gerechtfertigte Macht des Staates erscheint bei Marx als dessen Unnatur, weil durch die Versittlichung und Verhimmelung des Staats das Besondere zum Allgemeinen verklärt wird, Signum ideologischen Denkens [92]. Zwar ist auch bei Hegel die Gesellschaft schon als Totalität begriffen; nur wird diese Totalität dadurch wieder – scheinbar – aufgelöst, daß die Idee des Staates die Gesellschaft noch unter sich begreifen soll. Im Gegensatz hierzu ist die einzige wirkliche Totalität, der solide Boden der Wirklichkeit, für Marx allein die Gesellschaft selber, so wie sie sich als Resultante menschlichen Zusammenhandelns je und je konstituiert. Wo sie als eine freie existiert, bedürfe es keiner Besonderung in Form der staatlichen Exekutive, da der staatliche Machtapparat eben nur dort entstehen könne, wo dem Willen der Menschen gegenüber sich eine besondere, ihnen entgegenstehende Macht etabliert, durch private Aneignung der Produktionsmittel jene Über-

---

91 Diese findet sich verstreut in seinen historischen Gelegenheitsschriften wie dem "Achtzehnten Brumaire", den "Klassenkämpfen in Frankreich" und in dem aus der Kommune-Analyse entstandenen "Bürgerkrieg in Frankreich".

92 Der Staat wird damit als politischer Himmel decouvriert, der die reale Entfremdung der bürgerlichen Klassengesellschaft signalisiert. Dem liegt das von Feuerbach entwickelte Kritikmodell zugrunde, das Marx aufnimmt und ins Politisch-Ökonomische wendet. Vgl. hierzu Lenk, K., Marx in der Wissenssoziologie, Studien zur Rezeption der Marxschen Ideologiekritik, Neuwied und Berlin 1972, S. 126 ff., 142 ff. Vgl. auch Lenk (Hrsg), Ideologie, 5. Aufl., Neuwied und Berlin 1971, S. 29 f., 33 ff.

macht über die Produzenten gewinnt, woraus sich der Fetischismus ergibt. Dasselbe geschieht mit der Herausbildung eines Staats aus dem Schoß der Gesellschaft: er ist nichts anderes als der Ausdruck unaufgelöster Widersprüche in der Gesellschaft selbst, auf deren Grundlage er überhaupt erst entstehen kann.

Der Staat ist der institutionalisierte immanente Widerspruch der Klassengesellschaft, Ausdruck und falsche Versöhnung der widerstreitenden Interessen antagonistischer Klasseninteressen. Marx sieht daher von Anfang an im Staat nichts anderes als einen "fürchterlichen Parasitenkörper, der sich wie eine Netzhaut um den Leib der ... Gesellschaft schlingt und ihr alle Poren verstopft" [93]. Entstanden in der Zeit der absoluten Monarchie, als die herrschaftlichen Privilegien der Grundeigentümer und Städte sich in der Form der Grundherrlichkeit, des Standes und der Corporation in die "Attribute der Staatsgewalt" ummünzten, bildet er den direkten Gegensatz einer demokratischen Gesellschaft. Denn "die Demokratie ist das aufgelöste Rätsel aller Verfassungen". In ihr erscheint "die Verfassung ... als das, was sie ist, freies Produkt des Menschen ... Alle übrigen Staatsbildungen sind eine gewisse, bestimmte, besondere Staatsform. In der Demokratie ist das formelle Prinzip zugleich das materielle Prinzip" [94]. Demokratie ist somit die wirkliche Einheit von Allgemeinem und Besonderem, der Staat jedoch die Trennung beider. Als existente Macht ist er zugleich die falsche Versöhnung, die verewigte Entfremdung zwischen Privatheit und Politik, zwischen Gesellschaft und Exekutivorgan. Ist

> "in der Demokratie ... die Verfassung, das Gesetz, der Staat selbst nur eine Selbstbestimmung des Volkes, ein bestimmter Inhalt desselben, soweit er politische Verfassung ist," so ist "in allen von der Demokratie unterschiednen Staaten ... der Staat, das Gesetz, die Verfassung das Herrschende, ohne daß er wirklich herrschte, d. h. den Inhalt der übrigen nicht politischen Sphären materiell durchdringe" [95].

aber der Staat die materiell gewordene Abstraktion von der Gesellschaft, so ist die Demokratie der in die Gesellschaft aufgelöste Staat. Daß in der verwirklichten Demokratie der politische Staat

---

93 Marx/Engels, Ausg. Schriften, a. a. O., Bd. I, S. 307.
94 Marx, MEW I, S. 230 ff.
95 A. a. O., S. 232.

sich aufzulösen habe, gehört zu den Kardinalsätzen der Marxschen Staatstheorie. Die politische Revolution des Bürgertums – und dies ist ihre Halbheit – hat im Namen der Demokratie nicht die Grundlage der bürgerlichen Gesellschaft, das Privateigentum, aufgehoben, sondern gerade das Recht auf Eigentum erst eigentlich zum Gesetz erhoben. Sie bleibt eine Revolution auf der Grundlage der mit dem Privateigentum mitgesetzten Trennung von Bürger und Staat, Gesellschaft und Exekutive:

> "Die politische Revolution löst das bürgerliche Leben in seine Bestandtheile auf, ohne diese Bestandtheile selbst zu revolutioniren und der Kritik zu unterwerfen. Sie verhält sich zur bürgerlichen Gesellschaft, zur Welt der Bedürfnisse, der Arbeit, der Privatinteressen, des Privatrechts als zur Grundlage ihres Bestehns, als zu einer nicht weiter begründeten Voraussetzung, daher als zu ihrer Naturbasis" [96].

Aus dieser Bestimmung der politischen Revolution als einer unvollkommenen, als einer, die den Menschen nicht vom Eigentum befreit, sondern die Freiheit des Eigentums gerade sanktioniert, die nicht vom Egoismus des Gewerbes befreit, sondern die Gewerbefreiheit erst einführt, ergibt sich für Marx die Notwendigkeit, die Naturbasis der bürgerlichen Revolution, die Gesellschaft der Eigentums- und Gewerbefreiheit selbst zu emanzipieren. Das bedeutet aber, die politische Emanzipation der Bürger vom Staat und durch den Staat in der Form einer sozialen Revolution zu einer menschlichen Revolution fortzutreiben. Die Diktatur der Mehrheit als der wirklichen, weil verwirklichten Demokratie und die Aufhebung des Staates durch die permanente Revolution: diese beiden Gedankenketten bedingen einander. Keines dieser Elemente kann ohne das andere gedacht werden. Zusammen ergeben sie erst die Marxsche Theorie der Revolution als eine menschliche, d. h. gesellschaftliche Emanzipation:

> "Erst wenn der wirkliche individuelle Mensch den abstrakten Staatsbürger in sich zurücknimmt und als individueller Mensch in seinem empirischen Leben, in seiner individuellen Arbeit, in seinen individuellen Verhältnissen, Gattungswesen geworden ist, erst, wenn der Mensch

---

96 Marx, Zur Judenfrage, in: Deutsch-Französische Jahrbücher, Neudruck: Darmstadt 1967, S. 206.

seine 'forces propres' als gesellschaftliche Kräfte erkannt und organisirt hat und daher die gesellschaftliche Kraft nicht mehr in der Gestalt der politischen Kraft (des Staates also, K. L.) von sich trennt, erst dann ist die menschliche Emancipation vollbracht" [97].

Sie zu vollbringen ist die eigentliche Bestimmung der Diktatur der Mehrheit, als welche sich die proletarische und soziale Revolution begreift, eine Revolution, die die Naturbasis der bürgerlichen Gesellschaft nicht unbefragt hinnimmt, sondern selber auflöst. An die Stelle der Trennung von Privatmensch und politischer Existenz, von "Bourgois" und "Citoyen" soll dann das "Gattungswesen" Mensch als die Synthese von gesellschaftlichem und politischem Wesen treten. Von der Seite der Gattung her gesehen bedeutet dies die Auflösung des Staates in der Gesellschaft, die Rückverwandlung der besonderen politischen Form des Staates in die allgemeine Form der gesellschaftlichen Totalität. Soziale Revolution ist, im Gegensatz zur bloß politischen, die Potenzierung der politischen und damit eine neue Qualität der Emanzipation. Emanzipiert wird durch die soziale Revolution das getrennte Wesen des Menschen zum organisierten Gattungswesen, als welches Marx den freien Bürger in der sozialistischen Demokratie versteht.

Auch für Engels ist der Staat das Produkt der Gesellschaft auf einer bestimmten Entwicklungsstufe. Daher existiert der Staat nicht als eine abstrakte, unhistorische Größe, sondern nur als bestimmter, konkreter und – aufgrund des Klassenantagonismus – historisch notwendig gewordener Staat als eine reale Machtapparatur. Seine Funktion besteht darin, das Recht auf Ausbeutung und die Herrschaft der besitzenden Klasse über die nichtbesitzende zu verewigen. Als politische Gewalt ist der Staat die organisierte Gewalt einer Klasse zur Unterdrückung einer anderen. Nicht etwa unterwirft er eine Klasse politisch zum Zwecke der Ausbeutung, sondern die im Produktionsprozeß ausgebeutete Klasse wird auch politisch unterworfen:

"Der moderne Staat", schreibt Engels im Anti-Dühring, "ist ... nur die Organisation, welche sich die bürgerliche Gesellschaft gibt, um die allgemeinen äußern Bedingungen der kapitalistischen Produktionsweise

---

[97] A. a. O., S. 207.

> aufrechtzuerhalten gegen Übergriffe, sowohl der Arbeiter wie der einzelnen Kapitalisten" [98].

Das obsiegende Sonderinteresse der herrschenden Klasse transformiert sich mittels der staatlichen Gewalt in das Allgemeininteresse des Staates, das für alle verbindlich werden soll. Die hieraus entstehende Verselbständigung des Staatsapparates ist Ausdruck der Durchsetzung des herrschenden Sonderinteresses in der bürokratisch organisierten Gesellschaft. Als Staatsgewalt repräsentiert dieses Sonderinteresse, das sich als Allgemeininteresse ausgibt, die Verwaltung der gemeinsamen Geschäfte der ganzen Bourgeoisklasse. Die Dialektik des marxistischen Staatsbegriffes beruht darin, daß der Staat zugleich Ausdruck der Klassengegensätze wie deren Bändigung sein soll. Mit der Überwindung dieser Klassengegensätze, die nur von einer sozialen Revolution zu erwarten ist, verschwindet auch die Notwendigkeit ihrer Zähmung: deshalb die These vom Absterben des Staates als dem Endziel einer sozialen Revolution.

> "Wir nähern uns jetzt mit raschen Schritten", schreibt Engels, "einer Entwicklungsstufe der Produktion, auf der das Dasein dieser Klassen nicht nur aufgehört hat, eine Notwendigkeit zu sein, sondern ein positives Hindernis der Produktion wird. Sie werden fallen, ebenso unvermeidlich, wie sie früher entstanden sind. Mit ihnen fällt unvermeidlich der Staat. Die Gesellschaft, die die Produktion auf Grundlage freier und gleicher Assoziation der Produzenten neu organisiert, versetzt die ganze Staatsmaschine dahin, wohin sie dann gehören wird: ins Museum der Altertümer, neben das Spinnrad und die bronzene Axt" [99].

Nach diesem Exkurs in die Marxsche Staatslehre, der jedoch für das Verständnis des Folgenden die Voraussetzung bietet, soll nun deren aus der Kommune-Analyse sich ergebende Konkretisierung untersucht werden. Nach dem Bisherigen dürfte deutlich geworden sein, was Marx in der Kommune vorbildlich verwirklicht sah, weshalb er in ihr – wenngleich nur von kurzer Dauer – erstmals eine autonome Realisierung des Gattungswesen Mensch erblicken mußte. Das Besondere an der Kommune, das, was sie von allen vorange-

---

98 Engels, "Anti-Dühring", a. a. O., S. 345.

99 Engels, Fr., Der Ursprung der Familie, des Privateigentums und des Staats, Berlin 1951, S. 173.

gangenen Erhebungen und Revolutionen abhebt, liegt demnach darin, daß sie im Gegensatz zu allen früheren Revolutionen nicht die zentralisierte Staatsmacht mit ihren Organen – stehendes Heer, Polizei, Bürokratie etc. – weiter ausbaut und festigt, sondern von Anfang an eine Umkehrung dieses Zyklus darstellt. Die Kommune zielt, zumindest ihrer Intention nach, nicht auf die Konsolidierung, sondern auf die Zerstörung und den Abbau der besonderen politischen Form der Gesellschaft, d. h. des Staates. Dementsprechend hätte sie, wäre sie von Dauer gewesen, "dem gesellschaftlichen Körper alle die Kräfte zurückgegeben ..., die bisher der Schmarotzerauswuchs 'Staat', der von der Gesellschaft sich nährt und ihre freie Bewegung hemmt, aufgezehrt hat" [100].

Marx verbindet mit der sozialen Revolution den Anspruch, die Gesellschaft auf dem Wege der Diktatur des Proletariats vom Staat zu befreien und damit nicht nur diese Gesellschaft, sondern jede künftige zu ihrer eigentlichen Bestimmung zu bringen. Die Diktatur des Proletariats soll demnach nur eine Übergangsform sein. Die Mittel der menschlichen Emanzipation sind die politischen und die darauffolgenden sozialen Revolutionen, die von Marx stets nur als langwierige und mühsame Prozesse begriffen werden:

> "Bürgerliche Revolutionen, wie die des achtzehnten Jahrhunderts, stürmen rasch von Erfolg zu Erfolg, ihre dramatischen Effekte überbieten sich, Menschen und Dinge scheinen in Feuerbrillanten gefaßt, die Ekstase ist der Geist jedes Tages; aber sie sind kurzlebig, bald haben sie ihren Höhepunkt erreicht, und ein langer Katzenjammer erfaßt die Gesellschaft, ehe sie die Resultate ihrer Drang- und Sturmperiode nüchtern sich aneignen lernt. Proletarische Revolutionen dagegen, wie die des neunzehnten Jahrhunderts, kritisieren beständig sich selbst, unterbrechen sich fortwährend in ihrem eignen Lauf, kommen auf das scheinbar Vollbrachte zurück, um es wieder von neuem anzufangen, verhöhnen grausam-gründlich die Halbheiten, Schwächen und Erbärmlichkeiten ihrer ersten Versuche, scheinen ihren Gegner nur niederzuwerfen, damit er neue Kräfte aus der Erde sauge und sich riesenhafter ihnen gegenüber wieder aufrichte, schrecken stets von neuem zurück vor der unbestimmten Ungeheuerlichkeit ihrer eignen Zwecke, bis die Situation geschaffen ist, die jede Umkehr unmöglich macht, und die Verhältnisse selbst rufen: Hic Rhodus, hic salta!" [101]

---

[100] Marx/Engels, MEW XVII, S. 341.

[101] Marx/Engels, Ausg. Schriften, a. a. O., Bd. I, S. 229 f.

Nimmt man Marxens Metaphorik beim Wort, die den bürgerlichen Staat als einen "Parasitenkörper" am Leibe der Gesellschaft bezeichnet, so wird man sagen dürfen, daß die durch Revolutionen sich herstellenden Gesellschaften sich von den jeweils überwundenen darin unterscheiden sollen, daß sie die freie Bewegung der Gattungswesen nicht hemmen und verkümmern lassen, sondern aktivieren und entfalten. Die Kommune, als der eigentliche Beginn der sozialen Revolution des 19. Jahrhunderts, ist für Marx die Einlösung des Anspruchs, den die politischen Revolutionen zwar erheben, doch nicht realisieren konnten. Sie ist "die endlich entdeckte politische Form, unter der die ökonomische Befreiung der Arbeit sich vollziehen konnte" [102]. Damit hat Marx zufolge die Kommune das geleistet, was er in der "Kritik des Gothaer Programms" als Freiheit bestimmte, die eben darin besteht, "den Staat aus einem der Gesellschaft übergeordneten in ein ihr durchaus untergeordnetes Organ zu verwandeln" [103]. Dies ist jedoch nicht mit der Verwirklichung des Sozialismus selbst gleichzusetzen, weshalb Marx denn auch die Kommune als den Beginn der sozialen Revolution charakterisiert, nicht etwa als deren Ziel. Er wußte wohl, daß "die Majorität der Kommune keineswegs sozialistisch" war und auch gar nicht sein konnte" [104], daß ferner die Dekrete der Kommune ihrem Inhalt nach nicht sozialistisch waren, gleichwohl führte "das bloße Bestehn der Kommune" "als etwas Selbstverständliches, die lokale Selbstregierung mit sich, aber nun nicht mehr als Gegengewicht gegen die jetzt, überflüssig gemachte, Staatsmacht" [105]. Ihre reale Existenzform blieb zwar noch befangen im Alten, ihre Idee aber hatte die der sozialistischen Demokratie zumindest anvisiert. Indem sie der Republik die Grundlage wirklich demokratischer Einrichtungen verschaffte, verwies sie über ihre eigene historische Gestalt auf etwas, das zugleich mehr und etwas anderes war als sie selbst sein konnte:

> "Die Mannigfaltigkeit der Deutungen, denen die Kommune unterlag, und die Mannigfaltigkeit der Interessen, die sich in ihr ausgedrückt

---

[102] Marx, MEW XVII, S. 342.

[103] Marx, MEW XIX, S. 27.

[104] Brief von Marx an Domela-Nieuwenhuis, 17. 2. 1881, in: Die Gesellschaft VIII 2. Bd. (1931) S. 47.

[105] Marx, MEW XVII, S. 341.

fanden, beweisen, daß sie eine durch und durch ausdehnungsfähige politische Form war, während alle früheren Regierungsformen wesentlich unterdrückend gewesen waren. Ihr wahres Geheimnis war dies: Sie war wesentlich eine Regierung der Arbeiterklasse, das Resultat des Kampfs der hervorbringenden gegen die aneignenden Klasse, die endlich entdeckte politische Form, unter der die ökonomische Befreiung der Arbeit sich vollziehen konnte" [106].

Die Faszination und der Schrecken, der von der Kommune ausging, beruht eben darin, daß hier die Möglichkeit auftauchte, sich des staatlichen Zwangs zu entledigen, als deren Ausdruck zwar die bürokratische Exekutive, als deren Naturbasis aber die Aneignung des kollektiven Ertrags der Arbeit durch eine Minorität erscheint. "Befreiung der Arbeit" ist dafür die Zauberformel, deren Glanz von diesem Vorhaben der Kommune herrührt. Die Idee, daß nicht der Staat, sondern die freie Assoziation der Produzenten jene Form sei, unter der sich die Wiederaneignung der entfremdeten staatlichen Maschinerie vollziehen würde, sah Marx zum erstenmal in der Kommune verkörpert. Der Staatssozialismus der ersten Phase der Transformation sollte durch den Kommunismus der freien Assoziation abgelöst werden. Die Kommune hatte noch nicht das klare Bewußtsein ihrer selbst. Auch für sie gilt: "sie wissen es nicht, aber sie tun es".

Erinnert sei in diesem Zusammenhang an die Marxsche Interpretation des Weberaufstandes des Jahres 1844, dem eigentlichen Anfang der deutschen Arbeiterbewegung:

"Der schlesische Aufstand beginnt gerade damit, womit die französischen und englischen Arbeiteraufstände enden, mit dem Bewußtsein über das Wesen des Proletariats. Die Aktion selbst trägt diesen überlegenen Charakter. Nicht nur die Maschinen, diese Rivalen des Arbeiters, werden zerstört, sondern auch die Kaufmannsbücher, die Titel des Eigentums, und während alle andern Bewegungen sich zunächst nur gegen den Industrieherrn, den sichtbaren Feind kehren, kehrt sich diese Bewegung zugleich gegen den Bankier, den versteckten Feind ... Die einzige Aufgabe eines denkenden und wahrheitsliebenden Kopfes, angesichts eines ersten Ausbruchs des schlesischen Arbeiteraufstandes, bestand nicht darin, den Schulmeister dieses Ereignisses zu spielen, sondern vielmehr seinen eigentümlichen Charakter zu studieren. Dazu

---

106 A. a. O., S. 342.

gehört allerdings einige wissenschaftliche Einsicht und einige Menschenliebe, während zu der andern Operation eine fertige Phraseologie, eingetunkt in eine hohle Selbstliebe, vollständig hinreicht" [107].

Was aber meint Marx, wenn er davon spricht, daß nicht allein Einsicht in den eigentümlichen Charakter des Weberaufstandes, sondern auch "Menschenliebe" dazugehöre, um das, was da geschah, adäquat begreifen zu können? Es ist die auch im Zusammenhang mit seiner Kommuneanalyse auftretende Form der Interpretation, die sich dahin zusammenfassen läßt, daß Marx dem sozialen Inhalt, dem richtigen Klasseninstinkt, wie er sich in den Handlungenen der Weber ausdrückt, wiewohl sie nicht auf der Höhe des wissenschaftlichen Bewußtseins waren, der defizienten Form gegenüber den Vorzug zu geben scheint.
Die zuweilen nicht ohne romantisierende Nebenklänge geübte Stilisierung der Kommune, wie sie besonders in einigen Briefen Marx' zutage tritt, der Eifer, mit dem Marx nach deren Scheitern sich ihrer Verteidigung annahm und nicht zuletzt die merkwürdig anmutende Absicht, die Kommune als eine Leistung der eigenen "Partei" auszugeben, – was in Widerspruch sowohl zu deren Zusammensetzung als auch zu deren wirklichen Maßnahmen stand, die weit entfernt waren, sozialistisch im Sinne von Marx zu sein –: dies alles läßt vermuten, daß Marx bei seiner Kommuneanalyse der Versuchung anheimfiel, der von ihm herbeigesehnten Revolution endlich eine Heimstatt zu geben. Arthur Rosenberg ist beizupflichten, wenn er bemerkt:

> "So wie Marx sich die Revolution dachte, war der Verlauf der Pariser Kommune durchaus nicht. Marx verlangte eine eiserne zentralistische Revolutionsregierung im Geiste von 1793, die mit konzentrierter Gewalt alle Gegner der Volkssache niederschlug. Mitten im Bürgerkrieg ein föderalistisches genossenschaftliches Idyll zu proklamieren, mußte in den Augen von Marx eine sentimentale Dummheit sein. Aber die Kommune fing doch damit an, womit Marx aufhören wollte, nämlich mit der Aufhebung des Staats und der Gründung des Reichs der Freiheit. So war doch eine Berührung zwischen den Kommuneideen und seinen eigenen möglich" [108].

---

107 Marx, in: Deutsche Geschichte im 19. Jahrhundert, a. a. O., S. 66 f.
108 Rosenberg, A., Geschichte des Bolschewismus, a. a. O., S. 63 f.

Die wesentlichen Postulate der Marxschen Vorstellung von Revolution waren in dieser Zeit tatsächlich nicht erfüllt; so das Vorhandensein eines "passiven Elements", wie Marx es in der Vorrede zur Kritik der Hegelschen Rechtsphilosophie fordert, worunter er die konkrete Struktur der Bedürfnisse der breiten Massen der lohnabhängigen Industriearbeiter versteht. Diese selbst müssen auf die revolutionäre Theorie hin gerichtet sein; sie müssen in ihr den eigentlichen und adäquaten Ausdruck ihrer eigenen Bedürfnisse erkennen, um in Bewegung zu kommen. So räumt Marx denn auch rückblickend – in einem Brief an Domela-Nieuwenhuis vom 27. Februar 1881 – ein:

> "Uebrigens sind die Verlegenheiten einer plötzlich durch einen Volkssieg entstandenen Regierung keineswegs etwas specifisch – "Sozialistisches" ... abgesehen davon, daß dies (die Pariser Commune, K. L.) bloß Erhebung einer Stadt unter ausnahmsweisen Bedingungen war, war die Majorität der Commune keineswegs sozialistisch, konnte es auch nicht sein" [109].

Damit entfällt eine weitere Bedingung für eine soziale Revolution: der internationale Charakter sowie die Führung der Revolution durch den bewußtesten Teil des Proletariats, die Kommunisten. So kritisiert Marx im gleichen Brief an der Kommune: "Mit geringem Quantum common sense hätte sie jedoch einen der ganzen Volksmasse nützlichen Compromiß mit Versailles – das allein damals Erreichbare – erreichen können" [110].

Zum andern bedarf es als der ökonomischen Voraussetzung der sozialen Revolution einer akuten, ins Auge springenden Wirtschaftskrise. Soziale Revolutionen sind zudem nur in solchen Ländern möglich, in denen der Prozeß der Industrialisierung am meisten fortgeschritten ist, weil nur in solchen Ländern ein entwickeltes Proletariat zu erwarten sein wird, das sich nicht mehr, wie etwa in der Juli- oder in der Februarrevolution in Frankreich, in eher staatsstreichähnlichen Handlungen verliert.

So schreibt Marx an Domela Nieuwenhuis:

> "Auf eins können Sie sich verlassen, eine sozialistische Regierung kommt nicht ans Ruder eines Landes, ohne so entwickelte Zustände, daß sie

---

[109] Brief an Domela Nieuwenhuis, a. a. O., S. 46 f.

[110] A. a. O., S. 47.

> vor allem die nötigen Maßregeln ergreifen kann, um die Bourgeoismasse so ins Bockshorn zu jagen, daß das erste Desideratum – Zeit für nachhaltige Action – gewonnen wird" [111].

Die Marxsche Interpretation des Kommuneaufstandes als der temporären Verwirklichung von Demokratie ist u. a. als der Versuch zu sehen, der von ihm erhofften Revolution einen historischen Ort zu geben. Zugleich aber schuf Marx mit seiner Interpretation des Kommuneaufstandes eine Richtschnur für künftige Arbeiterrevolutionen: "Erst seit 1871 gehören Marxismus und Arbeiterrevolution zusammen ... So verschaffte Marx 1871 den kommenden Bewegungen des werktätigen Volkes eine bedeutende Tradition ..." [112] Dennoch ist festzuhalten: "Die Pariser Kommune bedeutet das Ende des Versuches der Arbeiterschaft, selbständig die Aufgaben der älteren revolutionären Demokratie zu lösen" [112]. Gerade ihre 'Staatslosigkeit', d. h. Dezentralisation, eine bestimmte Plan- und Führungslosigkeit wurde der Commune zum Verhängnis. Es trat das ein, was Marx und Engels vorausgesagt hatten: die proletarischen und sozialistischen Kräfte wurden für Jahrzehnte geschwächt. Als das französische Proletariat sich zu erholen begann, zog bereits der erste Weltkrieg herauf, der ihm noch größere Opfer kostete, als der Kommuneaufstand und seine Niederschlagung.

---

111 A. a. O., S. 46 f.

112 Rosenberg, A., Demokratie und Sozialismus, Frankfurt Main 1962, S. 173.

112 Ebd.

IV. REFORM UND REVOLUTION

1. Die Zeit der II. Internationale

Lange Zeit über herrschte die Meinung vor, die Periode der II. Internationale bis zum Ausbruch des Ersten Weltkrieges sei eine geradlinige und ungebrochene Entwicklung Deutschlands zu einem modernen Industriestaat gewesen. In Wirklichkeit war diese Zeitspanne voller Antagonismen und Widersprüche. Wohl in keiner Periode der deutschen Geschichte gab es auf der innenpolitischen Szenerie so viel Bewegung wie in den Jahrzehnten vor dem Ersten Weltkrieg [1].

In der Entwicklung der Arbeiterbewegung und der II. Internationale, die 1889 gegründet wurde und im Jahre 1914 mit Kriegsbeginn ihr Ende fand, lassen sich zwei Entwicklungsphasen unterscheiden: die erste Phase ist eine Periode ökonomischer Krisen, beginnend mit der des Jahres 1873, eine Periode wirtschaftlicher Depression mit häufigen Schwankungen und Preisrückgängen für Agrarerzeugnisse.

Diese Krisenperiode wird ab 1896 durch einen Konjunkturaufschwung abgelöst, der sich bis zum Ersten Weltkrieg hinzieht. Die beschleunigte technische Entwicklung ruft tiefgehende strukturelle Veränderungen hervor; die Expansion der Industriestaaten bezieht unterentwickelte Länder in den Weltmarkt ein: es ist die Periode des Imperialismus. Ihr entspricht die allgemeine Ausdehnung einer sozialistischen Bewegung modernen Typs. Die Internationale versammelt von nun an große, politisch einflußreiche und zahlenmäßig starke Landesparteien in sich, die ihrer politischen Praxis nach zumeist reformistischen Charakter tragen. Symptomatisch hierfür ist der Ausschluß der anarchistischen Flügel, die sich gegen die zunehmende Saturiertheit der bürokratischen und hierarchischen Parteiorganisationen auflehnen. Engels erklärte anläßlich des Brüsseler Kongresses 1891, man habe gut daran getan, die Anarchisten hin-

---

1 Helmut Böhme hat in seiner Sozial- und Wirtschaftsgeschichte die wichtigsten strukturellen Veränderungen dieser Zeit beschrieben und in Abendroths "Sozialgeschichte der europäischen Arbeiterbewegung" findet sich die Vermittlung dieser Strukturveränderungen mit den politischen Konflikten jener Zeit.

auszuwählen: "Bis dahin ging die alte Internationale und von da fing die neue an".

Zum ersten Mal entstand in jenen Jahrzehnten vor dem 1. Weltkrieg so etwas wie eine internationale Interessensolidarität der nationalen Arbeiterparteien, die alle, wenngleich mit verschiedenen Akzenten, "eine Demokratisierung der politischen Gewalt, die Verbesserung der Arbeitsbedingungen und Löhne sowie die Sicherung der Lage der Arbeiter bei Krankheit, Invalidität und Erwerbslosigkeit" anstrebten [2].

Nach dem Ende der I. Internationale tagten seit 1877 regelmäßig internationale Arbeiterkonferenzen: 1881 in Chur, 1883 und 1886 in Paris und 1888 in London. Diese Kongresse standen im Zeichen der heftigen Auseinandersetzungen mit den anarchistischen Minderheitsfraktionen, die schließlich 1896 auf dem Londoner Kongreß ihr Ende fanden, als beschlossen wurde, künftig nur mehr Vertreter solcher Organisationen einzuladen, die "die Umwandlung der kapitalistischen Eigentums- und Produktionsordnung in die sozialistische Produktions- und Eigentumsordnung anstrebten und die Teilnahme an der Gesetzgebung und die parlamentarische Tätigkeit anerkennen" [3].

Damit waren die Anarchisten endgültig ausgeschlossen. Hierin spiegelt sich die objektive Situation der nationalen Arbeiterbewegungen und Gewerkschaften, denen es primär darum zu tun war, in einer Epoche des allmählichen Fortschritts und der industriellen Konjunktur ihren Anteil am Sozialprodukt stetig zu erkämpfen, ohne dabei durch die Folgen anarchistischer Putschversuche und eines ungeduldigen Revolutionarismus gestört zu werden.

Die Kongresse der II. Internationale, die sich meist mit sehr nüchternen Fragen wie dem Achtstundentag, dem Fabrikarbeitsschutz, mit Lohnfragen u. ä. m. befaßten, "schlossen ... stets mit Glaubensbekundungen ab, in denen sie ihre Bindung an das Prinzip 'der Eroberung der politischen Macht unter Gewaltanwendung gegen die Bourgeoisie' bestätigten, ihre Treue zur 'bewährten, auf dem Klassenkampf beruhenden Taktik' und ihre Weigerung, der

---

[2] Abendroth, W., Sozialgeschichte der europäischen Arbeiterbewegung, 6. Aufl., Frankfurt Main 1969, S. 63.

[3] A. a. O., S. 65.

herrschenden Ordnung irgendwelche Konzessionen zu machen" [4]. In der Tat lebte bis zum Ausgang des Jahrhunderts die Internationale fortgesetzt von der Hoffnung, innerhalb kürzester Frist eine Revolution kommen zu sehen – mit Ausnahme der Reformisten, die darin keine Verlockung mehr erblicken konnten. Der ökonomische Kampf: die Sicherung des Lohns, der Arbeiterschutz und der Achtstundentag wurden als Teil und Vorbedingung des politischen Kampfes verstanden, zu dem jener sich in der Zeit schwerer Krisen entfalten sollte. Reform und Revolution wurden damit nicht – wie etwa im Anarchismus Bakunins – abstrakt voneinander getrennt, sondern beide erschienen als Momente einer Totalität proletarischer Emanzipation.

1883 erklärte der Anarchist Kropotkin: "Die soziale Revolution wird ausbrechen, bevor noch zehn Jahre um sind", und Lafargue schrieb 1886 an Engels: "Wir marschieren einer Revolution entgegen, daran zweifelt niemand." Bebel prophezeite den großen Kladderadatsch für das Jahr 1893, und der ein wenig skeptischere Engels gab in verschiedenen Interviews zu Beginn der 90-er Jahre mehr als einmal zu verstehen, daß auch für ihn "die Zeit näher rückt, in der unsere Partei berufen sein wird, die Regierung in die Hand zu nehmen... Gegen Ende des Jahrhunderts werden Sie vielleicht die Verwirklichung dieses Ereignisses erleben können". Die Hoffnung auf einen bald bevorstehenden Umschwung war so populär, daß jene, die diese Hoffnung nicht teilten, jene also, die eine lange Periode von Katastrophen und Kämpfen auf die Arbeiterbewegung zukommen sahen, sich dem Verdacht aussetzten, Abtrünnige am großen Ideal zu sein. "Das war nicht einfach verbaler Radikalismus: Das Schauspiel der chaotischen Produktion, die Schärfe der Krisen erweckten die Vorstellung einer entgleisten und am Rande des Untergangs stehenden kapitalistischen Produktion. Die Tage des Kapitalismus schienen gezählt zu sein... Es galt als ausgemacht, daß die Revolution nahe bevorstand..." [5].

So sehr man auch die Revolutionsmetaphorik bei allen möglichen Gelegenheiten bemühte: hinsichtlich der Wahl der Mittel zu ihrer Verwirklichung herrschten tiefgehende Meinungsverschieden-

---

[4] Haupt, G., Programm und Wirklichkeit, Neuwied und Berlin 1970, S. 144.

[5] A. a. O., S. 134.

heiten. Nicht unähnlich der Situation der I. Internationale, die daran zerbrochen war, lautete auch jetzt das immer wieder ventilierte Thema, "wie das sozialistische Programm zu verwirklichen sei: entweder durch die ökonomische Emanzipation der Arbeiter, die dann die politische Emanzipation... sichern würde, oder durch die Eroberung der politischen Macht, die dann die vollständige Emanzipation des Proletariats ermöglichen würde" [6].

Die Wandlung in der Struktur des Weltkapitalismus war demnach die objektive Voraussetzung für das Wachstum und die Entfaltung der Aktivität der Arbeiterbewegungen. Nach der Gründung der II. Internationale im Jahre 1889 nahm die Zahl der Mitglieder und Wähler der SPD ständig zu. Im Jahre 1912 hatten die freien Gewerkschaften in Deutschland 2,5 Millionen Mitglieder. Die SPD besaß am Vorabend des Ersten Weltkrieges bereits über 1 Million Mitglieder und 4,25 Millionen Wähler, das sind 34 Prozent der abgegebenen Stimmen sowie 110 Reichstagsmandate. In allen größeren Städten gab es sozialdemokratische Tageszeitungen, Konsumgenossenschaften, Sport- und Kulturvereine der Arbeiter.

Nach Engels' Tod hatte Kautsky dessen Erbe übernommen, als führender Theoretiker die programmatische Grundlinie der SPD zu dirigieren. Kautsky galt nicht nur in Deutschland als der unbestrittene und authentische Exeget der marxistischen Theorie; er war selbst von den Revolutionären der bolschewistischen Fraktion der russischen Sozialdemokratie, so von Lenin, bis 1914 als eine Art Gralshüter der orthodoxen Lehre anerkannt worden, während die SPD für die Parteien der II. Internationale und die Gewerkschaften des Internationalen Gewerkschaftssekretariats zum organisierten Vorbild werden konnten. Der Kautskyanismus mit seinem revolutionären Anspruch galt auch dann noch als einzig rechtmäßiger Marxismus, als "der Widerspruch zwischen Schein und Wirklichkeit, zwischen rein organisatorischer Macht und Kampfbereitschaft der SPD und der Gewerkschaften in Deutschland längst offensichtlich geworden" [7] war. Für die Grundfrage Reform oder Revolution aber gewann in den ausgehenden 90er Jahren der sog. Bernsteinstreit, bzw. die Revisionismusdebatte, entscheidende Bedeutung.

---

6 A. a. O., S. 136.

7 Abendroth, a. a. O., S. 71.

2. Der Revisionismusstreit

Bereits auf dem Stuttgarter Parteitag der SPD des Jahres 1898 gab es lebhafte Auseinandersetzung um eine Aufsatzreihe, die der damals im Londoner Exil lebende Eduard Bernstein unter dem Titel "Probleme des Sozialismus" vom Herbst 1896 an veröffentlicht hatte. In diesen Artikeln, die erstmals 1899 in Buchform unter dem Titel: "Die Voraussetzungen des Sozialismus und die Aufgaben der Sozialdemokratie" erschienen, unternahm Bernstein eine grundlegende Revision der bis dahin geltenden Auffassung über die künftige proletarisch-sozialistische Revolution. Der Revisionismusstreit, der sich bis in die ersten Weltkriegsjahre hineinzog, bewegte sich letztlich um die zentrale Frage Reform oder Revolution.

Wie wenig die von Bernstein vorgebrachte Kritik allein die Angelegenheit des Theoretikers Bernstein war, wie sehr es sich in Wirklichkeit um eine breite Strömung nicht bloß in der deutschen Arbeiterbewegung der 90er Jahre des vorigen Jahrhunderts handelte, beweisen nicht bloß die gleichgerichteten Tendenzen in der französischen Arbeiterschaft, so besonders in Jaurès' "revolutionärem Reformismus" [8], sondern auch die schon vor Bernstein von Sozialdemokraten vorgebrachte Kritik an einzelnen Theoriestücken des Marxismus. Allerdings war dies stets eine Kritik an Details, niemals im Grundsätzlichen. Man wird Bebels Aussage Glauben schenken müssen, die dieser in einem Brief an Viktor Adler unter dem 8. April 1899 traf:

> "Die ganze Sache wäre ziemlich bedeutungslos, wenn es nur einen Bernstein gäbe. Wir haben aber eine ganze Menge davon, und die meisten bekleiden in der Partei hervorragende Stellungen" [9].

---

[8] S. dazu Gustafsson, B., Marxismus und Revisionismus, Frankfurt Main 1972, S. 268 ff.

[9] Zit. nach Gay, P., Das Dilemma des demokratischen Sozialismus, Nürnberg 1954, S. 93 f.
"Daß der Revisionismus in den neunziger Jahren sozusagen in der Luft lag, und nicht dem isolierten Denken eines einzelnen entsprang", zeigt auch Christian Gneuss in "Vorbote Eduard Bernstein", in: Labedz, L., (Hrsg.), Der Revisionismus, Köln–Berlin 1965, S. 39.

Der sozialdemokratische Revisionismus entstand in einer relativ friedlichen Epoche der europäischen Arbeiterbewegung. Er ist das Ergebnis des permanenten Widerspruchs von Theorie und Praxis der Sozialdemokratie seit dem Ende der Sozialistengesetzgebung Bismarcks im Jahre 1890. Die ökonomischen und sozialen Folgen des Konjunkturaufschwungs im Jahrzehnt vor dem ersten Weltkrieg hatten naturgemäß eine nachhaltige Wirkung auf die in der Zeit ihrer Verfolgung erstarkte Sozialdemokratie: "So erfüllte die sozialdemokratischen Massen ein etwas gehobener Zunftgeist: Anhänglichkeit an die Organisation mit starker Opferwilligkeit für sie, der Wille, die eigene wirtschaftliche Lage zu heben, unbedingte Abneigung gegen das herrschende preußische System. Diese Grundstimmung der Massen beherrschte auch die Funktionäre und den Parteivorstand. Man kritisierte das Bestehende und wartete ab; hatte aber keinen politischen Plan für die nächste Zukunft, abgesehen von der Vorbereitung der gerade fälligen Reichstagswahl" [10].

Revisionismus bezeichnet keine abgrenzbare, in sich einheitliche Gruppierung innerhalb der Sozialdemokratie, sondern allenfalls eine bestimmte Richtung. Dies ist einer der Gründe, weshalb Kautsky, der ideologische Chef des sozialdemokratischen Zentrums, die revisionistischen Strömungen noch Ende 1903 zu einer Angelegenheit des Temperaments, zu einer gewissen Stimmung herunterspielen konnte, einer Stimmung, "wie wir sie in der Partei immer hatten und haben werden, die erst durch das Hinzutreten des bewußten Revisionismus sich mehr zu der geschlossenen Einheit einer bestimmten Richtung verdichtete, durch dessen Ausscheiden aber wieder in den losen Nebelzustand einer Stimmung aufgelöst wird" [11]. Was Kautsky hier behauptet, ist eine merkwürdige Mischung aus Dichtung und Wahrheit. So wenig geleugnet werden kann, daß erst das Auftreten des bewußten Revisionismus dem "praktischen" der Partei und vor allem der Fraktion die Argumente lieferte, die sich zur Rechtfertigung ihrer politischen Praxis eigneten, so wenig läßt sich die Vorstellung nachvollziehen, daß durch ein Ausscheiden der bewußt revisionistischen Richtung auch eine Überwindung des praktischen und "unbewußten" Revisionis-

---

10 Rosenberg, A., Die Entstehung der deutschen Republik, Berlin 1930, S. 49; Zum sozialökonomischen Hintergrund der Entstehung des Revisionismus s. Gustafsson, a. a. O., S. 15 ff.

11 Die Neue Zeit, 21. Jg., 2. Bd., Nr. 52, S. 811.

mus zu leisten gewesen wäre. Vielmehr waren die Theoretiker des Revisionismus nur gleichsam die Spitze eines Eisberges, über dessen Massivität genügend Zeugnisse und Dokumente vorliegen. Für Kautsky, der auf das Lavieren zwischen den Revisionisten und den Radikalen bedacht sein mußte, stellte sich die Sache eher so dar, als sei der theoretische Revisionismus eine Art Bazillus, der "in einer Ära der Prosperität" von Bernstein aus England importiert worden sei und der allenfalls zu einer vorübergehenden Erschlaffung des Kampfwillens mancher Parteimitglieder, nicht aber zu einer wirklichen Krise ihrer theoretischen Grundlagen und ihres Selbstverständnisses führen könne.

Kautsky schien zu glauben, daß dem Revisionismus durch Abstimmungen und Resolutionen auf Parteitagen beizukommen sei. So auf dem Dresdener Parteitag des Jahres 1903, wo die Delegierten mit 288 gegen nur 11 Stimmen eine Resolution wider die revisionistischen Tendenzen in der Partei annahmen, ein Resultat, das von Kautsky vorschnell als das "Begräbnis des theoretischen Revisionismus als politischer Faktor" [12] gefeiert wurde und in Wirklichkeit doch nur ein Ausdruck der Entschlossenheit der Delegierten gewesen war, es auf keinen Fall zu einer Parteispaltung kommen zu lassen. Das Stimmenverhältnis gab nicht das wirkliche Kräfteverhältnis der Richtungen wieder. Vielmehr herrschte vor 1914 eine deutliche Diskrepanz zwischen den Abstimmungsniederlagen auf Parteitagen und dem wirklichen Erstarken des Revisionismus.

In der Geschichte der sozialdemokratischen Arbeiterbewegung Westeuropas haben sich die Vorstellungen des Revisionismus, wie sie vor allem von Bernstein um die Jahrhundertwende entwickelt worden waren, durchgesetzt. Nicht nur die praktische Politik, sondern auch ihre Programmatik weist darauf hin, daß diese sozialdemokratischen Massenparteien zu konsequenten Reformparteien geworden sind, die sich darauf konzentrieren, den Mechanismus der Verteilung des Sozialprodukts zu modifizieren, nicht aber, wie es noch Kautsky intendierte, den Bereich der Produktionsverhältnisse selbst zu verändern.

Bernstein wollte, wie er im Vorwort zu seiner Schrift "Die Voraussetzungen des Sozialismus und die Aufgaben der Sozialdemokratie" des Jahres 1899 hervorhebt, zunächst nur "der Anschauung

---

[12] A. a. O., S. 814.

entgegentreten, daß wir vor einem in Bälde zu erwartenden Zusammenbruch der bürgerlichen Gesellschaft stehen und daß die Sozialdemokratie ihre Taktik durch die Aussicht auf eine solche bevorstehende große soziale Katastrophe bestimmen beziehungsweise von ihr abhängig machen soll"[13]. Er beruft sich dabei auf eine Reihe gesellschaftlicher Veränderungen, die seit der Mitte des 19. Jahrhunderts eingetreten seien und die eine gründliche Inventur geboten erscheinen ließen: Die Zuspitzung der sozialen und politischen Widersprüche, von der das "Manifest" ausgegangen war, sei nicht eingetreten und die Zahl der Besitzenden nicht kleiner, sondern größer geworden; die mittlerweile konstatierbare Vermehrung des gesamtgesellschaftlichen Reichtums habe zu einer wachsenden Zahl von Kapitalisten und Besitzenden, nicht aber zu deren Minimierung geführt; die Mittelschichten hätten zwar ihren Charakter geändert, seien jedoch nicht verschwunden, wie es die Marxsche Polarisierungstheorie prognostiziert hatte.

Diesen gesellschaftsstrukturellen entsprechen politische Veränderungen, wie Bernstein sie prototypisch für England konstatiert:

> "Unter dem Einfluß ... der sich immer kräftiger regenden Arbeiterbewegung hat eine gesellschaftliche Gegenaktion gegen die ausbeuterischen Tendenzen des Kapitals eingesetzt, die zwar heute noch sehr zaghaft und tastend vorgeht, aber doch da ist und immer mehr Gebiete des Wirtschaftslebens ihrem Einfluß unterzieht. Fabrikgesetzgebung, die Demokratisierung der Gemeindeverwaltungen und die Erweiterung ihres Arbeitsgebiets, die Befreiung des Gewerkschafts- und Genossenschaftswesens von allen gesetzlichen Hemmungen, Berücksichtigung der Arbeiterorganisationen bei allen von öffentlichen Behörden vergebenen Arbeiten kennzeichnen diese Stufe der Entwicklung"[14].

Daß in Deutschland diese Entwicklung sich noch gar nicht oder kaum bemerkbar machen konnte, ist Bernstein zufolge ein Kennzeichen seiner Rückständigkeit gegenüber anderen kapitalistischen Staaten. Entscheidend jedoch ist, daß dieser Rückstand nicht ausschließt, daß auch die deutschen Verhältnisse sich in diese Richtung einer allmählichen Liberalisierung und Demokratisierung entwickeln würden. Im Zeichen der wiedergewonnenen Legalität der SPD

---

[13] Bernstein, E., Die Voraussetzungen des Sozialismus und die Aufgaben der Sozialdemokratie, Reinbek bei Hamburg 1969, S. 9.

[14] A. a. O., S. 10.

nach Aufhebung der Bismarckschen Sozialistengesetze und in der Hoffnung auf eine rasch wachsende Zunahme des parlamentarischen Einflusses weiß Bernstein sich mit jenen Überlegungen einig, die der späte Engels in seinem Vorwort zu den "Klassenkämpfen in Frankreich" im Jahre 1895 kurz vor seinem Tod veröffentlichte. Engels erklärte, daß die Zeiten des Straßen- und Barrikadenkampfes endgültig der Vergangenheit angehören, während das legale Mittel der Wahl der herrschenden Klasse empfindlichere Niederlagen bereiten könnte. Engels hatte erkannt, daß "die Kampfweise von 1848 in jeder Beziehung veraltet" [15] war:

> "Die Zeit der Überrumpelungen, der von kleinen bewußten Minoritäten an der Spitze bewußtloser Massen durchgeführten Revolutionen ist vorbei. Wo es sich um eine vollständige Umgestaltung der gesellschaftlichen Organisation handelt, da müssen die Massen selbst mit dabei sein, selbst schon begriffen haben, worum es sich handelt... Das hat uns die Geschichte der letzten fünfzig Jahre gelehrt. Damit aber die Massen verstehen, was zu tun ist, dazu bedarf es langer, ausdauernder Arbeit... Langsame Arbeit der Propaganda und parlamentarische Tätigkeit sind auch hier als nächste Aufgabe der Partei erkannt... Die Ironie der Weltgeschichte stellt alles auf den Kopf. Wir, die 'Revolutionäre', die 'Umstürzler', wir gedeihen weit besser bei den gesetzlichen Mitteln als bei den ungesetzlichen und dem Umsturz. Die Ordnungsparteien ... gehen zugrunde an dem von ihnen selbst geschaffenen gesetzlichen Zustand. Sie rufen verzweifelt...: die Gesetzlichkeit ist unser Tod, während wir bei dieser Gesetzlichkeit pralle Muskeln und rote Backen bekommen und aussehen wie das ewige Leben. Und wenn wir nicht so wahnsinnig sind, ihnen zu Gefallen uns in den Straßenkampf treiben zu lassen, dann bleibt ihnen zuletzt nichts anderes, als selbst diese fatale Gesetzlichkeit zu durchbrechen" [16].

Für Engels stellt die Änderung der sozialdemokratischen Taktik allerdings noch keinen grundsätzlichen Verzicht auf die Revolution dar. Denn das allgemeine Wahlrecht, d. h. eine Erreichung der parlamentarischen Mehrheit bezeichnet nicht den endgültigen Schritt zum Sozialismus: Vielmehr ist Engels davon überzeugt, daß die Bourgeoisie einer sozialistischen Umgestaltung, auch auf legalem Wege, nicht tatenlos zusehen werde; die Taktik der Legalität

---

[15] Marx/Engels, Ausg. Schriften, Berlin 1955, Bd. I, S. 108.
[16] A. a. O., S. 118 f. und 119 f.

besitzt für ihn die Bedeutung eines Gradmessers für die Reife der Arbeiterklasse. Im Parlamentarismus sieht er vorab ein geeignetes Mittel, eine Massenbasis zu gewinnen. Das Wachstum der sozialdemokratischen Stimmen impliziert die Möglichkeit, daß die organisierten Arbeiter eines Tages dem bestehenden Regierungssystem über den Kopf wachsen würden. In diesem Augenblick rechnet Engels mit einem massiven Widerstand der Regierung, die, wie er meint, dann auch vor einem Bruch der Rechtsstaatlichkeit nicht mehr zurückschrecken dürfte. Die strategische Hauptaufgabe besteht darin, "diesen sich täglich verstärkenden Gewalthaufen nicht in Vorhutkämpfen aufreiben, sondern ihn intakt zu erhalten bis zum Tag der Entscheidung" [17].

Für Bernstein hingegen stellt sich die Sache so dar, als habe Engels nicht bloß eine taktische Wendung vollzogen, sondern jeglicher revolutionären Strategie eine prinzipielle Absage erteilt. Diese "irrige" Interpretation ist eine Folge der Bernsteinschen Grundposition: Er lehnt sowohl die in der marxistischen Orthodoxie vorherrschende Meinung ab, der Sozialismus könne ein zwangsläufiges, gleichsam naturnotwendiges Ergebnis der immanenten Widersprüchlichkeit der kapitalistischen Wirtschaftsordnung sein als auch die Vorstellung von der Einführung des Sozialismus durch einen revolutionären "Sprung". Der Glaube an einen solchen revolutionären Sprung ist für Bernstein ein metaphysisches Relikt der von ihm

---

17 A. a. O., S. 120.
Zur Interpretation der Engelschen Einleitung vgl. auch Gustafsson, a. a. O., S. 68 ff., der resumierend betont: "Reformistisch wäre die Botschaft geworden, wenn Engels der Sozialdemokratie empfohlen hätte, ihr ganzes Vertrauen in das bestehende parlamentarische System zu setzen. Aber das tat er nicht. Er schrieb zwar, daß die Arbeiterklasse sich dem Ziel im zähen Stellungskrieg nähern mußte. Aber er betonte dabei nur, daß der Sieg nicht 'mit *einem* großen Schlag' errungen werden konnte. Da die Herrschenden aus der Legalität Nachteile, die Sozialdemokratie jedoch Vorteile ziehe, sei es wahrscheinlich, daß die Regierung früher oder später ihre Zuflucht zum 'Umsturz' nehmen würde" (S. 71 f.).
Eine hervorragende Analyse der Grundprobleme des Revisionismus liefert Lucio Colletti, Bernstein und der Marxismus der Zweiten Internationale, Frankfurt/Main 1971. S. dort auch die zutreffende Bemerkungen zum "Politischen Testament" Engels' S. 7 ff.

bekämpften Hegelschen Geschichtsdialektik. "Sie ist das Verräterische in der Marxschen Doktrin, der Fallstrick, der aller folgerichtigen Betrachtung der Dinge im Wege liegt" [18].

Gegen die These vom zwangsläufigen Determinismus entwickelt Bernstein sein Konzept von der Notwendigkeit sittlicher Entscheidung für die Ideen des Sozialismus, ein Faktor, der sich nicht automatisch aus der Einsicht in den Gang der ökonomischen Entwicklung ergibt, sondern einen freien Willensentschluß voraussetzt. "Die Gesellschaft der Zukunft ist kein unausweichliches Resultat objektiver Entwicklung, sondern ein ideales Ziel, welches sich der menschliche Wille frei steckt. Die eiserne Notwendigkeit beschwört ihr abstraktes Gegenstück: die Freiheit; der Determinismus den absoluten Indeterminismus; die in sich geschlossene Kette des 'Seins' die offene und unbedingte Perspektive des 'Sein-sollens'" [19].

Gegen die Revolutionshoffnung führt Bernstein den Verdacht einer heimlichen Gewaltanbetung bakunistischer Obervanz ins Feld. Er ist davon überzeugt, daß eine gewaltsame Revolution gerade jene Grundlagen zerstören würde, die den Ausgangspunkt für die sozialistische Neuordnung bilden sollen: den gesellschaftlichen Reichtum der Produktion und die Mittel für diese Produktion selbst.

Lehnt Bernstein sowohl die Vorstellung vom zwangsläufigen Hineinwachsen in den Sozialismus als auch das Konzept einer Revolution ab, so bleibt nur mehr die Hoffnung auf eine allmähliche Umwandlung der politischen in eine soziale Demokratie übrig, deren Tempo durch das Ausmaß der praktischen Reformarbeit bestimmt wird. Da diese Reformarbeit aber nur auf dem Wege wachsenden Einflusses auf das Parlament und damit auf die Willensbildung der staatlichen Exekutive geschehen kann, muß Bernstein zu dem Schluß gelangen, daß auch die These vom allmählichen Absterben des Staates nach vollzogener Revolution eine Utopie sei. Bernstein prognostiziert nicht einen Fortfall, sondern – wie schon Lassalle – eher das Wachstum staatlicher Initiativen, da durch sie ja gerade die bessere und gerechtere Form der Verteilung des Volksvermögens herbeigeführt werden kann, auf die Bernstein sein Mo-

---

18 Bernstein, E., Die Voraussetzungen des Sozialismus, a. a. O., S. 53.

19 Colletti, L., Bernstein und der Marxismus der Zweiten Internationale, a. a. O., S. 37.

dell vom Sozialismus reduziert hat. Er selbst hat 1912 seine Revision als die Weiterbildung von Theorie und Praxis der Sozialdemokratie im evolutionistischen Sinn bestimmt und davon gesprochen, daß er damit vor allem die "grundsätzliche Betonung der Reformarbeit in Politik und Wirtschaft" meine.

Bernsteins Revision der marxistischen Revolutionstheorie bedeutet vor allem eine Wendung gegen die Dialektik. Kein sozialistischer Theoretiker vor Bernstein hatte das Kernstück der Marxschen Methode, die Dialektik, angegriffen. Bernstein tat dies, weil er Revolutionstheorie und Dialektik als unauflöslich miteinander verflochten sah. Nun war er alles andere als ein überlegener Theoretiker; dennoch ist seine Kritik der Hegelschen Dialektik von unmittelbar politischer Relevanz, da hier das ausgesprochen wurde, was den Weg der Sozialdemokratie, nicht bloß der deutschen, fortan bestimmt hat. Bernstein betont zwar, daß es nicht seine Absicht sei, "Hegel selbst ... kritisieren zu wollen". Vielmehr habe er es nur mit jener "Dialektik zu tun, wie sie auf die sozialistische Theorie von Einfluß gewesen ist" [20].

Der Sinn dieser Differenzierung ist jedoch zweideutig. Wollte Bernstein damit sagen, daß die in der Marxschen Theorie angewandte Dialektik nicht die gleiche sei, wie sie in Hegels Denken entfaltet wird, so müßte er die Differenz zwischen der Hegelschen und jener in der Marxschen Theorie bezeichnen. Da er das nicht tut, kann der Sinn seiner Aussage nur darin beschlossen liegen, daß für ihn die "Dialektik als solche", wie sie bei Hegel selbst vorliegt, jenseits seiner wissenschaftlichen Interessen gelegen sei, während immer dann, wenn sich die dialektische Methode als eine für sozialistische Geschichts- und Gesellschaftsanalysen bestimmende Methode konkretisiert, sein Einspruch Geltung habe. Dieser Einspruch gilt dem bloß Negatorischen, der zerstörenden Wirkung der Dialektik. Bernstein ist davon überzeugt, daß der wirkliche Gang der historischen Ereignisse sich im Sinne einer organischen Evolution vollzieht und daß nur ein auf die empirischen Tatsachen bezogenes Handeln diesem stetigen Fortschritt Rechnung tragen könne. Demgegenüber habe die dialektische Methode die Tendenz, sich von der empirischen Tatsachenwelt abzulösen, diese zu überspringen und damit, als Anleitung zum Handeln verstanden, zerstörend zu wir-

---

20 Bernstein, a. a. O., S. 48 Anm.

ken. Wogegen Bernstein sich wendet ist die alle Grenzen sprengende Negativität des dialektischen Verfahrens, die über jene soziale Änderung hinausgehen will, "die sich in den Dingen vollzieht" [21]. Kennzeichnend für die Dialektik sei ihr deduktives Ableiten und Deuten der Realität, "wobei das induktive Moment, die Prüfung an den Tatsachen ... zu kurz kommt" [22]. Für Bernstein ist die fortgeschrittene Industriegesellschaft ein

> "... bestimmten Gesetzen der Entwicklung unterworfener Organismus, der nicht nach Willkür in eine beliebige Form umgestaltet, sondern nur unter bestimmten Voraussetzungen, nach Erfüllung von Veränderungen in den Grundlagen seines Lebensprozesses zu bestimmter neuer Form fortentwickelt werden kann. In der modernen bürgerlichen Gesellschaft heißt diese Vorbedingung das Erreichen einer hohen Reife der kapitalistischen Produktionsweise und des von dieser zur Entwicklung gebrachten modernen Proletariats" [23].

Aufgrund dieser Annahme lehnt Bernstein jeden Versuch als anarchistisch und blanquistisch ab, der darauf ausgeht, die jeweils erreichte Entwicklungsstufe der Produktion zu überspringen und damit zu gefährden. Ein solcher Versuch sei notwendig zum Scheitern verurteilt, da er den Entwicklungsgesetzen nicht Rechnung trägt, von denen politisches Handeln als ein rationales Verhalten geleitet sein müsse. Der in der Prosperitätsperiode ab 1895 wachsende Glaube großer Teile der deutschen und außerdeutschen Sozialdemokratie an einen evolutionär-friedlichen Übergang zu demokratischen, genossenschaftlichen und quasisozialistischen Formen des wirtschaftlichen und gesellschaftlichen Lebens im Rahmen eines sich transformierenden Kapitalismus gewann hierin seinen Ausdruck. Die revisionistischen Richtungen "versuchten den Sozialismus aus einer theoretischen und praktischen Antithese zum kapitalistischen System in eine parlamentarische Bewegung innerhalb dieses Systems zu verwandeln" [24]. Dies hat für den Revolutionsbegriff die Kon-

---

21 Bernstein, E., Der Sozialismus einst und jetzt, Stuttgart–Berlin 1922, S. 68.

22 A. a. O., S. 115.

23 Bernstein, E., Ferdinand Lassalle und seine Bedeutung für die Arbeiterklasse, 2. Aufl., Berlin 1919, S. 124.

24 Marcuse, H., Vernunft und Revolution, Neuwied und Berlin 1962, S. 351.

sequenz, daß nunmehr zwischen einem aufbauenden und einem bloß niederreißenden Sozialismus unterschieden wird. Dabei sind für Bernstein Utopie, Dialektik, Anarchismus, Terrorismus und Revolution synonyme Vorstellungsreihen, denen auf der Seite des "aufbauenden Sozialismus" die Begriffe von wirtschaftlicher Organisation, Reform, Evolution und parlamentarischer Tätigkeit als Mittel der Arbeiteremanzipation entgegengestellt werden.

Wogegen Bernstein sich letztlich richtet, ist das, was er als Katastrophen- und Zusammenbruchstheorie im Marxismus bezeichnet. Die Achse der ganzen Revisionismusdebatte ist das besonders im Erfurter Programm aufgestellte Gesetz des naturnotwendigen Untergangs der kapitalistischen Gesellschaft und des ebenso naturgesetzlichen Übergangs zum Sozialismus. Kautsky erläuterte dieses Programm wie folgt:

> "Wir halten den Zusammenbruch der heutigen Gesellschaft für unvermeidlich, weil wir wissen, daß die ökonomische Entwicklung mit Naturnotwendigkeit Zustände erzeugt, welche die Ausgebeuteten zwingen, gegen das Privateigenthum anzukämpfen; daß sie die Zahl und Kraft der Ausgebeuteten vermehrt und die Zahl und Kraft der Ausbeuter vermindert, die an dem Bestehenden festhalten; daß sie endlich zu unerträglichen Zuständen für die Masse der Bevölkerung führt, welche dieser nur die Wahl lassen zwischen thatlosem Verkommen und thatkräftigem Umsturz der bestehenden Eigentumsordnung ... Die kapitalistische Gesellschaft hat abgewirtschaftet; ihre Auflösung ist nur noch eine Frage der Zeit; die unaufhaltsam ökonomische Entwicklung führt den Bankerott der kapitalistischen Produktionsweise mit Naturnothwendigkeit herbei. Die Bildung einer neuen Gesellschaftsform an Stelle der bestehenden ist nicht mehr bloß etwas Wünschenswertes, sie ist etwas Unvermeidliches geworden" [25].

Die Behauptung von der Naturnotwendigkeit eines solchen Zusammenbruchs ist Bernstein zufolge illusionär. Für ihn ist der auf die Notwendigkeit eines baldigen Endes der kapitalistischen Wirtschaftsordnung vertrauende Materialist ein "Kalvinist ohne Gott", d. h. Anhänger einer Prädestinationslehre, in der an die Stelle der göttlichen Vorsehung die naturwissenschaftliche Gesetzmäßigkeit getreten ist. Nur so könnten die Menschen als bloße Agenten

---

[25] Kautsky, K., Das Erfurter Programm, Stuttgart 1892, S. 106 und 136.

geschichtlicher Mächte und das Bewußtsein der Menschen ein als der materiellen Bewegung gänzlich untergeordneter Faktor begriffen werden. Der starre Gesetzesbegriff sei in dieser materialistischen Dialektik an die Stelle der biegsameren Vorstellung einer "Tendenz" getreten, wodurch die Faktoren des "Überbaus" eine ihrer wirklichen gesellschaftspolitischen Bedeutung nicht entsprechende Unterbewertung erfahren. Bernstein kritisiert das vom orthodoxen Marxismus naturgesetzlich verstandene "eherne Muß" der Geschichte und die damit verbundene Vorstellung von deren Zwangsläufigkeit im Sinne eines streng ökonomisch determinierten Ablaufs. Er ist davon überzeugt, "daß die Verachtung des Ideals, die Erhebung der materiellen Faktoren zu den omnipotenten Mächten der Entwicklung Selbsttäuschung ist ..." [26].

Damit unterläuft Bernstein ein entscheidendes Mißverständnis: Denn ursprünglich meinte politische Ökonomie die Einheit der menschlichen Beziehungen in Staat und Gesellschaft. Mit fortschreitender Arbeitsteilung sonderte sich die bürgerliche Gesellschaft als das System der Bedürfnisse aus dem Ganzen der staatlichen Öffentlichkeit zu einer Sphäre privater Kapitalakkumulation ab. Diese Dissoziation von Gesellschaft und Staat fand ihren adäquaten Ausdruck in der Entstehung einer bürgerlichen Soziologie, die nunmehr die staatliche Gewalt als eine besondere Organisationsform der Gesellschaft begriff. Die Gesellschaft war damit definiert als die Gesamtheit privatkapitalistischer Interessen, der in der Institution des Staates die gestaltgewordene Sorge um das Gemeinwohl gegenübertrat. Für den Begriff der politischen Ökonomie bedeutete diese Form der wissenschaftlichen Arbeitsteilung eine Einschrumpfung auf bloße Ökonomie als eines Bereichs nur mehr dinglich materieller Gegenständlichkeit, losgelöst von der Totalität sozialer und politischer Beziehungen zwischen den Individuen. In der Gesellschaft galt das Privatrecht; in der Sphäre staatlicher Gewalt das öffentliche Recht. Im Fortgang der politischen Ökonomie von Marx auf Bernstein läßt sich diese charakteristische Reduktion des Politischen aufs Ökonomische symptomatisch ablesen. Da Ökonomie bei Bernstein nicht mehr als politische begriffen, sondern bloß als die materielle Anhäufung dinglicher Gegenstände gefaßt wird, muß ihm die bei Marx scheinbar erfolgte Reduktion des kulturell-

[26] Bernstein, Die Voraussetzungen des Sozialismus, a. a. O., S. 217; Vgl. hierzu Gustafsson, B., a. a. O., S. 36 ff.

geistigen Überbaus auf den ökonomischen Unterbau als eine dialektische Gewalttat erscheinen. Ihr hat er widersprochen, indem er darauf hinwies, daß menschliches Handeln und Denken sich nicht im ökonomischen Verhalten erschöpfend verstehen ließ. Dies führte schließlich zur Revision, zwar nicht der Marxschen Theorie, so doch jener Gestalt des Ökonomismus, an der Bernstein Kritik übte [27].

Bernstein fragt nach dem Sinn der Ableitung des Sozialismus aus rein ökonomischen Zwängen. Ist der Sieg des Sozialismus lediglich eine immanent-ökonomische Notwendigkeit, dann muß dieser Sieg auf den Nachweis der Unvermeidlichkeit des ökonomischen Zusammenbruchs der bestehenden Gesellschaft gegründet werden. Eine derart streng ökonomische Herleitung des mit Naturnotwendigkeit sich ergebenden Zusammenbruchs der kapitalistischen Gesellschaft ist aber weder geliefert worden, noch kann sie – nach Bernstein – überhaupt geliefert werden. An die Stelle eines derartigen "Beweises" trete daher schon bei Marx der Glaube an den dialektischen Sprung in der Geschichte, ein Glaube an die Negation der Negation, in dem Bernstein nichts als die "Fallstricke" der Hegelschen Dialektik am Werke sieht. Diese Lehre vom Zusammenbruch ist nach Bernstein "eine rein spekulative Vorwegnahme der Reife einer ökonomischen und sozialen Entwicklung, die noch kaum die ersten Sprossen gezeitigt hatte" [28].

Eine solche Antizipation ist für Bernstein eine unzulässige Deduktion. Er selbst befürchtet – und diese Furcht steht hinter seiner Polemik gegen die dialektische Methode –, das Proletariat könne zu früh die politische Macht ergreifen und damit sich selbst um die Früchte eines Sieges bringen, der nur durch unermüdliche Reformarbeit, Demokratisierung und parlamentarische Gesetzestätigkeit errungen werden könne. Dazu bedürfe es der bewußten Parteinahme für die Ideale des Sozialismus. Hierdurch aber wird die Vorstellung einer rein immanent-ökonomischen Naturgesetzlichkeit als Untergangsgesetz der bestehenden Gesellschaft fragwürdig. Für die Marxsche Dialektik war das Eintreten der revolutionären Situation Konsequenz des ökonomisch bestimmten Gesetzes der Akkumulation. Der durch die kapitalistische Entfesselung der Produktivkräfte und durch die Freisetzung von Arbeitskräften (Reservearmee)

---

27 Vgl. hierzu Lenk, K., Marx in der Wissenssoziologie, Neuwied und Berlin 1972, S. 199 ff.

28 Bernstein, a. a. O., S. 49.

geschaffene Zustand wächst den Kapitaleignern über den Kopf. Sie können die produzierten Werte nicht mehr aneignen und sehen sich daher der Notwendigkeit ausgesetzt, die Krisen manipulativ zu überwinden. Aber, heißt es im Kommunistischen Manifest,

> "wodurch überwindet die Bourgeoisie die Krisen? Einerseits durch die erzwungene Vernichtung einer Masse von Produktivkräften; anderseits durch die Eroberung neuer Märkte und die gründlichere Ausbeutung der alten Märkte. Wodurch also? Dadurch, daß sie allseitigere und gewaltigere Krisen vorbereitet und die Mittel, den Krisen vorzubeugen, vermindert" [29].

Die originär marxistische Revolutionstheorie ist somit fundiert auf das Gesetz der ursprünglichen Akkumulation. Die soziale Revolution erscheint als Konsequenz der Allgemeingültigkeit dieses Gesetzes.

Der Grund für die Ablehnung des Revolutionsmodells, wie Marx und Engels es im Kommunistischen Manifest entworfen hatten, liegt für Bernstein in der prinzipiell andersgearteten Struktur der bürgerlich-liberalen Gesellschaft gegenüber der feudalständischen des Mittelalters. War dort nur ein gewaltsamer Übergang zur kapitalistischen Gesellschaft möglich, so wird das Mittel revolutionärer Gewalt beim Übergang zum Sozialismus unnötig, ja, eine Revolution wäre hier nur die Zerstörung der elementaren Lebensgrundlagen, auf denen der Sozialismus, als das Erbe des bürgerlichen Liberalismus, aufzubauen ist:

> "Der Feudalismus mit seinen starren, ständischen Einrichtungen mußte fast überall mit Gewalt gesprengt werden. Die liberalen Einrichtungen der modernen Gesellschaft unterscheiden sich gerade darin von jenen, daß sie biegsam, wandlungs- und entwicklungsfähig sind. Sie brauchen nicht gesprengt, sie brauchen nur fortentwickelt zu werden. Dazu bedarf es der Organisation und energischen Aktion, aber nicht notwendig der revolutionären Diktatur" [30].

Um diese These zu stützen, zitiert Bernstein zustimmend den Basler "Vorwärts" vom Oktober 1897:

---

29 Marx/Engels, Ausg. Schriften, a. a. O., Bd. I, S. 29.
30 Bernstein, a. a. O., S. 169.

> "Da der Klassenkampf den Zweck hat, die Klassenunterschiede überhaupt aufzuheben, so muß logisch eine Periode angenommen werden, wo mit der Verwirklichung dieses Zweckes, dieses Ideals angefangen werden muß. Dieser Anfang, diese aufeinander folgenden Perioden liegen in unserer demokratischen Entwicklung bereits begründet, sie kommt uns zu Hilfe, um den Klassenkampf nach und nach durch den Ausbau der sozialen Demokratie zu ersetzen, in sich zu absorbieren" [31].

Was Bernstein die Ersetzung der Revolution durch eine schrittweise Entwicklung mittels gesetzlicher Reformen geboten erscheinen läßt, ist jedoch nicht bloß seine Behauptung der völlig andersgearteten Gesellschaftsform im bürgerlichen Liberalismus, sondern ebenso die mangelnde Reife der proletarischen Massen für den Sozialismus. Hier trifft er sich mit Kautsky, für den die marxistische Theorie primär eine Angelegenheit bürgerlicher Intellektueller ist, die diese Theorie von außen in das Proletariat hineintragen sollen. Scharf wendet sich Kautsky im Jahre 1901 gegen die österreichische Sozialdemokratie, die auf ihrem Wiener Parteitag des gleichen Jahres das proletarische Klassenbewußtsein als ein direktes und notwendiges Ergebnis des Klassenkampfes ansehen wollte:

> "Das moderne sozialistische Bewußtsein kann nur entstehen aufgrund tiefer wissenschaftlicher Einsicht ... Der Träger der Wissenschaft ist aber nicht das Proletariat, sondern die bürgerliche Intelligenz ... Das sozialistische Bewußtsein ist also etwas in den Klassenkampf des Proletariats Hineingetragenes, nicht etwas aus ihm urwüchsig Erstandenes" [32].

So unleugbar diese Behauptung auch hinsichtlich der konkret-historischen Genese des Zustandekommens einer sozialistischen Arbeiterbewegung ist: zugrunde liegt dieser Aussage bei Kautsky – ebenso sehr wie der Ablehnung der Revolutionstheorie durch Bernstein – der Zweifel an der bewußtseinsmäßigen Reife der proletarischen Massen, ein Zweifel, der Kautsky zu einem Vorläufer der Leninschen Partei- und Organisationstheorie werden ließ. Die Klasse des Proletariats in ihrer Gesamtheit ist für Kautsky wie für

---

31 A. a. O., S. 169.

32 Kautsky, K., Akademiker und Proletarier, in: Die Neue Zeit, Jg. 20, April 1901.

Bernstein eine mehr oder weniger formlose Masse, die zwar zur Not herrschen, nicht aber regieren könne:

> "Sie vermag wohl unter Umständen zu siegen, aber nie selbst die Früchte des Sieges einzuheimsen, da sie eben nur zu zerstören vermag... Es hängt das damit zusammen, daß die Masse wohl kämpfen, nicht aber, als Masse, Gesetze machen oder den Staat verwalten kann. Sie muß das immer kleinen Gruppen überlassen, die sich dauernd diesen Aufgaben widmen..." [33].

Für die Sozialdemokratie konnte dieser Befund nur bedeuten: regieren kann nur die Partei als Organisation. Nur eine organisierte, aufgeklärte Minderheit der Arbeiter und der sozialistischen Intelligenz ist in der Lage, den Sozialismus einzuführen. Da auch Bernstein an der intellektuellen und moralischen Reife der Mehrzahl der Arbeiter zweifelt, hält er die Arbeiterklasse noch nicht für entwickelt genug, um die politische Alleinherrschaft übernehmen zu können:

> "Wir können nicht von einer Klasse, deren große Mehrheit eng behaust lebt, schlecht unterrichtet ist..., jenen hohen intellektuellen und moralischen Stand verlangen, den die Einrichtung und der Bestand eines sozialistischen Gemeinwesens voraussetzen" [34].

Gegen Bernsteins Revisionismus wendet sich bereits 1899 Rosa Luxemburg mit ihrer Schrift "Sozialreform oder Revolution?". Für sie sind Reform und Revolution eine unzertrennliche Einheit: Reform ist das Mittel, Revolution ist der Zweck proletarischer Politik. Luxemburg zufolge gibt Bernstein das Endziel preis und macht damit das Mittel der Sozialreform selbst zum eigentlichen Zweck: mit seiner Behauptung von der Anpassungsfähigkeit des Kapitalismus, mit der These von der Zählebigkeit des Mittelstandes und durch den Hinweis auf die allmähliche Hebung der sozialen Lage der Arbeiterschaft. Der Sozialismus höre damit auf, eine objektiv herleitbare historische Notwendigkeit zu sein und werde zu einem sittlichen Ideal, das es durch permanente Reform anzustreben gälte: "Er will nicht die kapitalistischen Widersprüche zur vollen Reife ge-

---

[33] Kautsky, K., Die Aktion der Masse, in: Die Massenstreikdebatte, Frankfurt/Main 1970, S. 245.

[34] Bernstein, a. a. O., S. 216 f.

langen lassen und durch einen revolutionären Umschlag auf der Spitze aufheben, sondern ihnen die Spitze abbrechen, sie abstumpfen"[35]. Demgegenüber besteht nach Luxemburg das Wesen jeder revolutionären Taktik darin, die politischen Konsequenzen der dem Kapitalismus immanenten Widersprüche auf die Spitze zu treiben:

> "Setzen wir voraus, daß diese Produktionsweise sich weiter in der bis jetzt gegebenen Richtung entwickelt, so müssen sich mit ihr unzertrennlich auch alle ihre Konsequenzen weiter entwickeln, die Widersprüche zuspitzen und verschärfen, statt sich abzustumpfen"[36].

Der Hauptvorwurf Luxemburgs gegen Bernstein zielt dahin, daß dieser die ökonomischen Einzelerscheinungen nicht in ihrer Totalität, in ihrer "organischen Angliederung an die kapitalistische Entwicklung im ganzen, ... sondern aus diesem Zusammenhange gerissen, im selbständigen Dasein, als disjecta membra einer leblosen Maschine"[37] begreifen will, d. h. wie die Vulgärökonomie, rein mechanisch die Krisen, das Kreditwesen, die Lage der Arbeiterschaft etc. auseinanderreißt und somit aus Entwicklungstendenzen und bloßen Epiphänomenen Schlüsse auf das Ganze zieht, statt umgekehrt die Einzeldaten auf die Bewegungsgesetze der gesamtgesellschaftlichen Entwicklung zu beziehen, um von da aus erst ihren wirklichen Stellenwert zu bestimmen. Mit anderen Worten: Bernstein ist für Luxemburg ein vordialektischer und damit dem Schein verhafteter Theoretiker.

Die von Bernstein ausgehende reformistische Konzeption stellt sich das Endziel des Sozialismus als eine Summe von Reformen innerhalb der bürgerlichen Gesellschaft und die Eroberung der politischen Macht dementsprechend als einfache Ausweitung der demokratischen Elemente der bürgerlichen Gesellschaft vor, während für Luxemburg ein revolutionärer Umschlag erfolgen muß, damit die sozialistische Gesellschaftsordnung als neue Qualität entstehen kann. Dieser Umschlag kann nicht auf dem Wege gesetzlicher Reformarbeit – gewissermaßen als eine ins Breite gezogene Revolution – erfolgen, weil eine derartige Revolution mehr ist als die Summe

---

35 Luxemburg, R., Schriften zur Theorie der Spontaneität, Reinbek bei Hamburg 1970, S. 33.

36 A. a. O., S. 34.

37 A. a. O., S. 34.

aller Reformen oder die zu einem Punkt zusammengedrängte Reformarbeit. Revolution ist für Luxemburg stets ein “politischer Schöpfungsakt der Klassengeschichte” [38], von dem die Impulse zur sozialen Reformarbeit allerst ausgehen. Was den Reformismus, wie Bernstein ihn vertritt, von der Konzeption Luxemburgs unterscheidet, ist nicht etwa der Gegensatz von Reform und Revolution, sondern die grundsätzliche Differenz hinsichtlich der Auffassung beider. Reform und Revolution bedeuten in beiden Konzeptionen etwas qualitativ verschiedenes: Im Reformismus ist der Übergang von Reform zur Revolution ein geradliniges, aufsteigendes Kontinuum. Die Revolution ist gleichsam die akkumulierte Reformtätigkeit innerhalb der bürgerlichen Gesellschaft. Für Luxemburg hingegen liegt die Revolution jenseits der quantitativ kumulierten Reformschritte: Revolution begründet eine qualitativ neue Gesellschaftsordnung.

In dieser Differenz zwischen Bernsteins Reformismus und Luxemburgs Konzeption kommt vor allem die unterschiedliche Rolle der Dialektik in beiden Positionen zum Vorschein. Dialektik ist für Bernstein ein utopisches Residuum in der marxistischen Theorie, ein schlechtes Überbleibsel aus der Hegelschen Philosophie, das es auszumerzen gelte, damit der wissenschaftlich-empirische Charakter des Marxismus zur Geltung komme. Kern aller Dialektik war für Hegel und Marx die Dialektik von Subjekt und Objekt: in dieser Dialektik hat die Revolution ihren Ort als Vollzug der begriffenen und ergriffenen Tendenz der gesellschaftlichen Entwicklung aufgrund des bewußtwerdenden Willens großer Volksmassen, die das Gesetz der Geschichte erkennen und es in ihren Dienst nehmen, indem sie sich zu dessen Exponenten machen. So ist für Luxemburg Revolution die Wiederaneignung der blinden Geschichtsgesetze durch die Volksmassen: “Der Sozialismus ist die erste Volksbewegung der Weltgeschichte, die sich zum Ziel setzt und von der Geschichte berufen ist, in das gesellschaftliche Tun der Menschen einen bewußten Sinn, einen planmäßigen Gedanken und damit den freien Willen hineinzutragen” [39].

Dialektik ist die widersprüchliche und zugleich organische Ein-

---

[38] A. a. O., S. 53.

[39] Luxemburg, R., Junius-Broschüre, in: Politische Schriften, Frankfurt Main 1966, Bd. II, S. 30.

heit von Denken und Sein im Prozeß der Geschichte. Daher spricht Luxemburg auch von der "Logik der Sache" als von einer objektiven Gesetzmäßigkeit der Geschichte: Indem das Denken sich dieser immanenten Logik versichert, bleibt es dem Gegenstand nicht äußerlich. Es wird mit ihm vermittelt. Dies ist der Grundgedanke aller Dialektik seit Hegel. Von dieser Auffassung der Totalität aller Einzelprozesse her kommt Luxemburg zu ihrer Kritik Bernsteins, die in dessen Neubegründung des Sozialismus durch ethische Normen nur die Isolierung und Abstraktion der subjektiven Seite der Totalitätsauffassung von der realen sozioökonomischen und gesellschaftlichen Entwicklung erblickt. Nur wenn Denken und Sein nicht mehr als die beiden Momente einer dialektischen Einheit, sondern lediglich als zwei unterschiedliche Ebenen aufgefaßt werden, kann die sozialistische Zielsetzung zu einer Frage subjektiver Willensentscheidung für ethische Maximen erklärt werden.

Für Luxemburg ist "das Proletariat ... zugleich Produkt der permanenten Krise des Kapitalismus und Vollstrecker jener Tendenzen, die den Kapitalismus zur Krise treiben" [40]. Bernsteins Revisionismus zufolge besteht hingegen kein notwendiger Zusammenhang zwischen objektivem Entwicklungsprozeß und subjektivem Wollen. Das Wollen ist dem Gang der Dinge äußerlich. Vollzog nach Marx das Proletariat das Urteil, welches die herrschende Klasse durch die Erzeugung eben dieses Proletariats über sich selbst verhängt, so erscheint im Reformismus die historisch notwendige Selbstauflösung der kapitalistischen Gesellschaftsform nicht mehr als zwingend, sondern als Angelegenheit sittlicher Entscheidungen.

Damit verbunden ist eine völlig unterschiedliche Einschätzung der Rolle des Klassenbewußtseins im Sozialismus. Ist es für Luxemburg das Bewußtsein von der immanenten Widersprüchlichkeit des Entwicklungsprozesses der sich entfaltenden kapitalitischen Gesellschaft und damit ein dieser Gesellschaft notwendig zugehöriges Moment, so bleibt für den Reformismus Klassenbewußtsein das subjektive Wollen der Benachteiligten in der bürgerlichen Gesellschaft. Für Luxemburg ergibt sich der Klassenkampf der Arbeiter aus der wirtschaftlichen Unmöglichkeit des Kapitalismus, auf einer gewissen Höhe seiner Entwicklung der von ihm selbst heraufbeschworenen Krisen noch Herr werden zu können. Klassenbewußt-

---

40 Lukàcs, G., Geschichte und Klassenbewußtsein, Berlin 1923, S. 52.

sein ist ihr die Antizipation des ökonomischen Untergangsgesetzes des Kapitalismus im Sinne der erkannten und in den Grenzen privater Eigentumsverhältnisse unauflösbaren Widersprüchlichkeit dieser Gesellschaft. Eben deshalb ist die Dialektik "die spezifische Denkweise des aufstrebenden klassenbewußten Proletariats" [41]. Sie ist jene Methode, die das Ende der kapitalistischen Gesellschaft anvisiert, weil sie die Bourgeoisie ihrer Vergänglichkeit überführt, jene

> "geistige Waffe, womit es (das Proletariat, K. L.), materiell noch im Joch, die Bourgeoisie besiegt, ... ihr die Unvermeidlichkeit seines Sieges nachgewiesen, die Revolution im Reiche des Geistes bereits vollzogen hat" [42].

Dialektik ist begrifflich antizipierte Revolution. Die mit ihr geleistete Negation der nur scheinbar naturwüchsigen, in Wirklichkeit aber historischen und vergänglichen kapitalistischen Verhältnisse ist zugleich die ideell vorweggenommene Negation des proletarischen Elends, das materiell zwar fortbesteht und sich verschärft, vermöge der dialektischen Negation aber ebenso aufhebbar erscheint, wie die Ursache des Elends: die kapitalistische Gesellschaft selbst.

Der dialektischen Relativierung der empirisch gegebenen Fakten bei Luxemburg steht der positivistisch verfahrene Empirismus Bernsteins gegenüber: Dialektisch denken heißt hinsichtlich der kapitalistischen Gesamtentwicklung von deren Ende her, d. h. historisch denken. Indem Bernstein die Dialektik als hegelischen Taschenspielertrick verwirft, gibt er zugleich die Hauptwaffe des aufstrebenden Proletariats preis. Damit aber unterwirft er sich der historischbedingten Denkweise der untergehenden Bourgeoisie: Denn allein mittels der Dialektik ist das aufstrebende Proletariat in der Lage, aus den bloßen Kompromißformeln zwischen Kapital und Arbeit in eine qualitativ neue Stufe ökonomischer Organisation hinüberzugelangen:

> "Indem Bernstein von der Dialektik Abschied nimmt und die Gedankenschaukel des Einerseits-Andererseits, Zwar-Aber, Obgleich-Dennoch,

---

41 Luxemburg, Schriften zur Theorie der Spontaneität, a. a. O., S. 62.
42 Ebd.

Mehr-Weniger sich aneignet, verfällt er ganz folgerichtig in die historisch-bedingte Denkweise der untergehenden Bourgeoisie ..." [43].

Dialektisches Denken operiert – im Einklang mit der Grundrichtung systemsprengender Konflikte, die es auf die Spitze treibt – nicht mit einem "Entweder-Oder", sondern mit einem "Weder-Noch, Sondern" als der Form der Aufhebung vorhandener Widersprüche durch ihre revolutionäre Zuspitzung. Nur wenn das Proletariat seinen Willen über die bestehende Gesellschaft hinaussetzt, kann es hoffen, die Widersprüche des kapitalistischen Systems zu überwinden, um auf diese Weise zugleich dessen Produktionsweise selbst aufzuheben.

In der Geschichte der sozialdemokratischen Arbeiterbewegung Westeuropas haben sich die Vorstellungen des Revisionismus, wie sie erstmals von Bernstein um die Jahrhundertmitte formuliert worden sind, durchgesetzt [44]. Nicht nur die praktische Politik, sondern auch die Programmatik weist darauf hin, daß sozialdemokratische Massenparteien zu konsequenten Reformparteien geworden sind, die sich darauf konzentrieren, den Mechanismus der Verteilung des Sozialprodukts zu modifizieren, nicht aber, wie es noch der Anspruch der marxistischen Orthodoxie Kautskys oder Rosa Luxemburgs war, den Bereich der Produktionsverhältnisse selbst zu verändern.

---

43 Ebd.

44 Für England, Italien und Frankreich vgl. die entsprechenden Kapitel IV–VI bei Gustafsson, a. a. O.

V. DIE RADIKALE LINKE

1. Weder Reformismus noch Bolschewismus: Rosa Luxemburg

Das zentrale Motiv der Revolutionstheorie Rosa Luxemburgs ist der Gedanke, daß Revolutionen sich weder schulmeistern noch machen lassen. Revolutionen, in besonderem Maße aber die proletarische, sind stets tiefgreifende Umwälzungen der gesellschaftlichen Strukturen, die nicht aus freien Stücken herbeigeführt werden können, sondern von einem bestimmten Reifegrad der gesellschaftlichen Entwicklung und damit von bestimmten sozialen, ökonomischen und historischen Bedingungen abhängen. Trotz dieser ausdrücklichen Betonung des objektiven Charakters der Revolutionen als gesetzmäßiger Prozesse in der Abfolge von Klassenkämpfen findet sich gerade bei Luxemburg eine starke Akzentuierung des subjektiven Elements. Diese Seite ihrer Revolutionstheorie wird meist, simplifiziert, unter dem Stichwort der "Spontaneität" abgehandelt. So wird behauptet, daß sich in Luxemburgs Theorie angeblich eine kritiklose Anbetung der schöpferischen Rolle der spontanen Massen besonders in der ersten russischen Revolution von 1905 bemerkbar mache [1].

Luxemburg legt in der Tat einen relativ großen Nachdruck auf die aktive Teilnahme der Massen am revolutionären Geschehen, doch erlaubt dies noch nicht, ihre Theorie als "Luxemburgismus" und Spontaneitätsmystik abzuwerten, wie dies seit Grigorij Sinowjews Kritik immer wieder geschieht. Das Verdammungswort vom "Luxemburgismus" diente als Kampflosung der Bolschewisierung in den Auseinandersetzungen des Kommunismus der zwanziger und dreißiger Jahre. Wie wenig die Rede vom "Luxemburgismus" dem gerecht wird, was Luxemburgs Revolutionstheorie beinhaltet, ergibt sich schon daraus, daß Lenin selbst, als er im Jahre 1922 die Fehler Rosa Luxemburgs aufzählte, die angebliche Spontaneität nicht einmal erwähnt hat [2].

---

[1] Hier sei, pars pro toto' nur auf Hentze, J., Einleitung zu Luxemburg, R., Internationalismus und Klassenkampf, Neuwied und Berlin 1971 (S. 23 ff.), verwiesen.

[2] Vgl. Lenin, W. I., Notizen eines Publikzisten, Werke 33.

Luxemburgs Revolutionsbegriff läßt sich insofern als ein "organischer" bezeichnen, als in ihm die Totalität von Organisation, Aufklärung und Kampf eine entscheidende Rolle spielt [3]. Die proletarische Revolution bedarf zu ihrem Gelingen einer Reihe von Voraussetzungen, damit sie als Ausdruck einer Massenbewegung die Fesseln der alten Gesellschaft zerreißt:

- einen hohen Grad der politischen Schulung und langen Kampf unter Beteiligung breitester Massen, auch der nicht organisierten;
- einen bestimmten Reifegrad der ökonomischen und politischen Verhältnisse und ein ausgeprägtes und intensives Klassengefühl, das zum Klassenbewußtsein transformiert werden muß;
- eine Organisation, die sich aus dem revolutionären Kampf entwickeln soll, und deren Aktionen den beginnenden Zusammenbruch der bürgerlichen Gesellschaft intonieren;
- einen General- oder Massenstreik, der die Revolution einleitet und der sich aus den sozialen Auseinandersetzungen selbst ergeben muß (= erste, impulsive Form jeder revolutionären Aktion).

"Alle diese Bedingungen vermag ... sich (das Proletariat K. L.) nicht aus Broschüren und Flugblättern, sondern bloß aus der lebendigen politischen Schule, aus dem Kampf und in dem Kampf, in dem fortschreitenden Verlauf der Revolution anzueignen" [4]. Revolution ist für Luxemburg ein Prozeß, in dem jenes bewußtseinsmäßige und organisatorische Wachstum des Proletariats sich vollzieht, durch das die Revolution sich von blanquistischen Putschversuchen grundlegend unterscheidet. Revolutionen werden durch einen spontanen Massenstreik intoniert, der nicht durch Beschluß irgendwelcher Instanzen, sondern allein aufgrund eines in den breiten Volksmassen selbst arbeitenden Bedürfnisses zustandekommt. Der Massenstreik spielt dabei die Rolle eines Auslösers. Er eröffnet neue Perspektiven der Revolution und ist das eigentlich spontane Geschehen des revolutionären Prozesses. Was im Hinblick auf seinen möglichen Erfolg allein den Ausschlag gibt, ist das politische und soziale Kräfteverhältnis der Gesamtgesellschaft. Die Streikaktion selbst ist die Form der Revolution, ihr lebendiger Pulsschlag und zugleich ihr mächtiges Triebrad [5]. Der Massenstreik ist "die

---

[3] Luxemburg, Schriften zur Theorie der Spontaneität, Reinbek bei Hamburg 1970, S. 187 f.

[4] A. a. O., S. 106.

[5] A. a. O., S. 117

Bewegungsweise der proletarischen Masse, die Erscheinungsform des proletarischen Kampfes in der Revolution" [6].

Daß der Vorwurf eines Spontaneitätskultes bei Luxemburg, soweit er von der stalinistischen Partei erhoben wurde, in erster Linie auf die andersgeartete Bedeutung der Partei in der Konzeption Luxemburgs abzielt, geht u. a. aus der Einschätzung hervor, die ihre Revolutionstheorie im Sowjetmarxismus erfuhr: im V. Band der von der Akademie der Wissenschaften der UdSSR herausgegebenen "Geschichte der Philosophie" findet sich der Satz:

> "Indem sie (Luxemburg, K. L.) sich vorwiegend auf den objektiven Lauf der Entwicklung des gesellschaftlichen Lebens verließ, unterschätzte sie die Rolle des subjektiven Faktors in der Geschichte, was in einer gewissen Anbetung der Spontaneität in der Arbeiterbewegung seinen Ausdruck fand" [7].

Wird Luxemburg von der Sowjetphilosophie somit eine Unterschätzung des subjektiven Faktors in der Geschichte vorgeworfen, so ist damit vor allem gemeint, daß sie der Sozialdemokratischen Partei eine andere Rolle als jene zuwies, die ihr in der leninistischen Theorie zukam. Die Stellung der Partei zu den Massen sah Luxemburg nicht als ein Verhältnis von zentralem Führungswillen und zu dirigierender Masse, sondern das, was die Partei tat und tun konnte, hatte sich stets an der spontanen Eigenbewegung der Volksmassen zu orientieren, fand jedenfalls nur durch ihre Fundierung auf die Bewegungen dieser Massen ihre Legitimation. Revolutionen können nicht auf Beschluß einer Parteibehörde ausgerufen oder abgeblasen werden, sondern sie brechen unter bestimmten historischen Bedingungen zunächst spontan hervor, ungestüm, unreglementiert und elementar. Was man Luxemburg allenfalls vorwerfen könnte, wäre ein zu weitgehendes Vertrauen auf die richtigen Instinkte der Volksmassen, denen sie zutraut, bei ihren Reaktionen und Aktionen stets in die gleiche Richtung zu zielen wie die von der historischen Gesetzmäßigkeit des Klassenkampfes vorgezeichnete. Dieses Vertrauen in das Klassengefühl verbindet sich bei Luxemburg mit der strikten Ablehnung eines jeden Versuchs, diese spontanen Bewegungen und Aktionen der Masse vorausberechnen oder gar komman-

---

6 A. a. O., S. 117 f.

7 Geschichte der Philosophie, Bd. 5, S. 490 f.

dieren zu wollen. In ihrer Analyse der ersten Russischen Revolution von 1905 tritt dieses Moment deutlich hervor:

> "Gerade während der Revolution ist es für irgendein leitendes Organ der proletarischen Bewegung äußerst schwer, vorauszusehen und zu berechnen, welcher Anlaß und welche Momente zu Explosionen führen können und welche nicht. Auch hier besteht die Initiative und Leitung nicht in dem Kommandieren aus freien Stücken, sondern in der möglichst geschickten Anpassung an die Situation und möglichst engen Fühlung mit den Stimmungen der Masse. Das Element des Spontanen spielt ... in allen russischen Massenstreiks ohne Ausnahme eine große Rolle, sei es als treibendes oder als hemmendes Element... Die Revolution ist, auch wenn in ihr das Proletariat mit der Sozialdemokratie an der Spitze die führende Rolle spielt, nicht ein Manöver des Proletariats im freien Felde, sondern es ist ein Kampf mitten im unaufhörlichen Krachen, Zerbröckeln, Verschieben aller sozialen Fundamente. Kurz, in den Massenstreiks in Rußland spielt das Element des Spontanen eine so vorherrschende Rolle, nicht weil das russische Proletariat 'ungeschult' ist, sondern weil sich Revolutionen nicht schulmeistern lassen" [8].

Aus dieser Analyse bereits folgern zu wollen, daß Luxemburg die Rolle des subjektiven Faktors unterschätze, wäre jedoch ein Fehlschluß. Es kann daraus lediglich entnommen werden, daß die eigentlichen Triebkräfte der Revolution die Bedürfnisse der breiten Masse des Proletariats sind und sein sollen, die von der Partei zu bewußten Zielsetzungen verarbeitet werden müssen, damit die Einheit von Theorie und Praxis des Kampfes hergestellt wird. Keineswegs aber folgt aus dieser Revolutionsvorstellung eine Unterschätzung des subjektiven Faktors. Nur wird dieser subjektive Faktor eben in die Bedürfnisstruktur der handelnden Massen verlegt und nicht, wie bei Lenin, in die Führungskader der Partei:

> "Daß wir uns die tatsächlichen Tendenzen bewußt machen, auf die die geschichtliche Entwicklung abzielt, befreit uns keineswegs von der nötigen Einmischung in die eigene Gesellschaftsgeschichte, erlaubt uns keineswegs, fatalistisch die Hände auf der Brust zu falten und wie ein indischer Fakir abzuwarten, was die Zukunft bringt" [9].

---

[8] A. a. O., S. 124.

[9] Luxemburg, Internationalismus und Klassenkampf, Neuwied u. Berlin 1971, S. 215.

Der vom Stalinismus gegen den "Luxemburgismus" erhobene Vorwurf, er habe den subjektiven Faktor unterschätzt und sei einem Spontaneitätskult erlegen, ist kaum zu halten. So heißt es bei Luxemburg:

> "Die Aufgabe der Sozialdemokratie und ihrer Führung ist nicht, von den Ereignissen geschleift zu werden, sondern ihnen bewußt vorauszugehen, die Richtlinien der Entwicklung zu überblicken und die Entwicklung zu beschleunigen" [10].

Von dieser Einsicht her hat Luxemburg auch die Politik des sozialdemokratischen Zentrums spätestens seit der Massenstreikdebatte der Jahre 1910/12 scharf kritisiert. Sie warf Kautsky und seinen Anhängern im Parteivorstand vor, mit streng legalistischer Parlamentskritik einer Taktik des Abwartens zu huldigen und so mit tausend Wenn und Aber die Stunde zu verpassen, in der die Arbeiterschaft ihre Forderungen selbständig vorbringen könnte. In diesem Zusammenhang hat sie auch jenes Verhältnis der Partei zu den Massen bestimmt, das ihr für die deutschen Verhältnisse als das einzig erfolgversprechende erschien. Luxemburg entdeckte im Zögern des Parteivorstandes die geheime Furcht davor, die eingefahrenen Organisationsprinzipien aufs Spiel zu setzen. Hatte Bernstein die mangelnde Reife der Arbeitermehrheit ins Feld geführt, so war es im Zentrum der Partei das Vertrauen in die Organisation selbst, die eine Taktik des ständigen Abwartens gebot. Demgegenüber sollte nach Luxemburg im Klassenkampf erst jene Organisation Gestalt gewinnen, die dann die Grundlagen einer sozialistischen Gesellschaft bilden sollte. Daher war für sie die Vorstellung, man müsse erst das gesamte Proletariat organisieren, um es geschlossen in einen Generalstreik führen zu können, eine Illusion, die mit der Realität des "elementaren Klassenkampfes" in keiner wirklichen Beziehung stand. Für sie gab es keine von vornherein fertige und im voraus festzusetzende Kampftaktik, die es dann im Ernstfall einfach anzuwenden galt, sondern Organisation, Aufklärung und Kampf sollten nur Teilmomente eines einheitlichen Ganzen sozialdemokratischer Aktion sein.

In dieser Theorie Luxemburgs, erstmals im Jahre 1903 entwickelt,

---

10 Luxemburg, Das Offiziösentum der Theorie, in: Ausgew. Reden und Schriften, 2 Bde., Berlin 1961, Bd. 2, S. 457.

zeichnet sich der Kern ihrer Kritik sowohl an Kautsky als auch an der Revolutionstheorie Lenins ab. War Kautsky von der Vorstellung bestimmt, es genüge, über die Erfolge bei Reichstagswahlen und auf dem Wege der optimalen Organisation der Partei ein kampfbereites Proletariat Schritt für Schritt in einem evolutionärem Prozeß stetiger Kumulation anzustreben, das dann eines Tages als geschlossene Einheit den Weg zur Macht beschreiten könne [11], so war für den zentristisch orientierten Lenin die entscheidende Frage die der Organisation einheitlich nach oben ausgerichteter Kader, welche zwar mit der Organisation der Arbeiterklasse verbunden sein sollten, aber als Berufsrevolutionäre doch letztlich autonom die Revolution zu betreiben hätten.

2. Spontaneität und Organisation: Luxemburg und Lenin

So wenig Luxemburgs Ansichten ohne den sozialhistorischen und politischen Hintergrund Polens und Deutschlands und der Arbeiterbewegungen, in denen sie tätig war, zu verstehen sind, so kann man Lenins Position nicht abgelöst von den konkreten historischen Bedingungen der Arbeiterbewegung in Rußland begreifen. Reflektierte Luxemburgs Konzeption das Verhältnis von Spontaneität und Organisation im Hinblick auf die unmittelbaren Bedürfnisse von Revolutionären in einer durch Bürokratie kontrollierten Arbeiterbewegung, so entsprach Lenins ursprüngliche Position – von 1902–1904 – dem amorphen Charakter einer revolutionären Bewegung im ersten Stadium ihrer Entwicklung unter einem halbfeudalen und autokratischen Regime. Die Luxemburgsche Betonung der spontanen Energien der breiten Massen muß daher als polemischer Kontrapunkt gegen die unter Kautskys Führung stehende, stark bürokratische und dem strengen Legalismus des Parlamentslebens verpflichtete deutsche Sozialdemokratie verstanden werden, Lenins Mißtrauen gegen die Spontaneität hingegen vor dem Hintergrund einer in sich zerklüfteten, in einander befehdende Gruppen und Grüppchen zerfallene, oft in regionalen Teilaktionen sich erschöpfende russische revolutionäre Intelligenz und Arbeiterbewegung.

11 Vgl. hierzu bes. Kautsky, K., Der Weg zur Macht, Frankfurt am Main 1972.

Das Vertrauen in das unbeirrbare proletarische Klassengefühl ist bei Luxemburg demnach nicht bloß Ergebnis der Beobachtung der russischen Vorgänge, wo – wie im Jahre 1905 – aus spontaner Auflehnung und Streikaktionen, nicht aber auf Veranlassung einer Parteizentrale eine revolutionäre Bewegung entstand. Es ist vor allem auch der Motivation entsprungen, der starren, hierarchisch verfestigten Parteibürokratie das spontane Element der Massenbewegung als Korrektiv entgegenzusetzen. Lenin hingegen sah die Gefahr primär in der unorganisierten, schwachen und zersplitterten Aktion, der es an Koordination und politischer Führung gebrach. Dies führte ihn zur Betonung des zentralistischen Parteiaufbaus.

Der These von Kautsky und Lenin zufolge besteht ein gleichsam mechanischer Gegensatz zwischen Spontaneität und Bewußtheit, wobei letztere als ein von außen kommendes Element betrachtet wird. Bei Luxemburg entspringt die revolutionäre Bewußtheit der Spontaneität, die erst in einem Prozeß ununterbrochener Erziehung zu überwinden ist, so daß zwischen der Masse und dem politisch aktiven Element, zwischen Klasse und Partei, Basis und Führung ein ständiger Kreislauf nicht nur in einer Richtung – als Transmission der Bewußtheit von oben nach unten –, sondern in beiden Richtungen stattfindet, weil Klassenbewußtsein nur aus der Erfahrung der spontanen Kämpfe hervorgeht.

Das Verhältnis Partei–Klasse, wie Lenin es sieht, ist ein Verhältnis des Esoterischen zum Exoterischen: Die Avantgarde-Partei weiß mehr und plant daher politische Aktionen im voraus; sie bedient sich der Massen und führt sie zum Ziel, welches das Zentralkommitee zu definieren hat. Für Luxemburg dagegen sind "Fehltritte, die eine wirkliche revolutionäre Arbeiterbewegung begeht, ... geschichtlich unermeßlich fruchtbarer und wertvoller als die Unfehlbarkeit des allerbesten Zentralkommitees" [12]. Die Organisation des Proletariats ist für Luxemburg genauso das Ergebnis eines historischen Prozesses wie das Entstehen von Klassenbewußtsein. Daraus erklärt sich ihre Kritik einer in sich geschlossenen Parteiorganisation, die stets die Tendenz hat, zum Selbstzweck, d. h. statisch zu werden.

Lenin baut auf die festgefügte Organisation der Revolutionäre; Luxemburg vertraut auf die spontane Initiative der Massen, was freilich in der Praxis zuweilen dazu verführen konnte, daß diese

---

12 Luxemburg, Schriften zur Theorie der Spontaneität, a. a. O., S. 88.

Massen etwa so gesehen wurden wie Eisenstein sie in seinem Film "Panzerkreuzer Potemkin" darstellt.

Die "Überschätzung" des revolutionären Reifegrades der Massen lag für Luxemburg nahe. Sie resultierte aus ihrer Abneigung gegen den Bürokratismus der Gewerkschaftsfunktionäre und gegen die von ihr als Anmaßung empfundene Tendenz, der Masse die Tugend der Disziplin zur Pflicht zu machen.

Im Juni 1904 erschien Luxemburgs Iskra-Analyse "Organisationsfragen der russischen Sozialdemokratie". In ihr weist sie auf die große internationale Bedeutung der russischen Sozialdemokratie hin, mit der Absicht, daraus Lehren für die deutsche Partei zu gewinnen. Ihre Analyse bezieht sich auf Lenins Schrift: "Ein Schritt vorwärts, zwei Schritte zurück".

Für Luxemburg ist Lenin der Vertreter der ultrazentralistischen Richtung innerhalb der russischen Sozialdemokratie, als deren Prinzipien sie die Absonderung eines organisierten Trupps der ausgesprochenen Revolutionäre vom unorganisierten revolutionär-aktiven Milieu, straffe Disziplin sowie die direkte und bestimmende Einmischung der Zentralbehörde (= Kommitee) in alle Lebensäußerungen der Lokalorganisationen der Partei erkennt. Nach Lenins Konzeption erscheint das Zentralkomitee als der aktive Kern der Partei, während die übrigen Organisationen eher zu ausführenden Werkzeugen werden. Lenin hebt zwar, wie Luxemburg bemerkt, seinen Zentralismus der Parteiorganisation dadurch vom verschwörerischen Blanquismus ab, daß er auf die Existenz des organisierten und klassenbewußten Proletariats verweist, allein für Luxemburg bedeuten diese Unterscheidungsmerkmale wenig, denn die unteren Parteiorgane sind nur mehr Instrumente eines im voraus bestimmten Willens des Zentralkomitees. Hieraus resultiert die absolute Unterordnung der nachgeordneten Gremien der Partei. Insofern kann Luxemburg Lenins Parteitheorie "als eine mechanische Übertragung der Organisationsprinzipien der blanquistischen Bewegung von Verschwörerzirkeln auf die sozialdemokratische Bewegung der Arbeitermassen" [13] erscheinen. Da Lenin den revolutionären Sozialdemokraten als den "mit der Organisation der klassenbewußten Arbeiter verbundenen Jakobiner" definiert, konstruiert er einen von der Arbeiterklasse abgegrenzten avantgardistischen Kern, während

---

13 A. a. O., S. 74.

für Luxemburg die Sozialdemokratie die eigene Bewegung der Arbeiterklasse sein soll, aus der sich der sozialdemokratische Zentralismus nur als der "Selbstzentralismus" des Proletariats ergeben kann: "Er kann nichts anderes als die gebieterische Zusammenfassung des Willens der aufgeklärten und kämpfenden Vorhut der Arbeiterschaft ihren einzelnen Gruppen und Individuen gegenüber sein, ... ihre Majoritätsherrschaft innerhalb ihrer eigenen Parteiorganisation" [14]. Desgleichen darf die von Lenin dem Proletariat abverlangte Disziplin nicht, wie Luxemburg schreibt, eine "bloße Übertragung des Taktstocks aus der Hand der Bourgeoisie in die eines sozialdemokratischen Zentralkomitees" [15] sein, sondern nur eine neue Qualität disziplinierten Verhaltens, die sich aus "freiwilliger Selbstdisziplin" ergeben muß:

> "Der von Lenin befürwortete Ultrazentralismus scheint uns ... in seinem ganzen Wesen nicht vom positiven schöpferischen, sondern vom sterilen Nachtwächtergeist getragen zu sein. Sein Gedankengang ist hauptsächlich auf die Kontrolle der Parteitätigkeit und nicht ... auf die Zusammenziehung der Bewegung zugeschnitten" [16].

Luxemburg weist – gegen Lenin – darauf hin, daß die Rolle der sozialdemokratischen Leitung von Anfang an einen eher konservativen Charakter hatte. Vom Petersburger Massenstreik des Jahres 1896 über die Petersburger Studentenunruhen vom März 1901 lag die Initialzündung nicht bei der sozialdemokratischen Leitung, sondern bei den proletarischen Massen. Am Anfang stand stets die spontane Erhebung der Massen, während die Sozialdemokratische Partei sich darauf beschränkte, das neugewonnene Terrain bis in die äußersten Konsequenzen auszuarbeiten. Daher kann es nach Luxemburg keine von den spontanen Massenaktionen losgelöste Kampftaktik der Partei geben. Diese

> "wird in ihren Hauptzügen überhaupt nicht 'erfunden', sondern sie ist das Ergebnis einer fortlaufenden Reihe großer schöpferischer Akte des experimentierenden, oft elementaren Klassenkampfes. Auch hier

---

[14] A. a. O., S. 74 f.
[15] A. a. O., S. 75.
[16] A. a. O., S. 78.

geht das Unbewußte vor dem Bewußten, die Logik des objektiven historischen Prozesses vor der subjektiven Logik seiner Träger" [17].

Ist Lenin der planende Konstrukteur der Revolution, so Luxemburg die Protagonistin der spontanen Aktionen proletarischer Bewegungen. Revolutionen sind für sie Kulminationspunkte der immanenten Konflikte im Prozeß des sich entfaltenden Kapitalismus, nicht aber berechenbare und kalkulierbare Experimente.

Das Mittel der Organisation ist Luxemburg zufolge dem Zweck der Revolution selbst nicht äußerlich, sondern zwischen beiden besteht ein innerer Zusammenhang, den die Theorie nicht deduzieren, sondern den allein die Praxis des spontanen Handelns herstellen kann. So wie der "Organisationsfetischismus" der gewerkschaftlich bestimmten Zweiten Internationale die Festigkeit und Stärke der Organisation "aus einem Mittel zum Zweck allmählich in einen Selbstzweck, in ein höchstes Gut" verwandelt hat, "dem die Interessen des Kampfes vielfach untergeordnete waren" [18], so kann auch die von Lenin geforderte feste Organisationseinheit – als ein Mittel – sich gegen den Zweck: die Herbeiführung der sozialistischen Demokratie, wenden. Vor allem in der Frage des Kampfes gegen opportunistische Strömungen, wie die Bolschewiki sie betrieben, sieht Luxemburg eine Gefahr für das Endziel: "Indem er in ihr (der Sozialdemokratie, K. L.) das Pulsieren eines gesunden Lebens unterbindet, schwächt er ihre Widerstandsfähigkeit im Kampfe nicht nur gegen opportunistische Strömungen, sondern auch ... gegen die bestehende Gesellschaftsordnung. Das Mittel wendet sich gegen den Zweck" [19]. Mittel und Zweck: Organisation und Herbeiführung des Sozialismus sind für Luxemburg nicht voneinander isolierbare Formen des proletarischen Klassenkampfes, sondern einander bedingende und durch einander vermittelte Momente der historischen Gesamtbewegung. Dies ist auch der Grund, weshalb sie befürchtete, daß im Kalkül der Bolschewisten die Initiative der Volksmassen dort, wo sie sich zeigt, ebenso wenig zur Geltung kam wie im Organisationsfetischismus der Zweiten Internationale.

Die Grundfrage, um die der Streit sich zentrieren läßt, ist das

---

17 A. a. O., S. 77.
18 A. a. O., S. 154.
19 A. a. O., S. 87.

Problem, ob sich das Proletariat als Klasse im Prozeß der Revolution selbst konstituieren könne, ob Organisation als Produkt und als Folge des Kampfes anzusehen sei oder ob – wie Lenin es wollte – die Parteiorganisation die notwendige Voraussetzung der proletarischen Revolution darstellte. Während der revolutionäre Syndikalismus dazu neigt, die Organisation des Proletariats aus dem Klassenkampf selbst hervorgehen zu lassen, tendiert der "Ultrazentralismus Lenins" umgekehrt dahin, in der Organisation einer Avantgarde-Partei die conditio sine qua non einer erfolgreichen Durchführung der proletarischen Revolution zu sehen. Luxemburg vertraut auf die spontanen Klasseninstinkte des Proletariats, die im und durch den Kampf selbst die richtige Lösung zu finden in der Lage seien. Lenin glaubt, daß die Arbeiterklasse insgesamt noch viel zu sehr von den Illusionen der bürgerlichen Gesellschaft lebe und daher aus eigener Kraft nicht über eine trade-unionistisches Bewußtsein hinauskommen könne, daß vor allem die kleinbürgerlichen Schichten der kapitalistischen Gesellschaft sich nicht aus freien Stücken der Partei der Revolution anschließen würden.

Die grundlegende Ausgangsposition der bolschewistischen Parteikonzeption Lenins beruht daher auch in der Erkenntnis,

> "daß das Proletariat die Revolution zwar im Bündnis aber nicht in organisatorischer Einheit mit den anderen gegen die Bourgeoisie ankämpfenden Schichten führen muß und daß es dabei notwendigerweise in Gegensatz zu gewissen proletarischen Schichten ... gerät" [20].

Die rückständigen russischen Verhältnisse, der Feudalismus und die Illegalität jeder Arbeiterbewegung, zwangen Lenin, ein Grundaxiom der marxistischen Revolutionstheorie preiszugeben, die These nämlich, daß stets nur dort eine sozialistische Revolution möglich sei, wo die kapitalistische Entwicklung ihren Zenit überschritten habe, wo also die ökonomischen und gesellschaftlichen Verhältnisse selbst einen Reifegrad besitzen, an dem das Proletariat von sich aus die Initiative ergreift und mit seinen Aktionen in jene Richtung weist, in der dann die taktischen Verhaltensweisen der Sozialdemokratie zu zielen haben. War für Lenin das Revolutionsproblem in erster Linie ein Organisations-, ein Partei- und Füh-

---

20 Lukács, G., Geschichte und Klassenbewußtsein, a. a. O., S. 206.

rungsproblem, so für Luxemburg eine Frage der immanenten Tendenzen der kapitalistischen Entwicklung selbst, die aus sich durch ihre immanenten Widersprüche das hervorbringt, was dann in der politischen Form des Massenstreiks erscheint.

Für Luxemburg ist das revolutionäre Subjekt die proletarische Masse als ganze, die vermöge ihres Klassengefühls autonom in die Richtung zum Sozialismus strebt, während für Lenin Subjekt des Kampfes die mit der proletarischen Klasse verbundene Partei ist. Die Rolle der Theorie besteht für Luxemburg darin, mit Hilfe der Dialektik vorgreifend auf die Gesamttendenz des allmählichen Zusammenbruchs des Kapitalismus die Richtung anzugeben, in die das Proletariat als ganzes gehen müsse. Der revolutionäre Prozeß ergibt sich daher aus dem Zwang der ökonomischen Notwendigkeit als eine stufenweise Entfaltung sich verschärfender Widersprüche. Daher sind für sie die Organisationsformen des Proletariats historisch wechselnde Formen, die ihren sozialen Inhalt allein durch die spontanen Bewegungen und Aktionen der Volksmassen erhalten. Oft erweisen sich die Volksmassen im Grunde klüger als die planenden Organisatoren der Revolution, so wie auch für den Marx des Jahres 1844 im Schlesischen Weberaufstand der Instinkt der Arbeiter über ihren politischen Verstand triumphierte.

> "Das Kostbarste, weil bleibende, bei diesem scharfen revolutionären Auf und Ab der Welle ist ihr geistiger Niederschlag: das sprungweise intellektuelle, kulturelle Wachstum des Proletariats, das eine unverbrüchliche Gewähr für sein weiteres unaufhaltsames Fortschreiten im wirtschaftlichen wie im politischen Kampfe bietet"[21].

Das "kulturelle Wachstum des Proletariats" ist in Luxemburgs Theorie der oberste Wert: von ihm her bestimmt sie Sinn und Ziel der proletarischen Revolution. Daher muß sie die Revolution als eine spontane Aktion des *gesamten* Proletariats begreifen, da nur durch die allmählich bewußtwerdende Teilnahme im Prozeß der Klassenkonflikte selbst sich das herstellt, was die Organisationsform des Sozialismus ausmacht. Für die Theorie aber gilt es, den objektiv gemeinten Sinn der proletarischen Aktionen zu rekonstruieren, um diese von ihrer Zielbestimmtheit her zu erklären; so den fortschreitenden Zusammenbruch von Wirtschaft und Politik,

---

21 A. a. O., S. 110.

den Verfall der Gesellschaftsordnung und die dadurch bedingte Freisetzung revolutionärer Energien.

Lenin selbst war sich darüber im klaren, daß sein Organisationsmodell einer Partei der Berufsrevolutionäre bezogen war auf die Bedingungen der Konspiration und der Illegalität, die vom zaristischen Rußland gesetzt waren. Deshalb erklärte er in einem Resolutionsentwurf für den dritten Kongreß des Jahres 1905:

> "Unter freien politischen Verhältnissen kann und wird unsere Partei vollständig auf dem Prinzip der Wählbarkeit aufgebaut sein. Unter der Selbstherrschaft ist das für die Gesamtheit der Tausenden von Arbeitern, die der Partei angehören, undurchführbar" [22].

Zwei Jahre später hat er sich eindeutig gegen Versuche gewandt, sein Organisationsmodell von "Was tun" als eine allgemeine Gebrauchsanweisung mißzuverstehen, d. h. die Theorie der konspirativen Partei als ein abstraktes Prinzip, losgelöst von den besonderen Bedingungen ihrer Entstehung, zu petrifizieren.

Diese von Lenin selbst getroffene historische Relativierung seiner Organisationstheorie führt auf einen Punkt, der als eines der Leitmotive seines gesamten Denkens charakteristisch ist: die Entlarvung der revolutionären Phraseologie. Über allem, was Lenin schrieb, stand der Satz aus dem "Ersten Brief zu Taktik": "Man muß das Schema dem Leben anzupassen verstehen und nicht sinnlos gewordene Worte wiederholen" [23]. Der Kampf gegen die revolutionäre Phrase durchzieht alle Artikel und Reden Lenins: "Gewiß, wenn die Worte 'Revolution' und 'Aufstand' groß geschrieben werden, so klingt das 'furchtbar' schrecklich, ganz wie bei den Jakobinern. Es klingt energisch, und es kostet nicht viel" [24].

> "Was unsere Revolution morgen bringen wird – ob Rückkehr zur Monarchie, Festigung der Bourgeoisie, Übergang der Macht auf die fortschrittlichen Klassen –, das wissen wir nicht, und niemand weiß es. Sich also auf die 'Revolution' schlechthin zu berufen, heißt in gröbster Weise das Volk betrügen, heißt auch sich selbst betrügen" [25].

---

22 Lenin, Werke, Bd. 8, S. 184.

23 Zit. nach, Sprache und Stil Lenins, Hrsg. F. Mierau, München 1970, S. 20.

24 Lenin, Werke, Bd. 24, S. 551.

25 A. a. O., S. 572.

Diese kritische Methode der "Realpolitik [26] unterscheidet Lenin von der Mentalität und Revolutionseuphorie eines Teils der russischen "Intelligentsia".

Seit dem Dekabristenaufstand von 1825 scheiterten alle Versuche, die Lethargie des Volkes, das in der überwiegenden Mehrzahl aus Analphabeten und verarmten Bauern bestand, auch nur ansatzweise zu überwinden. So blieb als verzweifelter Ausweg scheinbar nur der individuelle Terror: "Die gebildeten und selbständigen radikalen Köpfe gingen meistens aus dem regierenden Adel selbst hervor: der Vater saß als Gouverneur oder Polizeichef im Büro, und zur gleichen Zeit stand die Tochter unten an der Straßenecke und warf Bomben" [27]. Das terroristische Duell der revolutionären Intelligentsia mit der Polizei fand bei nahezu völliger Teilnahmslosigkeit der breiten Massen statt. Als "Narodniki" und Volkstümler trug die studentische Intelligenz Bauernkittel, aß sie wie der Muschik Krautsuppe und lernte mit Hakenpflug und Axt arbeiten. Trotzki bemerkt zu Recht: "Das war keine politische Maskerade, das war eine echte Tat. Aber zugrunde lag ihr ein großes Quidproquo: Die Intelligenz schuf das Volk nach ihrem Ebenbild, und dieser biblische Schöpfungsakt bereitete ihr beim Übergang zur Aktion tragische Überraschungen" [28].

Man hielt sich für "einen lebenden Kristall des Volksaufstandes" [29], doch das Volk blieb stumm.

> "Verfassung? Parlamentarismus? Politische Freiheit? Nein, auf diese westlichen Köder läßt er sich nicht ein. Er braucht die ganze Revolution, ohne Abstrich und ohne Zwischenetappen" [30].

Eine der besten Darstellungen der Welt dieser russischen Intelligentsia enthält Trotzkis fragmentarisch gebliebene Biographie über den "Jungen Lenin", die im Exil entstand.

Revolutionäre Gruppen und Bewegungen waren im Rußland des

---

[26] Vgl. hierzu Rabehl, B., Zur Methode der revolutionären Realpolitik des Leninismus, in: Lenin, Revolution und Politik, Frankfurt Main 1970.

[27] Rosenberg, A., Geschichte des Bolschewismus, 2. Aufl., Frankfurt Main 1969, S. 66.

[28] Trotzki, L., Der junge Lenin, Wien–München–Zürich 1969, S. 42.

[29] A. a. O., S. 45.

[30] Ebd.

19. Jahrhunderts insofern "blanquistisch", als ihr organisatorisches Mittel die Verschwörergruppe war, die sich an die Stelle des zu befreienden Volkes setzte. Hierin spiegelt sich die Situation eines agrarischen Landes wieder, wo das Proletariat als revolutionäre Kraft nur in den Anfängen vorhanden war, die Bauern politisch passiv blieben und es ein modernes aufgeklärtes und politisch aktives Bürgertum nicht gab.

In ihrer Schrift über die "Organisationsfragen der russischen Sozialdemokratie" hat Luxemburg den Gegensatz zwischen blanquistischer und sozialistischer Revolution klar bestimmt, um damit eine Grundlage für die Kritik an den Vorstellungen Lenins hinsichtlich der Struktur und der Aufgaben der sozialistischen Partei zu gewinnen. Sie geht dabei von den unterschiedlichen historischen Bedingungen aus, unter denen die Blanquisten und die Bolschewisten ans Werk gingen:

> "Der Blanquismus war weder auf die unmittelbare Klassenaktion der Arbeitermasse berechnet, noch brauchte er deshalb auch eine Massenorganisation. Im Gegenteil, da die breite Volksmasse erst im Moment der Revolution auf dem Kampfplatz erscheinen sollte, die vorläufige Aktion aber in der Vorbereitung eines revolutionären Handstreichs durch eine kleine Minderheit bestand, so war die scharfe Abgrenzung der mit dieser bestimmten Aktion betrauten Personen von der Volksmasse zum Gelingen ihrer Aufgabe direkt erforderlich. Sie war aber auch möglich und ausführbar, weil zwischen der konspiratorischen Tätigkeit einer blanquistischen Organisation und dem alltäglichen Leben der Volksmasse kein innerer Zusammenhang bestand" [31].

Kennzeichnend für den blanquistischen Putsch sind die Trennung zwischen Verschwörern und jener Masse des Volkes, in deren Namen die Verschwörung ins Werk gesetzt werden soll sowie die Tatsache, daß die Akteure nur eine kleine Minderheit darstellen, die zwischen sich und dem Volk einen hermetischen Ring ziehen.

Blanquismus existiert sonach stets dort, wo kein Zusammenhang zwischen dem elementaren Klassenkampf und der revolutionären Organisation und Aktion besteht, sondern dieser Klassenkampf stellvertretend sich auf die Eroberung der Staatsgewalt durch eine Minorität beschränkt. Alles wird bis ins Detail im voraus geplant, doch die Massen selbst sind nicht das bewegende Subjekt, sondern

---

[31] Luxemburg, Schriften zur Theorie der Spontaneität, a. a. O., S. 73.

selbst nur Objekte im Kalkül der revolutionären Aktion. Dies gilt nicht nur für die Masse, sondern ebenso für die Mehrzahl der Mitglieder der Organisation:

> "Deshalb verwandelten sich die tätigen Mitglieder der Organisation naturgemäß in reine Ausführungsorgane eines außerhalb ihres eigenen Tätigkeitsfeldes im voraus bestimmten Willens, in Werkzeuge eines Zentralkomitees. Damit war auch das zweite Moment des verschwörerischen Zentralismus gegeben: die absolute blinde Unterordnung der Einzelorgane der Partei unter ihre Zentralbehörde" [32].

So gesehen, ist es nicht verwunderlich, daß sowohl Luxemburg als auch Trotzki im Ultrazentralismus Lenins ein blanquistisches Moment erblickten. Denn auch hier ging es zunächst darum, die Macht des Staates im Interesse des Volkes zu erobern. Der Staat wird dabei nicht abgeschafft, sondern seine Fortexistenz nach vollzogener Revolution ist gerade Bedingung für die Umgestaltung der Gesellschaft. Dem entspricht es, wenn die erneute Verselbständigung des Staates, die nur mit anderem Inhalt gefüllt wird, schon vor der Revolution in der Verselbständigung einer konspirativen Partei ihr Vorspiel findet. Der Zentralismus der Organisation der Verschwörer ist so das vorweggenommene Spiegelbild des gewissermaßen noch gesteigerten Zentralismus des Staates nach Errichtung der Herrschaft. Genau dies aber war der zentrale Vorwurf, den nicht nur Luxemburg, sondern auch Trotzki von Anfang an gegen die zentralistische Parteikonzeption Lenins erhoben haben. Die Grundfigur der Kritik Luxemburgs besteht darin, die am Blanquismus historisch hergeleiteten Strukturmängel nunmehr auch dem leninistischen Organisationsmodell vorzuhalten: hier wie dort erhebt sich der Kerntrupp der Verschwörerorganisation über den Willen der Volksmassen.

Trotzki hat diesen Verdacht gegen Lenin und seine Kaderorganisationsprinzipien im gleichen Jahr 1904 im Gegensatz von Jakobinertum und Sozialdemokratie, weit schärfer noch als Luxemburg, ausgesprochen. Was für Luxemburg der Blanquismus, ist für Trotzki der Jakobinismus Lenins. Hatte Lenin in seiner Schrift: "Ein Schritt vorwärts, zwei Schritte zurück" die Formel ausgesprochen: "Der Jakobiner, der untrennbar verbunden ist mit der

---

32 A. a. O., S. 73 f.

Organisation des Proletariats, das sich seiner Klasseninteressen bewußt geworden ist, – das ist eben der revolutionäre Sozialdemokrat" [33], so gilt Trotzki diese Jakobinerhaltung als die eigentliche Todsünde wider den Geist sozialdemokratischer Organisation. Die Jakobiner "hieben Köpfe ab, wir erfüllen sie mit Klassenbewußtsein" [34]: auf diese einprägsame Formel bringt Trotzki den Gegensatz zwischen Jakobinismus und sozialistischer Politik, einer Politik, die darauf vertrauen müsse,

> "daß die durch den Marxismus erleuchtete Klassenpraxis die Bewußtheit der weniger bewußten Elemente erhöhen und die Elemente in seinen Lichtkreis hineinziehen wird, die gestern noch völlig unbewußt waren. Darin liegt der tiefe Unterschied zwischen uns und den Jakobinern. Wir stehen den sozialen Urkräften – und das heißt auch der Zukunft – mit revolutionärem Vertrauen gegenüber. Die Jakobiner waren folgerichtig von finsterem Mißtrauen erfüllt. Dieselbe Urkraft, die zu ihrer Differenzierung und Zersetzung führte, erzeugte auch die Tendenzen zur Vereinheitlichung des Proletariats und zu seiner politischen Vereinigung" [35].

Für Trotzki wie für Luxemburg war ebenso wie für Lenin die Notwendigkeit der Herausbildung einer zentral gefügten Partei evident: wie und in welchem Zeitraum aber diese Tendenz zur Zentralisierung sich aus dem Wechselspiel der Klassenkämpfe ergeben könne: dies eben brachte sie in Gegensatz zu Lenin. Als Trotzki erstmals zu Lenin kam, im Oktober 1902, war er ein ebenso "überzeugter Anhänger der Idee einer zentralisierten Partei" [36] wie dieser. Erst als der fast zehn Jahre jüngere Trotzki beobachten mußte, wie Lenin sich daran begab, die Iskra – im Sinne einer diktatorischen Jakobinerhaltung – von allen abweichenden Redakteuren (Axelrod, Wera Sassulitsch und Potrossow) zu säubern, erst als er Lenins Machtpragmatik aus nächster Nähe kennenlernte, wurde er zum erbitterten Gegner des Zentralismus der Partei: "Er bezichtigte Lenin des Versuchs, eine geschlossene Verschwörerorganisation und keine Partei der Arbeiterklasse zu errichten.

---

[33] Zit. nach Trotzki, L., Schriften zur revolutionären Organisation, Reinbek bei Hamburg 1970, S. 113.

[34] A. a. O., S. 117.

[35] Ebd.

[36] Deutscher, I., Trotzki 3 Bde., Stuttgart 1962/63, Bd. 1, S. 87.

Der Sozialismus beruhe auf dem Vertrauen in den Klasseninstinkt der Arbeiter und in ihrer Fähigkeit, ihre historische Sendung zu begreifen. Warum sollte da die Partei ihnen nicht weit ihre Tore öffnen ..." [37].

Man wird kaum leugnen können, daß unter den Bedingungen der Konspiration Lenin gewiß das erfolgreichere Konzept für das Gelingen der bolschewistischen Machtergreifung hatte, allerdings um den Preis des darauffolgenden bürokratischen Stalinismus, der sich auf den "Leninismus" berufen konnte, wenn er den Parteiapparat säuberte. Mit Lenins Konzept konnte man die Revolution gewinnen, doch es diente in der Folgezeit auch dazu, deren Früchte zu liquidieren. Daß Lenin selbst schon ein "Stalinist" gewesen sei, ist freilich eine Legende. Wohl aber wird man einräumen müssen, daß die Prinzipien der Partei neuen Typs, in dem Augenblick, als die Revolution gesiegt hatte, zum abstrakten Fetisch hypostasiert worden sind, was den ursprünglichen Sinn der leninistischen Theorie in Frage stellte.

Trotzkis und Luxemburgs Kritik an Lenin bekam erst dann ihr volles Recht, als Lenin starb und seine Erben sich daranbegaben, die für die Periode der konspirativen Parteitätigkeit brauchbaren, doch in ihrer Konsequenz verheerenden Prinzipien des Parteiaufbaus zum Ehrenkodex bolschewistischer Parteidisziplin hinaufzustilisieren. Erst in diesem Augenblick war die Revolution in einem gründlicheren Sinne "verraten" als Lenin dies einst im Blick auf seine Gegner, die Menschewisten, befürchtet hatte. Die "zentralistischen Substituteure" [38], die Trotzki am Werke sah, kamen freilich erst unter Stalin an die Macht; die "bürokratische Logik" beherrschte zwar schon die leninistischen Prinzipien, zur historischen Realisierung allerdings konnten sie erst dann gelangen, als das eintrat, was Trotzki befürchtet hatte:

> "In der inneren Politik der Partei führen diese Methoden (des stellvertretenden Denkens und der Substitution, K. L.) ... dazu, daß die Parteiorganisation die Partei selbst, das ZK die Parteiorganisation und schließlich ein Diktator das ZK ersetzt; weiterhin führen sie dazu, daß die Komites die 'Richtungen' schaffen und wieder abschaffen, während 'das Volk stumm bleibt'. In der äußeren Politik erscheinen diese

---

[37] Ebd.
[38] Trotzki, Schriften zur revolutionären Organisation, a. a. O., S. 129.

> Methoden in den Versuchen, mit der abstrakten Gewalt der Klasseninteressen des Proletariats, nicht aber mit der realen Gewalt des seiner Klasseninteressen bewußten Proletariats auf andere gesellschaftliche Organisationen Druck auszuüben" [39].

Im Grunde sah Trotzki in Lenin nicht bloß den Jakobiner und Blanquisten, sondern mehr noch den Priester der Revolution am Werk, so wie Kolakowski ihn geschildert hat [40].

---

39 A. a. O., S. 73.

40 Vgl. Kolakowski, L., Der Mensch ohne Alternative, München 1960, S. 250 ff.

VI. PERMANENTE REVOLUTION UND SOZIALISMUS IN EINEM LANDE

1. Revolution und Staat bei Trotzki

Am 1. Januar des Jahres 1905 erschien in der "Iskra" ein Artikel, der mit den Worten schloß:

> "Der weltweite Prozeß der kapitalistischen Entwicklung führt in Rußland zu einer politischen Erhebung. Diese muß ihrerseits wieder ihre Wirkung auf die politische Entwicklung aller kapitalistischen Länder ausüben. Die russische Revolution wird die bürgerliche Welt erschüttern ... Und es ist sehr gut möglich, daß das russische Proletariat die Rolle der Avantgarde der sozialen Revolution spielen wird" [41].

Der Autor dieser Vision war Alexander Helphand, der unter dem Pseudonym Parvus für die "Neue Zeit" Kautskys schon in den 90er Jahren vielbeachtete Artikel gegen den Reformismus geschrieben und darin die Konzeption vertreten hatte, daß die neuen Formen der Revolution des 20. Jahrhunderts von politischen Massenstreiks ihren Ausgang nähmen. Dieses Thema lag in jener Zeit gleichsam in der Luft, obwohl auch die fortgeschrittensten Industrieländer des Westens mit ihren gewerkschaftlichen Organisationen noch keine Erfahrung mit politischen Massenstreiks besaßen. Als ein Musterbeispiel antizipierender politischer Phantasie muß daher bezeichnet werden, was im gleichen Jahr, als Parvus seine Vision zu Papier brachte, der junge Trotzki in der Form eines Aktionsplanes entwickelt:

> "Hole die Arbeiter von ihren Maschinen weg und reiße sie aus den Fabriken heraus; führe sie durch das Fabriktor hinaus auf die Straße; bringe sie in die benachbarten Fabriken; proklamiere dort einen Arbeitsstillstand und bringe neue Massen hinaus auf die Straße; Unterwegs schwillt die von Fabrik zu Fabrik, von Werkstatt zu Werkstatt ziehende Masse an, räumt polizeiliche Hindernisse auf die Seite, spricht auf die Passanten ein, die neugierig herbeieilen und vereint sich mit anderen Gruppen, die aus der entgegengesetzten Richtung kommen. Die Straßen füllen sich, die ersten geeigneten Gebäude werden für

---

[41] Iskra Nr. 82, 1. 1. 1905, zit. nach Deutscher, I., a. a. O., Bd. 1, S. 109.

öffentliche Versammlungen in Beschlag genommen, man verschanzt sich in diesen Gebäuden, benutzt sie für ununterbrochene revolutionäre Versammlungen mit einem dauernd wechselnden Publikum, bringt Ordnung in die Bewegung der Massen, stärkt ihr Selbstvertrauen und erklärt ihnen Zweck und Sinn der Ereignisse. Auf diese Weise wird man schließlich die Stadt in ein revolutionäres Heerlager verwandeln – das ist im großen und ganzen der Aktionsplan" [42].

Wer die Vorgänge sowohl im Oktober 1905 als auch im Februar 1917 im Monat der beginnenden russischen Revolution beschreiben wollte, könnte dies nicht besser tun als mit den Worten Trotzkis aus dem Jahre 1904.

Die beiden Propheten der russischen Revolution, Parvus und Trotzki, sind einander im August des gleichen Jahres begegnet: Trotzki, ausgeschlossen von der Redaktion der "Iskra" und mit aller Welt zerfallen, hatte Genf verlassen und war nach München gegangen, wo Parvus den zwölf Jahre jüngeren Russen aufnahm. Beide bildeten hier, trotz ihres Altersunterschiedes, eine geistige Symbiose, die für die weitere Entwicklung Trotzkis bestimmend bleiben sollte.

Ihre für die damalige Zeit alles andere als überzeugend klingenden Prognosen sollten sich im Fortgang der historischen Entwicklung als stimmig erweisen. Daß es sich dabei nicht um phantasievolle Einfälle handelte, sondern um eine neue Theorie der Revolution, die zwar ausging von der Marxschen, doch diese im Blick auf die völlig unterschiedliche soziale Ausgangslage des zaristischen Reiches in wesentlichen Punkten modifizierte, zeigen die von Trotzki im Jahr 1905 während seiner Petersburger Gefängnishaft niedergeschriebenen "Ergebnisse und Perspektiven", die erst 1967 vollständig in deutscher Sprache erschienen sind.

Galt es bis zur Jahrhundertwende für die überwiegende Mehrzahl der marxistischen Theoretiker als ein Axiom, "daß die hochindustrialisierten Staaten Westeuropas mit ihrem nach Millionen zählenden klassenbewußten Proletariat zuerst zum Sozialismus übergehen würden, während Rußland vorher die bürgerliche Revolution nachholen und sein Proletariat als 'Avantgarde' einer sozialistischen Revolution erst bilden müsse" [43], so wurde dieses Dogma

---

[42] Zit. nach Deutscher, a. a. O., Bd. 1, S. 114 f.
[43] Wilde, H., Trotzki, Reinbek bei Hamburg 1969, S. 49.

von Trotzki in Frage gestellt. Die in den Industriezentren Rußlands konzentrierten Arbeitermassen bestanden fast ausschließlich aus verelendeten Bauern, die als Stadtbewohner zumeist noch ihre patriarchalischen Lebens- und Denkgewohnheiten beibehielten. Ihre Lebensbedingungen lagen weit unter dem Niveau westeuropäischer Länder. Die in der revolutionären Intelligenz vorherrschende Richtung bestand vorwiegend aus der Volkstümlerbewegung, die den stürmisch aufkommenden Kapitalismus durch einen auf bäuerliche Naturalwirtschaft basierenden Agrarsozialismus überwinden wollte. Doch hatte sich schon in den achtziger Jahren gegen diese Volkstümler Plechanow gewandt, der mit seiner Gruppe "Befreiung der Arbeit" die marxistische Theorie propagierte. Gegen die mehr blanquistisch gefärbten Volkstümler, die eine Taktik des Putsches und des individuellen Terrors verfolgten, wandte Plechanow ein, daß die Entwicklung jeder Gesellschaft und jedes Volkes sich allein auf der Grundlage seiner ökonomischen Verhältnisse vollziehen und daß diese Entwicklung nicht willkürlich, etwa durch die Beseitigung einzelner Repräsentanten der staatlichen Herrschaft, beschleunigt werden könne. Zugleich suchte er "nachzuweisen, daß der Glaube, Rußland könne durch Fortentwicklung der Dorfgemeinde unter Vermeidung des kapitalistischen Stadiums direkt zu einer sozialistischen Gesellschaftsordnung gelangen, eine Utopie sei" [44].

Für Plechanow und seine marxistischen Anhänger in der Gruppe "Befreiung der Arbeit" bildeten die russischen Bauern eine dumpfe und konservative Masse, die als selbständiger politischer Faktor nicht in Frage kommen konnte, da sie im Fortgang der Kapitalisierung des Landes teils vom Proletariat, teils vom Kleinbürgertum aufgesogen würde. Deshalb setzte man die Hoffnung auf ein Zusammengehen von liberaler Bourgeoisie und Industrieproletariat, die im Bündnis zunächst eine bürgerliche Revolution herbeiführen sollten. Erst nach dem Sturz der autokratischen Zarenherrschaft dürfe man darangehen, eine sozialistische Revolution ins Auge zu fassen. Denn, so argumentierte Plechanow, die Geschichte vollziehe sich in streng gesetzmäßig aufeinanderfolgenden Etappen, die in keiner Gesellschaft ohne schwerwiegende Folgen übersprungen werden könnten. Ungeachtet des zahlenmäßigen Überwiegens der Bau-

---

[44] Rauch, G. von, Geschichte des bolschewistischen Rußlands, Wiesbaden 1955, S. 23.

ernschaft und des gesamtgesellschaftlich sich noch in der Minderheit befindlichen Proletariats erschien ihm die Industriearbeiterschaft im Bündnis mit der liberalen Bourgeoisie und der fortschrittlichen Intelligenz als das einzig vorhandene revolutionäre Potential Rußlands: durch die Organisierung einer mächtigen Arbeiterpartei mit einem eigenen Klassenbewußtsein sollten die immanenten Widersprüche der unumkehrbaren kapitalistischen Entwicklung in Rußland auf die Spitze getrieben werden. In seiner Schrift "Zur Frage der Entwicklung der momistischen Geschichtsauffassung" vom Jahre 1895 unternimmt es Plechanow, am Beispiel der sozial-ökonomischen Entwicklung Deutschlands die Zukunft der russischen Gesellschaft zu demonstrieren.

Er hob die wachsende Bedeutung des Industrieproletariats hervor, während er in den Bauern nur ein rückständiges und retardierendes Element bei der Entfaltung der Klassenkämpfe sehen konnte. Gerade in diesem Punkt widersprach der junge Lenin bereits zu Beginn der 90er Jahre seinem Lehrer Plechanow. Zwar räumte er ein, daß die russischen Bauern eine sozial uneinheitliche Schicht darstellten, doch setzte er gewisse Hoffnungen gerade auf das ländliche Proletariat, die Dorfarmen, die gegen die Großbauern, die "Kulaken" mobilisiert werden könnten: "Schon damit erhielt die marxistische Lehre eine neue Note: durch die Einbeziehung der Bauern in das revolutionäre Programm konnte man die Hoffnung hegen, daß die Revolution entgegen der allgemeinen Auffassung auch in einem wirtschaftlich rückständigen Lande ausbrechen werde" [45].

War diese Modifikation der tradierten marxistischen Revolutionstheorie für Lenin eher eine neue Nuancierung innerhalb des auch für ihn zunächst gültig bleibenden originären Konzepts, so ging Trotzki im Jahre 1906 einen erheblichen Schritt weiter. Für ihn war, wie für Lenin, die russische Bourgeoisie teils zu schwach, teils zu reaktionär, um ein verläßlicher Bündnispartner für das Proletariat zu sein. Wichen sie hierin von Plechanows Konzeption ab, so trafen sie sich andererseits in der Vorstellung, daß gerade die Schwäche der Bourgeoisie in Rußland dem Proletariat für eine Revolution günstigere Voraussetzungen bieten könne, als dies in westlichen Ländern der Fall war, in denen trotz gewaltiger Arbeiteror-

---

[45] A. a. O., S. 29.

ganisationen aufgrund der höheren Löhne eine saturierte Arbeiteraristokratie existiere, die für den Reformismus dieser sozialdemokratischen Massenparteien verantwortlich sei. Doch während Lenin den Versuch unternimmt, die Bauernschaft in die revolutionäre Strategie einzubeziehen, erscheint bei Trotzki die Masse der Bauern – ähnlich wie bei Plechanow – ohne eigene Initiative. Diese konservierende Funktion der Bauern leitete Trotzki aus ihrer historischen Rolle in Deutschland und Rußland ab:

> "Seit Jahrhunderten geknechtet, verarmt, wütend, in sich alle Fäden der alten wie der neuen Ausbeutung vereinend ..., konnte der Bauernschaft keine Bedeutung als führende Kraft zukommen. Sie gab Ruhe, sobald nur die Bürde der feudalen Verpflichtungen von ihr genommen war, und sie lohnte es der Stadt, die für ihre Rechte gekämpft hatte, mit krasser Undankbarkeit: die befreiten Bauern wurden zu Fanatikern der 'Ordnung'" [46].

Zwar zeige die historische Erfahrung, "daß die Bauernschaft völlig unfähig ist, eine s e l b s t ä n d i g e politische Rolle zu spielen" [47], doch bilde sie zugleich auch eine "reiche Quelle chaotischer revolutionärer Kraft", weil sie trotz ihrer politischen Objektrolle in ihrer ökonomischen Situation, d. h. hinsichtlich ihrer elementaren Lebensinteressen, so mit dem Schicksal des Proletariats verknüpft sei, daß sie im Falle einer revolutionären Situation, in der die Industriearbeiterschaft die führende Rolle zu spielen habe, auf die Seite der Revolution zu treten gezwungen sein würde. Denn die Herrschaft des Proletariats bedeutet für die verarmten und verblendeten Bauern die einzige Hoffnung, auch ihre eigenen Interessen durchzusetzen:

> "Unter solchen Bedingungen wird die russische Bauernschaft in der ersten und schwierigsten Periode der Revolution an der Erhaltung des proletarischen Regimes (der 'Arbeiterdemokratie') auf jeden Fall nicht weniger interessiert sein als die französische Bauernschaft an der Erhaltung des Militärregimes von Napoleon Bonaparte, das den neuen Landeigentümern mit dem Bajonett die Unverletzlichkeit ihres Grundbesitzes garantierte. Und dies bedeutet, daß eine Volksvertretung, die unter der Führung eines Proletariats einberufen worden ist, das sich der

---

[46] Trotzki, L., Ergebnisse und Perspektiven, Frankfurt/M. 1967, S. 58.
[47] A. a. O., S. 74.

Unterstützung der Bauernschaft versichert hat, nichts anderes sein wird als eine demokratische Ausgestaltung der Herrschaft des Proletariats" [48].

Trotzki leitet somit aus der objektiven Interessenkongruenz des Industrieproletariats und der Masse der Bauern die Notwendigkeit ab, sich in der Revolution auf die Bauernschaft zu stützen, eine Klasse, die zwar kein dezidiert sozialistisches Bewußtsein besitzt und daher nicht zu einer eigenen Rolle in der Revolution gelangt, die aufgrund ihrer gesamten Interessenlage aber dennoch nicht mehr an der Fortexistenz des überkommenen autokratischen Regimes interessiert sein könne.

Aus der Analyse der Klassenlage der russischen Gesellschaft zu Beginn des 20. Jahrhunderts zieht Trotzki auch Schlüsse für die Strategie und Taktik der kommenden Revolution. Er will die von seiner Klassenanalyse aufgezeigten "Möglichkeiten der sich entwickelnden Revolution mit Hilfe der Analyse ihres inneren Mechanismus" demonstrieren, um damit zugleich die spezifischen Züge der russischen Revolution darzustellen. Trotzki verweist auf die Besonderheiten der historischen Entwicklung Rußlands, deren wesentliches Merkmal er in der Tatsache erblickt, daß die russische Gesellschaft im Vergleich zu den meisten europäischen Staaten auf einer einfacheren und ärmeren ökonomischen Grundlage entstanden ist. Hieraus ergab sich eine relative Primitivität und Langsamkeit der Entwicklung, was zu einem Grad der Potenzierung der staatlichen Macht führen mußte, wie sie in keinem anderen Land Europas anzutreffen war. Hinzu kam der Druck von außen, von Litauen, Polen und Schweden:

"Als Folge dieses von Westeuropa ausgeübten Drucks verschlang der Staat einen unverhältnismäßig großen Teil des Mehrproduktes, d. h. er lebte auf Kosten der gerade formierten privilegierten Klassen und verzögerte damit deren ohnehin langsame Entwicklung. Der Staat stürzte sich auf das 'notwendige Produkt' des Bauern, beraubte ihn seiner Existenzmittel, vertrieb ihn damit von dem Boden, auf dem er sich gerade angesiedelt hatte ... In dem Maße ..., in dem der Staat einen übermäßig großen Teil des Mehrproduktes verschlang, hinderte er die ohnedies langsame Differenzierung der Stände; und in demselben Maße, in dem er noch einen bedeutenden Teil des notwendigen Produktes weg-

[48] A. a. O., S. 74.

nahm, zerstörte er selbst die primitiven Produktionsgrundlagen, die seine Stütze waren" [49].

Das "notwendige Produkt", von dem Trotzki hier spricht, sind vor allem die Erzeugnisse der Bauern, die von einem solchen ins Gigantische aufgeblähten staatlichen Apparat fortwährend ihrer Existenzmittel beraubt wurden, damit das einströmende Auslandskapital Produktionsstätten errichten konnte, mit deren Hilfe der zaristische Staat die industrielle Entwicklung des Westens aufzuholen begann. Die Errichtung einer straffen, ständisch-hierarchischen Organisation war ebenso Folge der Ausdehnung staatlicher Gewalt auf Kosten der arbeitenden Bevölkerung wie Ursache des in Rußland herrschenden Bündnisses der oberen Klassen mit dem Staat. Beide trachteten danach, "mit allen Kräften die natürliche ökonomische Entwicklung zu beschleunigen. Neue Zweige des Handwerks, Maschinen und Fabriken, Großproduktion und Kapital scheinen sozusagen künstliche Aufpfropfungen auf den natürlichen wirtschaftlichen Stamm zu sein. Der Kapitalismus erscheint als ein Kind des Staates" [50].

Man wird den letzten Satz nicht allzu wörtlich nehmen dürfen: Der Marxist Trotzki weiß, daß der staatliche Apparat ein Ergebnis der Verselbständigung partikularer Klasseninteressen gegenüber den Gesamtinteressen der Gesellschaft und damit deren "Himmel" ist. Dennoch drückt sich in dem Satz: "Der Kapitalismus erscheint als ein Kind des Staates" gerade wegen seiner Übertreibung das Spezifikum der russischen Gesellschaftsentwicklung aus: Im Gegensatz etwa zur Entwicklung in England, ist der russische Kapitalismus nicht ein eigenes Produkt, das sich aus der Entwicklung der im Lande herrschenden Voraussetzungen zur industriellen Produktion, d. h. aus den handwerklichen Betriebsformen gleichsam organisch ergab, sondern eine "Aufpfropfung", ein Importartikel aus dem Westen. So mußte auch der von dieser Industrialisierung geschaffene Staat einen Grad der Verselbständigung gegenüber den gesamtgesellschaftlichen Interessen der Bauern und Arbeiter annehmen, wie dies in keinem anderen europäischen Land der Fall war. Vereinfacht ausgedrückt heißt dies, daß die riesenhafte militärbü-

---

49 A. a. O., S. 38.
50 A. a. O., S. 40.

rokratische Organisation des zaristischen Staatswesens nicht minder ein Fremdwuchs, weil das Ergebnis der Auslandsanleihen und des ausländischen Kapitals war, als das Heer von Beamten, Verwaltern, Offizieren und Aufseher des zaristischen Reiches. Denn der Kapitalismus ist in Rußland nicht aus der Fortentwicklung des Handwerks, sondern als das Ergebnis staatlicher Dekrete auf der Grundlage des ausländischen Kapitals entstanden. Der Druck dieses Staates auf die Gesellschaft wuchs im gleichen Maße wie die kapitalistische Produktionsweise: "Während der Absolutismus den Bauern durch hohe Steuern proletarisierte und pauperisierte, verwandelte er die Millionen der europäischen Börse in Soldaten, Panzerkreuzer, in Einzelhaftsgefängnisse und Eisenbahnen" [51].

Der zaristische Staatsapparat erscheint in Trotzkis Analyse somit als ein Produkt der Überlagerung durch fremde Kapitalinteressen. Deshalb stand das Proletariat und die Bauernschaft auch nicht einer politisch selbständigen Bourgeoisie, sondern den Organen des Staates direkt gegenüber. Es gab keine Pufferschicht liberalkonservativen Bürgertums wie in westlichen kapitalistischen Staaten, sondern der mächtige Staat selbst war zum Feind der proletarischen Klasse geworden und die Bourgeoisie dessen Anhängsel, nicht aber dessen Träger, weil sie für eine solche Rolle aus eigener Kraft zu schwach war. Darum kann Trotzki behaupten, daß die proletarische Revolution in Rußland nicht, wie Plechanow es sah, erst die Bourgeoisie in einer politischen Revolution unterstützen könne, sondern das Proletariat müsse aus eigener Kraft gegen die zentrale Gewalt des Staates antreten. Auf der Tagesordnung stand für Trotzki daher auch nicht eine bürgerliche, sondern bereits eine permanente Revolution, die in einer proletarischen münden sollte:

> "Aber Tag und Stunde, an denen die Macht in die Hände der Arbeiterklasse übergeht, hängen nicht unmittelbar vom Stand der Produktivkräfte ab, sondern von den Verhältnissen des Klassenkampfes, von der internationalen Lage und schließlich von einer Reihe subjektiver Momente: Tradition, Initiative, Kampfbereitschaft ... Es ist möglich, daß das Proletariat in einem ökonomisch rückständigen Lande eher an die Macht kommt als in einem kapitalistisch fortgeschrittenen Land" [52].

---

51 A. a. O., S. 50.
52 A. a. O., S. 64 f.

So wie der Staat in Rußland zum Hebel für die Errichtung des Kapitalismus geworden war, so kann er auch zum Hebel seiner Aufhebung werden, und zwar dann, wenn sich die Konfrontation zwischen Staat und Proletariat offen vollzieht: durch die Bewaffnung des Volkes in einer Miliz, in der Trotzki den wesentlichen Schritt zur Eroberung der staatlichen Macht durch das Volk sah: "So fällt die Aufgabe, die Revolution zu bewaffnen, in ihrer ganzen Last dem Proletariat zu" [53].

Ihrer Form nach war die russische Revolution für Trotzki zunächst eine durchaus politische, und zwar deshalb, weil es ihr darum ging, in den Besitz der Staatsgewalt zu gelangen. Ihrem sozialen Inhalt nach aber war sie eine sozialistische, weil diese Staatsgewalt in den Händen des Proletariats einen völlig andersgearteten Charakter annahm als in der bürgerlich-demokratischen Herrschaft:

> "Der Staat ist kein Selbstzweck. Sondern er ist das größte Mittel der Organisation, Desorganisation und Reorganisation sozialer Beziehungen. Je nachdem, in wessen Händen er sich befindet, kann er der Hebel zu einer tiefgreifenden Revolution oder das Werkzeug organisierter Stagnation sein" [54].

Aus der Notwendigkeit, sich in den Besitz der Staatsgewalt zu setzen, wie Trotzki sie hier begründet, ergibt sich auch der bis zu einem gewissen Grade noch blanquistische Charakter der Ersten Russischen Revolution. Doch bei den Theoretikern der bolschewistischen Revolution geht es – im Gegensatz zum Blanquismus – in erster Linie nur deshalb um die Eroberung der Staatsgewalt, weil von dieser Grundlage her der Staat vom Proletariat dazu benutzt werden soll, eben jenen gesellschaftlichen Entwicklungsprozeß einzuleiten, den die russische Gesellschaft versäumt hatte.

---

53 A. a. O., S. 63.
54 A. a. O., S. 64.

2. Trotzki und Stalin

Stalinistische Geschichtsfälschung hat dazu geführt, daß Trotzki im allgemeinen nur als der von der Geschichte verurteilte Schatten Lenins galt. Da der geschichtliche Erfolg schließlich nicht ihm, sondern Stalin und seiner bürokratischen Herrschaftskaste zufiel, gab man dieser nicht selten auch das historische Recht. Das Erfolgsdenken auf der einen Seite provoziert auf der andern nicht selten eine eifrig bemühte und daher oft blinde Identifikation mit dem Verlierer. Dem scheinbaren Zwang zu dieser Alternative entgehen, würde bedeuten, die Kritik Trotzkis am Stalinismus Ernst zu nehmen, ohne dabei die kaum geringeren Schwächen Trotzkis zu übersehen.

Trotzki spielte als Organisator und Stratege der Russischen Revolution von Anfang an eine dominierende Rolle. Als Revolutionstheoretiker hatte er bereits zwölf Jahre vor ihrer Verwirklichung das spezifische Bewegungsgesetz der Russischen Revolution formuliert. Der Bilderbuchvorstellung von der Oktoberrevolution zufolge war diese die konsequente Realisierung der Leninschen Revolutionstheorie, die, zum Leninismus kanonisiert, gleichsam als Einbahnstraße zur Oktoberrevolution geführt habe.

Ein wirtschaftlich unterentwickeltes Land wie Rußland könne den Übergang zum Sozialismus gerade wegen seiner Zurückgebliebenheit früher bewerkstelligen als der wirtschaftlich fortgeschrittenere Westen: diese Behauptung bildet den Kern von Trotzkis Theorie der permanenten Revolution. Unter den Bedingungen eines rückständigen Landes sind bürgerliche und proletarische Revolution nicht zwei voneinander isolierbare Ereignisse, sondern beide könnten sich zur selben Zeit abspielen.

Während für Lenin 1905 noch die Bündnispolitik zwischen Arbeitern und Bauern im Vordergrund stand, die eine Übergangsform zwischen bürgerlicher und proletarischer Herrschaft ermöglichen sollte, sprach Trotzki von einem kontinuierlichen Übergang der halbvollendeten demokratischen in die sozialistische Revolution:

> "Lautete die traditionelle Meinung, daß der Weg zur Diktatur des Proletariats über eine lange Periode der Demokratie führe, so stellte die Theorie der permanenten Revolution fest, daß für die zurückgebliebenen Länder der Weg zur Demokratie über die Diktatur des Proletariats gehe. Dadurch allein wird die Demokratie kein in sich selbst auf Jahr-

zehnte hin verankertes Regime, sondern eine unmittelbare Einleitung zur sozialistischen Revolution. Beide werden miteinander durch eine ununterbrochene Kette verbunden. Zwischen der demokratischen Umwälzung und der sozialistischen Umgestaltung der Gesellschaft entsteht auf diese Weise eine Permanenz der revolutionären Entwicklung" [1].

Diese Theorie der permanenten Revolution ist ein Ergebnis des geistigen Austauschs zwischen Trotzki und Parvus. Ihre Grundgedanken und Postulate lassen sich wie folgt zusammenfassen:
– In einem ökonomisch "unreifen" Land wie dem autokratisch regierten Rußland kann der Übergang zum Sozialismus früher eintreten als im wirtschaftlich fortgeschritteneren Westen;
– Die sozialistische Revolution wird nicht in einer astronomisch fernen Zukunft, im Gefolge einer bürgerlichen Revolution, sondern im gegenwärtigen Zeitalter ausbrechen;
– Die unorganisierten Massen sind die Quelle für die Initialzündung zur Revolution;
– Da es in Rußland kein städtisches Handwerk – vergleichbar den Verhältnissen in Frankreich und Deutschland – gibt, das als treibende Kraft einer demokratischen Revolution wirken könne, müsse das junge russische Proletariat an seine Stelle treten und eine provisorische Regierung im Stile einer Arbeiterdemokratie bilden (Sowjets der Arbeiterdeputierten);
– Das Zentrum der revolutionären Aktivität kann sich von Deutschland nach Rußland verlagern, von wo die sozialistische Revolution wiederum Rückwirkungen auf den Westen haben müsse. Das russische Proletariat werde damit zum Vorkämpfer der internationalen sozialistischen Bewegung. Nur dieser Internationalismus garantiert den Erfolg einer Revolution in einem rückständigen Land. Die Revolution in Rußland darf kein territorial abgrenzbares Geschehen, keine bloß nationale Revolution bleiben. Denn im Zeitalter des Imperialismus existieren keine isolierbaren Zonen mehr. Die Sache des russischen Proletariats ist zugleich die des Proletariats der westlichen Länder, in denen sich, wenngleich in anderen politischen Formen und Zeitspannen, doch auch Klassenkämpfe abspielen wie in Rußland. Eine nationale Revolution ist nur der Auftakt zur Weltrevolution.

---

1 Trotzki, L., Die permanente Revolution, 2. Aufl., Frankfurt Main 1968, S. 27 f.

Mit seinem "Gesetz der kombinierten Entwicklung" wollte Trotzki die Gewalt der sozialen Spannungen erklären, die innerhalb der russischen Gesellschaft zu Beginn dieses Jahrhunderts auftraten. Gerade weil dieses Land weder eine Reformation noch eine bürgerliche Revolution kannte und weil es gezwungen war, sich unter dem wirtschaftlichen und militärischen Druck von seiten des Westens zu entwickeln, konnten hier nicht sämtliche klassische Zyklen des westeuropäischen industriellen und politischen Fortschritts durchlaufen werden. Die Kriege hatten die soziale Struktur Rußlands zwar geschwächt und bloßgelegt, nicht aber einen fundamentalen Wandel einleiten können. So blieben die Beziehungen zwischen den sozialen Klassen lange Zeit hindurch relativ statisch. Infolge dieser Rückständigkeit konnte und mußte Rußland politisch sofort bis zu dem Punkt fortschreiten und darüber hinausgehen, den Westeuropa bereits erreicht hatte. Die kleine, aber kompakte Arbeiterklasse, gestützt auf die verarmten Bauernmassen, war für Trotzki die einzige führende Kraft in der sozialen und politischen Revolution:

> "Zur Macht gelangt, würde das Proletariat gezwungen sein, immer tiefer einzugreifen in die Beziehungen des Privateigentums überhaupt, d. h. den Weg sozialistischer Maßnahmen zu beschreiten" [2].

Zur Erklärung des heftigen Auf und Ab der revolutionären Energien des Jahres 1905 führt Trotzki als variables Moment die Mentalität der Massen ein. In der Weltwirtschaft, vor allem der europäischen, aber auch in den politischen Verhältnissen Rußlands war eine revolutionäre Situation herangereift; die Massen selbst waren erst 1917 reif zu einer revolutionären Erhebung. Trotzki kam bei seiner Analyse der russischen Revolution zu der Einsicht, daß auf den Verfall der alten Ordnung nicht automatisch eine Umwälzung der Gesellschaft erfolgen müsse. Vielmehr könnten Generationen unter einer brüchigen Ordnung leben, ohne sich dessen bewußt zu werden. Erst wenn sie sich, sei es unter dem Eindruck eines verlorenen Krieges, sei es als Folge wirtschaftlicher Katastrophen, der Fragwürdigkeit des status quo bewußt werden, folge ein allgemeiner Ausbruch der Verzweiflung, der Hoffnung und neuer Aktivität. Doch bedarf diese Kraft der Konzentration und Richtung,

---

2 A. a. O., S. 24.

soll sie nicht ziellos verpuffen. Auch Trotzki betont die Notwendigkeit einer Partei, doch soll diese, ähnlich wie bei Luxemburg, das Organ der Massen, ihr konzentriertester Punkt sein, nicht aber ein exklusiver Funktionärsapparat: "Ohne eine leitende Organisation würde die Energie der Massen verfliegen wie Dampf, der nicht in einem Kolbenzylinder eingeschlossen ist. Die Bewegung erzeugt indes weder der Zylinder noch der Kolben, sondern der Dampf" [3]. Anhand dieses Vergleichs verdeutlicht Trotzki den Unterschied zwischen den beiden Revolutionen von 1917: Die Februarrevolution war im wesentlichen das Werk der Massen selbst, deren Energie (= Dampf) zwar stark genug war, um den Zaren zur Abdankung zu zwingen. Doch da es noch der Richtung (= Kolbenzylinder) ermangelte, zerstreute sich die Energie der Massen und der bolschewistischen Partei, die diese Energie nicht in einem Brennpunkt zu sammeln und ihr damit eine bestimmte Richtung zu geben vermochte.

Lenin wurde, was seine Auffassung von der Russischen Revolution betraf, erst 1917 "Trotzkist": In seinen Aprilthesen forderte er die Übernahme der Staatsmacht durch die Arbeiterräte, die die gesamte nationale Produktion unter die Kontrolle bringen sollten. Diese Übernahme des Trotzkischen Programms wurde gegen den Widerstand der alten Leninisten, etwa Kamenjews und Stalins, durchgesetzt, die noch an der Losung von der demokratischen Diktatur der Arbeiter und Bauern aus dem Jahre 1905 festhielten.

Die Fabrikarbeiter selbst gingen gegen Ende des Jahres 1917 über die bolschewistische Losung der "Arbeiterkontrolle" hinaus. Sie enteigneten Industrieunternehmen, deren Leitung gewählten Fabrikkomitees übertragen wurde. Die Sowjetregierung legalisierte im Juni 1918 die Maßnahmen durch das Verstaatlichungsdekret, das den "Kriegskommunismus" einleitete. Damit hatte sich die Prognose Trotzkis, daß die "Arbeiterdemokratie" sozialistische Konsequenzen haben würde, voll bestätigt. Seine Theorie der permanenten Revolution war für das Jahr 1917 demnach in doppelter Hinsicht bedeutsam geworden: Sie hatte eine Vorhersage des Verlaufs der revolutionären Ereignisse geliefert und war zugleich eine Rechtfertigung der Arbeiterrevolution in einem Land, das für den Sozialismus – zumindest nach traditionellem Revolutionsverständnis – noch nicht reif war. Schon während des Krieges hatte auch

---

[3] Zit. nach Deutscher, I., Trotzki, 3 Bde., Stuttgart 1962/63, Bd. 3, S. 225 f.

Lenin geäußert, daß es nicht so sehr auf die Reife Rußlands, als vielmehr auf die Tatsache ankäme, daß Rußland einen integrierenden Teil des für reif gehaltenen Europas bilde. Dies führte ihn zu jener Vorstellung, die als These vom "schwächsten Glied des Weltimperialismus" bekannt ist.

Um die Bedeutung Trotzkis richtig einzuschätzen, sollte man sich vor Augen führen, daß die Mehrzahl seiner marxistischen Zeitgenossen in der russischen Erhebung eine bürgerlich-demokratische Revolution erblickte, die den Zarismus stürzen und seine halbfeudale Erbschaft beseitigen sollte. Erst auf dieser Grundlage konnte nach dieser Auffassung eine volle Entwicklung der kapitalistischen Gesellschaft einsetzen. Dem widersprach Trotzki, wenn er von einer Ungleichmäßigkeit als des allgemeinen Gesetzes des historischen Prozesses ausging. Diese Ungleichmäßigkeit, diese "kombinierte Entwicklung", bezeichnet das Gesetz der Machteroberung des Proletariats in einem rückständigen Land, aber "das Gesetz von der ungleichmäßigen Entwicklung ... ersetzt nicht die Gesetze der Weltwirtschaft, noch schafft es sie ab, sondern, im Gegenteil, es unterwirft sich ihnen" [4]. Denn

> "die Industrialisierung ist der treibende Faktor der gesamten neueren Kultur und damit die einzig denkbare Grundlage des Sozialismus. Bei den Verhältnissen in der Sowjetunion bedeutet die Industrialisierung vor allem die Festigung der Basis des Proletariats als der herrschenden Klasse. Gleichzeitig schafft sie die materiellen und technischen Voraussetzungen für die Kollektivisierung der Landwirtschaft" [5].

Der zentrale Gedanke der Idee der permanenten Revolution besagt, daß eine voll entwickelte sozialistische, d. h. klassenlose Gesellschaft ohne Warenverkehr, Geld und Staat innerhalb eines einzigen Landes – eines Landes, das zudem rückständiger war als die meisten kapitalistischen Staaten – niemals von Dauer sein könne, denn

> "der Übergang der Macht aus den Händen des Zarismus und der Bourgeoisie in die Hände des Proletariats schafft weder die Prozesse noch die Gesetze der Weltwirtschaft ab ... Die internationale Arbeits-

---

4 Trotzki, Die permanente Revolution, a. a. O., S. 10.

5 A. a. O., S. 5.

> teilung und der übernationale Charakter der gegenwärtigen Produktivkräfte behalten nicht nur ihre Bedeutung, sondern sie werden diese Bedeutung für die Sowjetunion mit deren ökonomischen Aufstieg verdoppeln und verzehnfachen" [6].

In einem ökonomisch zurückgebliebenen Land sei es nicht möglich, eine höhere Arbeitsproduktivität als die in kapitalistischen Ländern mit ihrer internationalen Arbeitsteilung zu erreichen. Für Trotzki blieb die Vorstellung einer sozialistischen Gesellschaft im nationalen Rahmen undurchführbar. Sie galt ihm als kleinbürgerliche Utopie. Internationalismus und Diktatur des Proletariats sind für ihn untrennbar verbunden.

Gerade diese "reaktionäre Utopie" [7] sollte im Herbst 1924, als Stalin die erste Auflage seiner "Grundlagen des Leninismus" – in der er noch, wie Trotzki, von der Unmöglichkeit der Vollendung des Sozialismus in einem Lande ausgegangen war – innerhalb weniger Monate aus dem Verkehr zog, zum Glaubensartikel erhoben werden. Hatte er im April 1924 genau wie Trotzki geschrieben:

> "Zum Sturz der Bourgeoisie genügt die Anstrengung eines einzelnen Landes. Das zeigt die Geschichte unserer Revolution. Zum endgültigen Sieg des Sozialismus, zur Organisierung der sozialistischen Produktion genügen die Anstrengungen eines einzelnen Landes, zumal eines Bauernlandes wie Rußland, nicht. Dazu sind die Anstrengungen der Proletarier einiger fortgeschrittener Länder notwendig" [8],

so propagierte er nun die These vom Sozialismus in einem Lande. Die Wendung zu dieser These ist nicht nur eine Reaktion auf das Ausbleiben einer deutschen Revolution, sondern ebenso sehr Ausdruck der Eigenmacht einer Bürokratie, die keine Risiken mehr eingehen wollte. Hatte das Ausbleiben der erhofften Weltrevolution schon Lenin veranlaßt, das Tempo des Sozialisierungsprozesses zu verlangsamen, so befürchtete Stalin, daß die Massen mit einer nicht erfüllbaren These wie der der permanenten Revolution verunsichert werden könnten, je mehr die Weltrevolution in die Ferne rückte. Sollte, so fragte man sich, das Schicksal der russischen Revolution

---

6 A. a. O., S. 13 f.

7 A. a. O., S. 7.

8 Zit. nach Rosenberg, Geschichte des Bolschewismus, a. a. O., S. 224.

allein von der Lage des Kommunismus im Ausland abhängen? Sollte man sich nicht vorerst damit begnügen, eine sozialistische Gesellschaft im eigenen Lande aufzubauen? Angesichts des Internationalismus und Imperialismus der kapitalistischen Gesellschaften konnte für Trotzki die Theorie vom Sozialismus in einem Lande nur die Funktion einer "Vertröstungsideologie", eines "Opiums für das Volk" [9] besitzen. Isolierung der Revolution auf ein Land war der Funktion nach "reaktionär". Sozialer und ökonomischer Fortschritt konnten sich dann nur als "Zauderpolitik" und "Abenteurertum" [10] vollziehen, als irrationaler Wechsel von Reformen und Voluntarismus, diktiert von einem bürokratischen Herrschaftsapparat. Dieser Schaukelpolitik tritt 1930 der Emigrant Trotzki entgegen:

> "Die Aufgabe kann nicht darin bestehen, das abstrakt maximale Tempo zu erreichen, sondern das optimale, d. h. das beste Tempo, das sich sowohl aus den inneren wie aus den internationalen Wirtschaftsbedingungen ergibt, das die Position des Proletariats sichert, die nationalen Elemente für die künftige internationale sozialistische Gesellschaft vorbereitet . . ." [11].

Kennzeichen einer permanenten Revolution, wie Trotzki sie gefordert hat, ist demnach, daß die Gesellschaft solange nicht zur Ruhe kommt, bis deren sozialistische Umgestaltung vollendet ist. Die Fortentwicklung dieses Gedankens findet sich in der Revolutionstheorie Mao Tse-tungs.

---

9 Trotzki, L., Die internationale Revolution und die kommunistische Internationale, Berlin 1929, S. 67.

10 Trotzki, Die permanente Revolution, a. a. O., S. 17.

11 A. a. O., S. 18.

VERZEICHNIS DER IN DEN ANMERKUNGEN ZITIERTEN LITERATUR

Abendroth, W., Sozialgeschichte der europäischen Arbeiterbewegung, 6. Aufl., Frankfurt Main 1969

Anarchismus, in: Philosophisches Wörterbuch, Hrsg. G. Klaus, M. Buhr, Leipzig 1965

Angermann, E., Zwei Typen des Ausgleichs gesellschaftlicher Interessen durch die Staatsgewalt, in: Staat und Gesellschaft im deutschen Vormärz 1815–1848, Hrsg. W. Conze, Stuttgart 1962

Babeuf, G., Ausgewählte Schriften, Eingel., und erl. G. und C. Willard, Berlin 1956

Bakunin, M., Philosophie der Tat, Eingel. und hrsg. R. Beer, Köln 1968

ders., Gott und der Staat und andere Schriften, Hrsg. S. Hillmann, Reinbek bei Hamburg 1969

ders., Staatlichkeit und Anarchie, Vorwort H. Viesel, Berlin 1972

Bernstein, E., Wie Fichte und Lassalle national waren, in: Archiv für die Geschichte des Sozialismus und der Arbeiterbewegung, Leipzig 1915, Jg. 5 (Grünberg Archiv)

ders., Ferdinand Lassalle und seine Bedeutung für die Arbeiterklasse, Eine Denkschrift zu seinem vierzigsten Todestage, 2. Aufl., Berlin 1919

ders., Der Sozialismus einst und jetzt, Streitfragen des Sozialismus in Vergangenheit und Gegenwart, Stuttgart–Berlin 1922

ders., Die Voraussetzungen des Sozialismus und die Aufgaben der Sozialdemokratie, Hrsg. G. Hillmann, Reinbek bei Hamburg 1969.

Blanqui, A., Instruktionen für den Aufstand, Aufsätze, Reden, Aufrufe, Hrsg. und eingel. F. Deppe, Frankfurt Main 1968

Bloch, E., Das Prinzip Hoffnung, 3 Bde., Berlin 1954/55

Böhme, H., Prolegomena zu einer Sozial- und Wirtschaftsgeschichte Deutschlands im 19. und 20. Jahrhundert, 2. Aufl., Frankfurt Main 1968

Carr, E. H., Lassalle meets Bismarck, in: ders., Studies in Revolution, London 1962

Colletti, L., Bernstein und der Marxismus der Zweiten Internationale, Frankfurt Main 1971

Cunow, H., Die Parteien der großen französischen Revolution und ihre Presse, Berlin 1912

Deppe, F., Verschwörung, Aufstand und Revolution, Blanqui und das Problem der sozialen Revolution, Frankfurt Main 1970

Deutscher, I., Trotzki, 3 Bde., Stuttgart 1962/63

Diehl, K., Mombert, P. (Hrsg.), Ausgewählte Lesestücke zum Studium der politischen Ökonomie, Bd. 11/12: Sozialismus, Kommunismus, Anarchismus, Jena 1920

Engels, F., Herrn Eugen Dührings Umwälzung der Wissenschaft, Berlin 1948

ders., Der Ursprung der Familie, des Privateigentums und des Staats, Berlin 1951

ders., Revolution und Konterrevolution in Deutschland, Berlin 1963

Feuerbach, L., Briefwechsel, Hrsg. W. Schuffenhauer, Leipzig o. J.

Frei, B., Die anarchistische Utopie, Freiheit und Ordnung, Frankfurt Main 1971

Gay, P., Das Dilemma des demokratischen Sozialismus, Eduard Bernsteins Auseinandersetzung mit Marx, Nürnberg 1954

Griewank, K., Der neuzeitliche Revolutionsbegriff, Entstehung und Entwicklung, Weimar 1955

Groethuysen, B., Philosophie der Französischen Revolution, Neuwied und Berlin 1971

Gustafsson, B., Marxismus und Revisionismus, Eduard Bernsteins Kritik des Marxismus und ihre ideengeschichtlichen Voraussetzungen, Frankfurt Main 1972

Haupt, G., Programm und Wirklichkeit, Die internationale Sozialdemokratie vor 1914, Neuwied und Berlin 1970

Hegel, G. W. F., Vorlesungen über die Philosophie der Geschichte, Leipzig o. J.

Heine, H., Zur Geschichte der Religion und Philosophie in Deutschland, Hrsg. und eingel. W. Harich, Frankfurt Main 1966

Hobsbawm, E. J., Sozialrebellen, Archaische Sozialbewegungen im 19. und 20. Jahrhundert, Neuwied und Berlin 1962

Johnson, Ch., Revolutionstheorie, Köln–Berlin 1971

Joll, J., Die Anarchisten, Frankfurt–Berlin–Wien 1971

Kant, I., Der Streit der Fakultäten in drei Abschnitten, Text der Ausgabe 1789, Hrsg. K. Kehrbach, Leipzig o. J.

Kautsky, K., Das Erfurter Programm, Stuttgart 1892

ders., Akademiker und Proletarier, in: Die Neue Zeit, Jg. 20 (1901)

ders., Der Weg zur Macht, Frankfurt Main 1972

Kesting, H., Geschichtsphilosophie und Weltbürgerkrieg, Deutungen der Geschichte von der Französischen Revolution bis zum Ost-West-Konflikt, Heidelberg 1959

Kolakowski, L., Der Mensch ohne Alternative; Von der Möglichkeit und Unmöglichkeit, Marxist zu sein, München 1960

Kramer, D., Reform und Revolution bei Marx und Engels, Köln 1971

Kuczynski, J., Darstellung der Lage der Arbeiter in Deutschland von 1789 bis 1848, Berlin 1961

Lassalle, F., Ausgewählte Texte, Hrsg. Th. Ramm, Stuttgart 1962

ders., Reden und Schriften, Aus der Arbeiteragitation 1862–1864, Mit einer Lassalle Chronik, Hrsg. F. Jenaczek, München 1970

ders., Arbeiterlesebuch und andere Studientexte, Hrsg. W. Schäfer, Reinbek bei Hamburg 1972

Lenin, W. I., Werke Bd. 8, Jan.–Juli 1905, Berlin 1959 und Werke Bd. 24, April–Juni 1917, Berlin 1959
ders., Studienausgabe, 2 Bde., Hrsg. I. Fetscher, Frankfurt Main und Hamburg 1970
Lenk, K. (Hrsg.), Ideologie, Ideologiekritik und Wissenssoziologie, 5. Aufl., Neuwied und Berlin 1971
ders., Marx in der Wissenssoziologie, Studien zur Rezeption der Marxschen Ideologiekritik, Neuwied und Berlin 1972
Leser, N., Die Odyssee des Marxismus, Auf dem Weg zum Sozialismus, Wien–München–Zürich 1971
Lichtheim, G., Ursprünge des Sozialismus, Gütersloh 1968
Lukács, G., Geschichte und Klassenbewußtsein, Studien über Marxistische Dialektik, Berlin 1923
Luxemburg, R., Ausgewählte Reden und Schriften, 2 Bde., Berlin 1961
dies., Politische Schriften, Hrsg. und eingel. O. K. Flechtheim, Frankfurt Main 1966
dies., Schriften zur Theorie der Spontaneität, Hrsg. S. Hillmann, Reinbek bei Hamburg 1970
dies., Internationalismus und Klassenkampf, Die polnischen Schriften, Hrsg. und eingel. J. Hentze, Neuwied und Berlin 1971
MacIver, R. M., Macht und Autorität, Frankfurt Main 1953
Marcuse, H., Vernunft und Revolution, Hegel und die Entstehung der Gesellschaftstheorie, Neuwied und Berlin 1962
Massenstreikdebatte, Die, Beiträge von Parvus, Rosa Luxemburg, Karl Kautsky und Anton Pannekoek, Frankfurt Main 1970
Marx, K., Das Elend der Philosophie, Antwort auf Proudhons 'Philosophie des Elends', Berlin 1952
ders., Politische Schriften, Bd. I/II, Hrsg. H.-J. Lieber, Stuttgart 1960
ders., Kritik des Gothaer Programms, Berlin 1965
ders., Texte zu Methode und Praxis, 3 Bde., Hrsg. G. Hillmann, Reinbek bei Hamburg 1966/67
ders., Zur Judenfrage, in: Deutsch-französische Jahrbücher, Neudruck: Darmstadt 1967
ders., Brief an F. Domela – Nieuwenhuis, 27. 2. 1881, in: Nikolajewski, B., Karl Marx über proletarische Revolution, in: Die Gesellschaft VIII (1931)
Marx/Engels, Ausgewählte Briefe, Berlin 1953
dies., Die deutsche Ideologie, Berlin 1953
dies., Ausgewählte Schriften in zwei Bänden, Berlin 1955
dies., Werke, Bd. 1 (1964), Bd. 7 (1960), Bd. 14 (1964), Bd. 17 (1962), Bd. 18 (1964) Berlin
dies., Studienausgabe, 4 Bde., Hrsg. I. Fetscher, Frankfurt Main 1966
dies., Deutsche Geschichte im 19. Jahrhundert, Hrsg. I. Fetscher, Frankfurt Main und Hamburg 1966
Mayer, G., Friedrich Engels, Eine Biographie, 2 Bde., 2. Aufl., Köln 1971

Mayer, H., Karl Marx und das Elend des Geistes, Studien zur neuen deutschen Ideologie, Meisenheim am Glan 1948
Mehring, F., Geschichte der Deutschen Sozialdemokratie, 2 Bde., Stuttgart 1897
Muckle, F., Die großen Sozialisten, 2 Bde., 3. Aufl., Leipzig und Berlin 1920
Rabehl, B., Zur Methode der revolutionären Realpolitik des Leninismus, in: Lenin, Revolution und Politik, Frankfurt Main 1970
Ramm, Th., Die großen Sozialisten als Rechts- und Sozialphilosophen, Bd. 1, Stuttgart 1955
ders., Ferdinand Lassalle als Rechts- und Sozialphilosoph, Meisenheim am Glan 1956
ders., Wilhelm Weitling, in: Handwörterbuch der Sozialwissenschaften, Stuttgart–Tübingen–Göttingen 1961, Bd. 11
Rauch, G. von, Geschichte des bolschewistischen Rußland, Wiesbaden 1955
Revisionismus, Der, Hrsg. L. Labedz, Köln–Berlin 1965
Rosenberg, A., Die Entstehung der deutschen Republik 1871–1918, Berlin 1930
ders., Demokratie und Sozialismus, Zur politischen Geschichte der letzten 150 Jahre, Frankfurt Main 1962
ders., Geschichte des Bolschewismus, 2. Aufl., Frankfurt Main 1969
Rosenstock, E., Revolution als politischer Begriff, in: Festgabe für Paul Heilborn zum 70. Geburtstag, Breslau 1931
Rühle, O., Baupläne für eine neue Gesellschaft, Hrsg. H. Jacoby, Reinbek bei Hamburg 1971
Salomon-Delatour, G., Einführung zu: ders., Die Lehre Saint-Simons, Neuwied 1962
Schaff, A., Historiker über die Ursachen der Großen Französischen Revolution, in: ders., Geschichte und Wahrheit, Wien 1970
Seidel-Höppner, W., Wilhelm Weitling – der erste deutsche Theoretiker und Agitator des Kommunismus, Berlin 1961
Sieyès, E., Abhandlungen über die Privilegien, Was ist der dritte Stand? Hrsg. H. Foerster, Frankfurt Main 1968
Sprache und Stil Lenins, Aufsätze, Hrsg. F. Mierau, München 1970
Stalin, J. W., Fragen des Leninismus, Berlin 1952
Stein, L. von, Geschichte der sozialen Bewegung in Frankreich von 1789 bis auf unsere Tage, 3 Bde., Hildesheim 1959
ders., Staat und Gesellschaft, Hrsg. H. Aschenbrenner, Zürich 1934
Stucke, H., Philosophie der Tat, Studien zur 'Verwirklichung der Philosophie' bei den Junghegelianern und den Wahren Sozialisten, Stuttgart 1963
Szende, St., Europäische Revolution, Zürich–New York 1945
Talmon, J. L., Die Ursprünge der totalitären Demokratie, Köln und Opladen 1961

Tocqueville, A. de, Erinnerungen, Eingel. C. J. Burckhardt, Stuttgart 1954
Trotzki, L., Die internationale Revolution und die kommunistische Internationale, Berlin 1929
ders., Ergebnisse und Perspektiven, Die treibenden Kräfte der Revolution, Eingel. R. Lorenz, Frankfurt Main 1967
ders., Die permanente Revolution, Eingel. H. Dahmer, Frankfurt Main 1968
ders., Der junge Lenin, Wien–München–Zürich 1969
ders., Schriften zur revolutionären Organisation, Übers. und hrsg. H. Mehringer, Reinbek bei Hamburg 1970
Weitling, W., Garantien der Harmonie und Freiheit, Eingel. und hrsg. B. Kaufhold, Berlin 1955
ders., Das Evangelium des armen Sünders, Die Menschheit wie sie ist und wie sie sein sollte, Mit einem Essay 'Wilhelm Weitling im Spiegel der wissenschaftlichen Auseinandersetzung', Hrsg. W. Schäfer, Reinbek bei Hamburg 1971
Wilde, H., Trotzki, Reinbek bei Hamburg 1969

WEITERFÜHRENDE SEKUNDÄRLITERATUR

Einleitung

Arendt, H., Über die Revolution, München 1963
Barnave, A., Theorie der Französischen Revolution, Hrsg. E. Schmitt, München 1972
Basso, L., Zur Theorie des politischen Konflikts, Frankfurt Main 1969
Beals, C., The nature of revolution, New York 1970
Brinkmann, C., Soziologische Theorie der Revolution, Göttingen 1948
Brinton, C., Die Revolution und ihre Gesetze, Frankfurt Main 1959
Bühl, W. L., Evolution und Revolution, Kritik der symmetrischen Soziologie, München 1970
Calvert, P., Revolution, London 1970
Camus, A., Der Mensch in der Revolte, Essay, Reinbek b. Hamburg 1969
Cobban, A., The Social Interpretation of the French Revolution, Cambridge 1968
Davies. J. C., Eine Theorie der Revolution, in: Zapf, W. (Hrsg.), Theorien des sozialen Wandels, Köln–Berlin 1970
ders., When men revolt – and why, A reader in political violence and revolution, New York 1971
Decouflé, A., Revolution – Revolutionen, München 1971
Deming, B., Revolution and equilibrium, New York 1971
Dunn, J., Modern revolutions, An Introduction to the analysis of a political phenomenon, Cambridge 1972
Durant, W. u. A., Rousseau und die Revolution, Eine Kulturgeschichte

Frankreichs, Deutschlands und Englands von 1756 bis 1789 und des übrigen Europa von 1715 bis 1789, Bern–München 1969
Eppensteiner, F., Rousseaus Einfluß auf die vorrevolutionären Flugschriften und den Ausbruch der Revolution, Tübingen 1914
Flechtheim, O. K., Die Revolution: Formen und Wandlungen, in: Eine Welt oder keine? Beiträge zur Politik, Politologie und Philosophie, Frankfurt Main 1964
Garaudy, R., Die französischen Quellen des wissenschaftlichen Sozialismus, Berlin (Ost) 1954
Geiger, Th., Revolution, in: Handwörterbuch der Soziologie, Stuttgart 1931
Griewank, K., Die Französische Revolution 1789–1799, 2. Aufl., Graz –Köln 1958
Gurwitsch, A., Das Revolutionsproblem in der deutschen staatswissenschaftlichen Literatur, insbesondere des 19. Jahrhunderts, Berlin 1935
Habermas, J., Theorie und Praxis, Sozialphilosophische Studien, Neuwied und Berlin 1963
Hamerow, Th. S., Restoration-Revolution-Reaction, Economics and Politics in Germany 1815–1871, Princeton-New Jersey 1970
Heer, F., Europa – Mutter der Revolutionen, Stuttgart–Köln–Main 1972
Helms, H. G., Fetisch Revolution, Marxismus und Bundesrepublik, Neuwied und Berlin 1969
Herrnstadt, R., Die Entdeckung der Klassen, Die Geschichte des Begriffs Klasse von den Anfängen bis zum Vorabend der Pariser Julirevolution 1830, Berlin 1965
Hildreth, R., Theory of politics, an inquiry into foundations of governments and the causes and progress of political revolutions, New York 1971
Hobsbawm, E., Europäische Revolutionen, Zürich 1962
Hofmann, W., Ideengeschichte der sozialen Bewegung des 19. und 20. Jahrhunderts, 3. Aufl., Berlin 1970
Jessop, B., Social order, reform and revolution, New perspectives in sociology, London 1972
Kelly, G. A./Brown, C. W., Struggles in the States: Sources and patterns of world revolution, London 1970
Kirchheimer, O., Restriktive Bedingungen und revolutionäre Durchbrüche, in: Politische Herrschaft, Fünf Beiträge zur Lehre vom Staat, Frankfurt Main 1967
Koselleck, R., Kritik und Krise, Ein Beitrag zur Pathogenese der bürgerlichen Welt, Freiburg–München 1959
Kossok, M. (Hrsg.), Studien über die Revolution, Berlin (Ost) 1971
Krysmanski, H. J., Soziologie des Konflikts, Materialien und Modelle, Reinbek bei Hamburg 1971
Kuczynski, J., Die Bewegung der deutschen Wirtschaft von 1800 bis 1946, 16 Vorlesungen, Meisenheim am Glan 1948

Kumar, K., Revolution, London 1971
Lepape, P., Les révolutions du XXe. siècle, Paris 1970.
Lesourd, J.-A., Revolution, in: Grundbegriffe der Geschichte, 50 Beiträge zum europäischen Geschichtsbild, Hrsg. in Zusammenarbeit mit dem Europarat und dem Internationalen Schulbuchinstitut, Gütersloh 1964
Lindner, C., Theorie der Revolution, Ein Beitrag zur verhaltenstheoretischen Soziologie, München 1972
Luttwak, E., Der Coup d'Etat oder Wie inszeniert man einen Staatsstreich, Reinbek bei Hamburg 1969
Lutz, W./Brent, H. (Hrsg.), On Revolution, Cambridge Mass. 1971
MacIver, R. M,. Macht und Autorität, Frankfurt Main 1953
Marcuse, H., Vernunft und Revolution, Hegel und die Entstehung der Gesellschaftstheorie, Darmstadt und Neuwied 1972
ders., Versuch über die Befreiung, Frankfurt Main 1969
Marek, F., Philosophie der Weltrevolution, Beitrag zu einer Anthologie der Revolutionstheorien, Wien–Frankfurt–Zürich 1966
Markov, W., Grenzen des Jakobinerstaates, in: Grundpositionen der Französischen Aufklärung, Berlin (Ost) 1955
ders., Die Utopie des Citoyen, in: Gropp, R. O. (Hrsg.), Ernst Bloch zum 70. Geburtstag, Festschrift, Berlin (Ost) 1955
ders./Soboul, A., Die Sansculotten von Paris, Dokumente zur Geschichte der Volksbewegung 1793–1794, Berlin (Ost) 1957
Mayer, J. P., Political Thought in France from Sieyès to Sorel, London 1942
Mensching, G., Totalität und Autonomie, Untersuchungen zur philosophischen Gesellschaftstheorie des französischen Materialismus, Frankfurt Main 1971
Moore, B., Zur Geschichte der politischen Gewalt, Drei Stufen, Frankfurt Main 1966
Myers, J. J., Revolutionists, Washington 1971
Naujoks, E., Die Französische Revolution und Europa 1789–1799, Stuttgart–Berlin–Köln–Mainz 1969
Negt, O., Strukturbeziehungen zwischen den Gesellschaftslehren Comtes und Hegels, Frankfurt Main 1964
Novack, G. E., Democracy and revolution, New York 1971
Pereira de Queiroz, M. I., Reforme et révolution dans la sociéte traditionelle, Paris 1969
Pettee, G. S., Process of Revolution, New York 1971
Plechanow, G. W., Beiträge zur Geschichte des Materialismus, Berlin (Ost) 1946
Rendtorf, T./Tödt, H. E., Theologie der Revolution, Analysen und Materialien, Frankfurt Main 1968
Rittberger, V., Über sozialwissenschaftliche Theorien der Revolution, Kritik und Versuch eines Neuansatzes, in: Politische Vierteljahresschrift, 12. Jg., H. 4 (1971)

Ritter, J., Hegel und die französische Revolution, Frankfurt Main 1965
Rosenberg, H., Probleme der deutschen Sozialgeschichte, Frankfurt Main 1969
Rosenstock-Huessy, E., Die europäischen Revolutionen und der Charakter der Nationen, Stuttgart 1951
Said, A. A./Collier, D. M., Revolutionism, London 1971
Schabert, T., Natur und Revolution, Untersuchungen zum politischen Denken im Frankreich des achtzehnten Jahrhunderts, München 1969
Schieder, Th., Das Problem der Revolution im 19. Jahrhundert, in: ders., Staat und Gesellschaft im Wechsel unserer Zeit, München 1958
Schmitt, E., Repräsentation und Revolution, Eine Untersuchung zur Genesis der kontinentalen Theorie und Praxis parlamentarischer Repräsentation aus der Herrschaftspraxis des Ancien Regime in Frankreich (1760–1789), München 1969
Schulz, G., Das Zeitalter der Gesellschaft, Aufsätze zur politischen Sozialgeschichte der Neuzeit, München 1969
Senghaas, D., Aggressivität und kollektive Gewalt, Stuttgart–Berlin–Köln –Mainz 1971
Servier, J., Der Traum von der großen Harmonie, Eine Geschichte der Utopie, München 1971
Szende, P., Demaskierung, Die Rolle der Ideologien in der Geschichte, Wien–Frankfurt–Zürich 1970
Tanter, R./Midlarsky, M., Revolutionen: eine quantitative Analyse, in: Zapf, W. (Hrsg.), Theorien des sozialen Wandels, Köln–Berlin 1970
Venohr, W. (Hrsg.), Ungeliebte Deutsche. Bekannte Autoren zum deutschen Selbstverständnis, Hamburg 1971
Verhandlungen des III. Deutschen Soziologentages, Jena 1922, "Das Wesen der Revolution", Tübingen 1923
Verhandlungen des 13. Deutschen Soziologentages, Hrsg. von der Deutschen Gesellschaft für Soziologie, "Tradition und Revolution", Köln und Opladen 1957
Vogel, U., Konservative Kritik an der bürgerlichen Revolution, August Wilhelm Rehberg, Darmstadt und Neuwied 1972
Wilson, E., Der Weg nach Petersburg. Europas revolutionäre Tradition und die Entstehung des Sozialismus, München 1963

Kapitel I

Aron, R., Main Currents in Sociological Thougt – Montesquieu, Comte, Marx, Tocqueville – The Sociologist and the Revolution of 1848, New York 1965
Bergmann, K. H., Babeuf – Gleich und Ungleich, Köln und Opladen 1965

Conze, W. (Hrsg.), Staat und Gesellschaft im deutschen Vormärz 1815 bis 1848, Stuttgart 1962
Dalin, V. M., Babeuf-Studien, Hrsg. W. Markov, Berlin (Ost) 1961
Dommanget, M., Auguste Blanqui, Au début de la IIIe République, Dernière prison et ultimes combats, Paris 1972
Fakkar, R., Sociologie, socialisme et internationalisme prémarxiste, L'influence de Saint-Simon, Paris 1968
Geiss, I. (Hrsg.), Tocqueville und das Zeitalter der Revolution, München 1972
Godechot, J., Les Révolutions de 1848, Paris 1971
Haupt, H.-G., Sozialökonomische und politische Voraussetzungen der Julirevolution 1830, Göttingen 1971
Mayer, G., Radikalismus, Sozialismus und bürgerliche Demokratie, Frankfurt Main 1969
Mayer, J. P., Alexis de Tocqueville and Karl Marx, in: Zeitschrift für Politik 13 (1966)
Obermann, K., Zur Geschichte des Bundes der Kommunisten 1849 bis 1852, Berlin (Ost) 1955
ders. (Hrsg.), Flugblätter der Revolution, Eine Flugblattsammlung zur Geschichte der Revolution von 1848/49 in Deutschland, München 1972
Rosenberg, H., Politische Denkströmungen im Vormärz, Göttingen 1972
Spring, E., Tocquevilles Stellung zur Februarrevolution, in: Schweizer Beiträge zur allgemeinen Geschichte 12 (1954)
Stadelmann, R., Soziale und Politische Geschichte der Revolution von 1848, Darmstadt 1962

Kapitel II

Adler, M., Die Staatsauffassung des Marxismus, Ein Beitrag zur Unterscheidung von soziologischer und juristischer Methode, Neudruck Darmstadt 1964
Bollnow, H., Engels Auffassung von Revolution und Entwicklung in seinen 'Grundsätzen des Kommunismus' (1847), in: Marxismus-Studien 3, Tübingen 1954
Beer, M., Allgemeine Geschichte des Sozialismus und der sozialen Kämpfe, Neudruck Erlangen, 2. Aufl., 1972
Beyer, H. (Hrsg.), Die proletarische Revolution – Bedingungen und Perspektiven, Berlin (Ost) 1972
Bloch, E. u. a., Marx und die Revolution, Frankfurt Main 1970
Blumenberg, W., Karl Marx, Reinbek bei Hamburg 1962
Burns, C. D., Karl Marx and Revolution, in: English Review 31 (1920)
Cunow, H., Die Marxsche Geschichts-, Gesellschafts- und Staatstheorie, 2 Bde., Berlin 1920/21

Draper, H., Marx and the Dictatorship of Proletariat, in: Etudes de marxiologie 6 (1962)
Engelberg, E., Fragen der Evolution und Revolution in der Weltgeschichte, in: Marxistische Blätter, 6. Jg., Mai/Juni 1968
Fetscher, I. (Hrsg.), Der Marxismus, Seine Geschichte in Dokumenten, Bd. III: Politik, München 1965
Fischer, H., Karl Marx und sein Verhältnis zu Staat und Wirtschaft, Jena 1932
Förder, H., Marx und Engels am Vorabend der Revolution, Die Ausarbeitung der politischen Richtlinien für die Kommunisten (1846–1848), Berlin (Ost) 1960
Forsthoff, E., (Hrsg.), Lorenz von Stein, Gesellschaft–Staat–Recht, Frankfurt Main–Berlin–Wien 1972
Groh, D., Marx, Engels und Darwin: Naturgesetzliche Entwicklung oder Revolution? Zum Problem der Einheit von Theorie und Praxis, in: Politische Vierteljahresschrift, Jg. 8, H. 4 (1967)
Gurland, A., Marxismus und Diktatur, Leipzig 1930
Heiss, R., Die Ideen der Revolution bei Marx und im Marxismus, in: Archiv für Rechts- und Sozialphilosophie, Jg. 38/1 (1949)
Hirsch, H., Friedrich Engels, Reinbek bei Hamburg 1968
Hook, S., Marx and the Marxists, The Ambiguous Legacy, Toronto–New York–London 1955
Kelsen, H., Sozialismus und Staat, Eine Untersuchung der politischen Theorie des Marxismus, 3. Aufl., Wien 1965
Kontos, A., The Idea of Revolution in Locke, Burke and Marx, Diss. Pittsburgh 1967
Korsch, K., Marxismus und Philosophie, Frankfurt Main–Wien 1966
ders., Karl Marx, Frankfurt Main–Wien 1967
Krahl, H.-J., Konstitution und Klassenkampf, Zur historischen Dialektik von bürgerlicher Emanzipation und proletarischer Revolution, Schriften, Reden und Entwürfe aus den Jahren 1966–1970, Frankfurt Main 1971
Lefèbvre, H., Soziologie nach Marx, Frankfurt Main 1972
Lenz, F., Staat und Marxismus, Grundlegung und Kritik der marxistischen Gesellschaftslehre, Stuttgart und Berlin 1922
Lichtheim, G., Marxism, An Historical and Critical Study, New York, 2. Aufl., 1962
ders., Kurze Geschichte des Sozialismus, Köln 1972
Lowy, M., La Théorie de la révolution chez le jeune Marx, Paris 1970
Lukács, G., Schriften zur Ideologie und Politik, Neuwied und Berlin 1967
Maihofer, W., Demokratie im Sozialismus – Recht und Staat im Denken des jungen Marx, Frankfurt Main 1968
De Marx à Mao Tse-tung. Un siècle d'internationale Marxiste, Paris 1967
McGovern, A. F., The Young Marx on the State, in: Science and Society 34 (1970)

Moore, St., Zur Theorie politischer Taktik des Marxismus, Frankfurt Main 1965
Nürnberger, R., Die Französische Revolution im revolutionären Selbstverständnis des Marxismus, in: Marxismus-Studien, 2. Folge, Tübingen 1957
Plamenatz, J., German Marxism and Russian Communism, New York-Evanston 1965
Rühle, O., Von der bürgerlichen zur proletarischen Revolution, Berlin 1970
Sartre, J.-P., Materialismus und Revolution, in: Drei Essays, Berlin 1960
Seligman, E. R. A., The Economic Interpretation of History, New York–London 1961
Stadler, P., Wirtschaftskrise und Revolution bei Marx und Engels – Zur Entwicklung ihres Denkens in den 1850-er Jahren, in: Historische Zeitschrift 199 (1964)
Soubise, L., Le marxisme après Marx (1956–1965), Paris 1967
Stučka, P., Die revolutionäre Rolle von Recht und Staat, Frankfurt Main 1969
Turetzki, V. A., Die Entwicklung der Anschauungen von Marx und Engels über den Staat, Berlin 1956
Wette, W., Kriegstheorien deutscher Sozialisten, Marx, Engels, Lassalle, Bernstein, Kautsky, Luxemburg, Ein Beitrag zur Friedensforschung, Stuttgart–Berlin–Köln–Mainz 1971
Wolfe, B. D., Marx und die Marxisten, 100 Jahre Theorie und Praxis einer Doktrin, Frankfurt Main–Berlin 1968

Kapitel III *

* Die Literatur zum vierten Abschnitt dieses Kapitels findet man, soweit es sich um den marxistischen Staatsbegriff handelt, unter Kapitel II.

L'actualité de Proudhon, Colloque novembre 1965, Bruxelles 1968
Anarchismus, Theorie–Kritik–Utopie, Hrsg. A. v. Borries und I. Brandies, Darmstadt 1970
Ansart, P., Marx et l'anarchisme – Essai sur les sociologies de Saint-Simon, Proudhon et Marx, Paris 1969
ders., Naissance de l'anarchisme, Paris 1970
Arvon, H., L'Anarchisme, Paris 1959, 5. Aufl., Paris 1970
Baldelli, G., Social anarchism, Chicago 1971
Bancal, J., Proudhon: Pluralisme et autogestion, 2 Bde., Paris 1970
Barber, B. R., Superman and the common men, Freedom, anarchy and the revolution, New York 1971

Barrue, J., L'anarchisme aujourd'hui, Paris 1970
Bartsch, G., Anarchismus in Deutschland, Bd. I: 1945–1965, Hannover 1972
Bauer, F. (Hrsg.), Widerstand gegen die Staatsgewalt, Dokumente der Jahrtausende, Frankfurt Main 1965
Becat, P., L'Anarchiste Proudhon, apôtre du progrès social, Paris 1971
Buber, M., Der utopische Sozialismus, Köln 1967
Carr, E. H., Michael Bakunin, New York 1961
Dolléans, E., P.-J. Proudhon, Paris 1948
Dubief, H., Les Anarchistes 1870–1940, Paris 1972
Grossmann, H./Grünberg, C., Anarchismus–Bolschewismus–Sozialismus, Frankfurt Main 1971
Guérin, A., Anarchismus, Begriff und Praxis, Frankfurt Main 1967
Gurvitch, G., Proudhon, sa vie, son œuvre, Paris 1965
Harich, W., Zur Kritik der revolutionären Ungeduld, Eine Abrechnung mit dem alten und dem neuen Anarchismus, Basel 1971
Joyeux, M., L'Anarchie et la Révolte de la jeunesse, Paris 1970
Kedward, H. R., The anarchists, the men who shocked an era, New York 1971
Kelsen, H., Marx oder Lassalle – Wandlungen in der politischen Theorie des Marxismus, in: Archiv für die Geschichte des Sozialismus und der Arbeiterbewegung 11 (1925)
Kiss, G., Einführung in die soziologischen Theorien I: Vergleichende Analyse soziologischer Hauptrichtungen, Opladen 1972
Korsch, K., Schriften zur Sozialisierung, Frankfurt Main 1969
Krause, F., Pariser Commune 1871, Frankfurt Main 1971
Lavrov, P. L., Die Pariser Kommune vom 18. März 1871, Berlin 1971
Maier, G., Soziale Bewegungen und Theorien bis zur modernen Arbeiterbewegung, Leipzig 1910
Maximoff, G. P. (Hrsg.), The Political Philosophy of Bakunin: Scientific Anarchism, Glencoe, Ill. 1953
Meschkat, K., Die Pariser Kommune von 1871 im Spiegel der sowjetischen Geschichtsschreibung, Berlin 1965
Mommsen, H., Lassalle, in: Sowjetsystem und demokratische Gesellschaft, Bd. 3, Freiburg i. Br. 1969
Nataf, A., Révolution anarchiste, Paris 1968
Nerlich, M., Die Darstellung der Kommune in französischen Enzyklopädien bis 1900, in: Das Argument 70, Kritik der bürgerlichen Geschichtswissenschaft (I), Berlin 1972
Nettlau, M.: Der Anarchismus von Proudhon zu Kropotkin, Berlin 1927
Oberländer, E., (Hrsg.), Der Anarchismus, Olten 1972
Oncken, H., Lassalle, Zwischen Marx und Bismarck, Stuttgart–Berlin–Köln–Mainz 1966
Parsons, A. R., Anarchism: Its Philosophy and Scientific Basis. As Defined by Some of Its Apostles, Reprint Westport 1970

Pyziur, E., The Doctrine of Anarchism of Michael A. Bakunin, Chicago 1955
Ramm, Th., Lassalle und Marx, in: Marxismusstudien, 3. Folge, Hrsg. I. Fetscher, Tübingen 1960
The Revolutionary Internationals, 1864–1943, Hrsg. M. M. Drachkovich, London 1966
Richter, W., Proudhons Bedeutung für die Gegenwart, in: Abhandlungen zur Wissenschaftsgeschichte und Wissenschaftssoziologie und eine Studie über Proudhon, Veröff. der Gesellschaft für Internationale Wissenschaftsgeschichte, Bremen, H. 2, Bremen o. J.
Russel, B., Wege zur Freiheit, Sozialismus, Anarchismus, Syndikalismus, Frankfurt Main 1971
Scheibert, P., Von Bakunin bis Lenin – Geschichte der russischen revolutionären Ideologien 1840–1895, Bd. 1, Leiden 1956
Sergent, A. und Harmel, C., Histoire de l'anarchie, Paris 1949
Swoboda, H. (Hrsg.), Die Pariser Kommune 1871, München 1971
Troux, A., Proudhon et Marx, in: L'Information Historique 30 (1968)
Tschizewskij, D., Hegel bei den Slawen, 2. Aufl., Darmstadt 1961
Venturi, F., Anarchici e anarchia nel mondo contemporaneo, Turin 1971
Vogel, P., Hegels Gesellschaftsbegriff und seine geschichtliche Fortbildung durch L. Stein, Marx, Engels, Lassalle, Berlin 1925
Woodcook, G., Anarchism, A History of Libertarian Ideas and Movements, Harmondsworth 1963
Zenker, E. V., Der Anarchismus. Kritische Geschichte der anarchistischen Theorie, Jena 1895

Kapitel IV

Abendroth, W., Aufstieg und Krise der deutschen Sozialdemokratie, Frankfurt Main 1964
Fricke, D., Die deutsche Arbeiterbewegung 1869–1890, Ihre Organisation und Tätigkeit, Leipzig 1964
Grebing, H., Geschichte der deutschen Arbeiterbewegung, Ein Überblick, München 1966
Hirsch, H. (Hrsg.), Eduard Bernsteins Briefwechsel mit Friedrich Engels, Amsterdam 1971
Korsch, K., Die materialistische Geschichtsauffassung und andere Schriften, Frankfurt Main 1971
Michels, R., Psychologie der antikapitalistischen Massenbewegungen (Separatdruck aus: Grundriß der Sozialökonomik, Abteilung IX/Teil I), Tübingen 1925
Rikli, E., Der Revisionismus, Ein Revisionsversuch der deutschen marxistischen Theorie (1890–1914), Zürich 1936

Sandkühler, H.-J./de la Vega, R. (Hrsg.), Austromarxismus, Texte zu 'Ideologie und Klassenkampf', Frankfurt Main–Wien 1970
Schorske, C. E., German Social Democracy 1905–1917. The Development of the Great Schism. Cambridge Mass. 1955
Steinberg, H. J., Sozialismus und deutsche Sozialdemokratie vor dem 1. Weltkrieg, Hannover 1967
Zarchi, M., Die ökonomische Kausalität des Sozialpatriotismus, Diss. Basel 1927, Strasbourg 1928

Kapitel V

Avanguardia Operaia, Die Konzeption der proletarischen Partei bei Lenin, München 1971
Baechler, J., Politique de Trotsky, Paris 1968
Basso, L., Rosa Luxemburgs Dialektik der Revolution, Frankfurt Main 1969
ders., u. a., Dibattito su 'Stato e rivoluzione', Rom 1970
Becker, F. B., Lenin's Application of Marx's Theory on Revolutionary Tactics, in: American Sociological Review 2 (1937)
Beradt, Ch., Paul Levi, Ein demokratischer Sozialist in der Weimarer Republik, Frankfurt Main 1969
Carr, E. H., The Bolchevik Revolution 1917–1923, 3 Bde., Harmondsworth 1969 ff.
Cliff, T., Studie über Rosa Luxemburg, Frankfurt Main 1969
Dobrin, S., Lenin and Anarchism, Oxford 1967
Dreßen, W. (Hrsg.), Gegen den Dogmatismus in der Arbeiterbewegung, Berlin 1970
Fischer, L., Das Leben Lenins, 2 Bde., München 1970
Frankel, J., Lenin's Doctrinal Revolution of April 1917, in: Journal of Contemporary History 4 (1969)
Geyer, D., Lenin in der russischen Sozialdemokratie – Die Arbeiterbewegung im Zarenreich als Organisationsproblem der revolutionären Intelligenz 1890–1903, Köln 1962
Guérin, D., Rosa Luxemburg et la spontanéité revolutionnaire, Paris 1971
Herbach, F., Die Strömungen des Marxismus in Deutschland während des Weltkrieges und die Grenzen zwischen seinen einzelnen Richtungen nach Ideologie und Praxis, Ein Beitrag zur Parteiengeschichte, Diss. Würzburg 1933
Hirsch, H., Rosa Luxemburg, Reinbek bei Hamburg 1969
Ionescu, G., Lenin, the Commune and the State – Thoughts for a Centenary, in: Government and Opposition 5 (1970)
Larsson, R., Theories of Revolution, From Marx to the First Russian Revolution, Stockholm 1970

Laqueur, W., Mythos der Revolution, Deutungen und Fehldeutungen der Sowjetgeschichte, Frankfurt Main 1967
Laschitza, A./Radczun, G., Rosa Luxemburg. Ihr Wirken in der deutschen Arbeiterbewegung, Berlin (Ost) 1971
Lewin, M., Lenins letzter Kampf, Hamburg 1970
Lichtheim, G., The Concept of Ideology and Other Essays, New York 1967
Lukács, G., Lenin, Studie über den Zusammenhang seiner Gedanken, Neuwied und Berlin 1967
Lunatscharski, A. W., Profile der Revolution, Frankfurt Main 1968
Luppol, I., Lenin und die Philosophie – Zur Frage des Verhältnisses der Philosophie zur Revolution, Wien 1929
Magri, L., Probleme der marxistischen Theorie der revolutionären Partei, Berlin 1972
Marxismus-Leninismus, Geschichte und Gestalt, Universitätstage 1961, Veröff. FU-Berlin, Berlin 1961
Meyer, A. G., Leninism – The Unity of Theory and Practice, 3. Aufl., Cambridge Mass. 1965
ders., Lénine et le Léninisme. Une analyse des idées de Lénine et de leur évolution, Paris 1966
Morgenthaler, K., Die Grundprobleme des Marxismus im Lichte der neomarxistischen Theorie, Diss. Freiburg i. Br., Osterwieck am Harz 1927
Nettl, P., Rosa Luxemburg, Köln–Berlin 1969
Neubauer, H. (Hrsg.), Deutschland und die Russische Revolution, Stuttgart–Berlin–Köln–Mainz 1968
Nürnberger, R., Lenins Revolutionstheorie – Eine Studie über Staat und Revolution, in: Marxismusstudien, Hrsg. I. Fetscher, 1954
Ossowski, J., Rosa Luxemburg. Eine Streitschrift, Frankfurt Main 1971
Pipes, R. (Hrsg.), Die russische Intelligentsia, Stuttgart 1962
Rosenberg, A., Geschichte der Weimarer Republik, Frankfurt Main 1961
Sadoul, J., Notes sur la révolution bolchévique (Octobre 1917 – janvier 1918), Paris 1971
Schapiro, L./Reddaway, P. (Hrsg.), Lenin, Stuttgart–Berlin–Köln–Mainz 1970
Schmidt, G., Spartakus. Rosa Luxemburg und Karl Liebknecht, Frankfurt Main 1971
Sonntag, H. R., Marx und Lenin – Zur Soziologie der modernen Revolution, Diss. Bochum 1967
Vollrath, E., Lenin und der Staat. Zum Begriff des Politischen bei Lenin, Ratingen 1970
Weber, H., Lenin, Reinbek bei Hamburg 1970
ders., (Hrsg.), Der deutsche Kommunismus, Dokumente, Köln–Berlin, 2. Aufl., 1964

ders., Die Wandlung des deutschen Kommunismus, Die Stalinisierung der KPD in der Weimarer Republik, Frankfurt Main 1969

Kapitel VI

Abosch, H., Leo Trotzki und der Sowjetstaat, in: Neue Rundschau, 81. Jg., H. 3 (1970)
Abramovitch, R. R., Die Sowjetrevolution, Hannover 1963
Brahm, H., Trotzkijs Kampf um die Nachfolge Lenins – Die ideologische Auseinandersetzung 1923–1926, Köln 1946
Carmichael, J., Die Russische Revolution, Von der Volkserhebung zum bolschewistischen Sieg Februar–Oktober 1917, Reinbek bei Hamburg 1967
Colletti, L. u. a., Lenins "Staat und Revolution" heute, Berlin 1970
ders., Zur Stalin-Frage, Berlin 1971
Deutscher, I., Stalin, Eine politische Biographie, 2. Aufl., Stuttgart 1962
ders., Die unvollendete Revolution 1917–1967, Frankfurt/Main 1967
ders., Die sowjetischen Gewerkschaften. Ihr Platz in der sowjetischen Arbeitspolitik. Frankfurt Main 1968
Garaudy, R., Die große Wende des Sozialismus, München 1972
Geyer, D., Die Russische Revolution – Historische Probleme und Perspektiven, Stuttgart 1968
Hofmann, W., Stalinismus und Antikommunismus, Zur Soziologie des Ost-West-Konflikts, 2. Aufl., Frankfurt am Main 1967
Horowitz, D., Imperialismus und Revolution, Neue Fakten zur gegenwärtigen Geschichte, Berlin 1970
Kase, F. J., People's Democracy. A Contribution to the Study of the Communist Theory of State and Revolution, Leyden 1968
Kofler, L., Stalinismus und Bürokratie, Zwei Aufsätze, Neuwied und Berlin 1970
Leonhard, W., Sowjetideologie heute, II: Die politischen Lehren, Frankfurt Main 1962
Löwy, A. G., Die Weltgeschichte ist das Weltgericht, Bucharin, Vision des Kommunismus, Wien–Frankfurt Main–Zürich 1969
Lukács, G., Marxismus und Stalinismus, Politische Aufsätze, Ausg. Schriften IV, Reinbek bei Hamburg 1970
Marcuse, H., Die Gesellschaftslehre des sowjetischen Marxismus, Neuwied und Berlin 1964
Masi, E., Die chinesische Herausforderung, Beiträge zu einer sozialistischen Strategie, Berlin 1970
Merleau-Ponty, M., Humanismus und Terror, 2 Bde., Frankfurt Main 1966
Monnerot, J., Soziologie des Kommunismus, Köln–Berlin 1952

Pluet, J., Trotski et le trotskisme, Paris 1971
Schapiro, L., Die Geschichte der Kommunistischen Partei der Sowjetunion, Frankfurt Main 1962
Schram, St. R., Die permanente Revolution in China, Einleitung, Frankfurt Main 1966
Stojanović, S., Kritik und Zukunft des Sozialismus, Frankfurt Main 1972
Utechin, S. V., Geschichte der politischen Ideen in Rußland, Stuttgart–Berlin–Köln–Mainz 1966
Wolfe, B. D., Lenin, Trotzkij, Stalin; Drei, die eine Revolution machten, Eine biographische Geschichte, Frankfurt Main 1965
Wolffsohn, I., Ein Vergleich der ökonomischen Voraussetzungen und Auswirkungen der großen russischen und der großen französischen Revolution, Diss. Köln 1926

PERSONENVERZEICHNIS

Babeuf, F. (1760–1797) 23–29, 38
Bakunin, M. (1814–1876) 68 f., 70–91, 96, 106, 110
Bauer, E. (1820–1886) 76 f.
Bebel, A. (1840–1913) 131, 133
Bernstein, E. (1850–1932) 111, 133–152
Blanqui, A. (1805–1881) 26–29, 31–36, 38, 96
Burke, E. (1729–1797) 10

Cieszkowski, A. (1814–1894) 76
Condorcet, A. (1743–1794) 19

Engels, F. (1820–1895) 26, 48 f., 52–54, 56–69, 78–83, 85–90, 96, 105, 110, 114–116

Feuerbach, L. (1804–1872) 53
Fichte, J. G. (1762–1814) 71, 73

Hegel, G. W. F. (1770–1831) 21 f., 45, 77, 97, 105 f., 118, 140
Heine, H. (1797–1856) 72 f.

Kant, I. (1724–1804) 21, 93
Kautsky, K. (1854–1938) 132, 134 f., 142, 146 f., 152, 157 ff.
Kropotkin, P. (1842–1921) 99, 131

Lassalle, F. (1825–1864) 99–112, 139
Lenin, W. I. (1870–1924) 132, 146, 153, 156, 158–171, 175 f., 184 f.
Luxemburg, R. (1870–1919) 147 bis 171

Marat, J.-P. (1744–1793) 23
Marx, K. (1818–1883) 29, 31, 33, 42 f., 48 f., 52, 54–70, 78–90, 92–98, 105–107, 109 f., 116–128, 140, 143 ff., 149 f., 164
Maistre, J. de (1753–1821) 27 f.
Maréchal, S. (1750–1803) 27 f.
Montesquieu (1689–1755) 14 f.

Parvus (A. Helphand) (1867–1924) 172 f., 182
Plechanow, G. W. (1857–1918) 174 f.
Proudhon, P. J. (1809–1865) 38, 92–110

Rousseau, J.-J. (1712–1778) 17 f.

Sieyès, E. (1748–1836) 15–17
Stalin, J. W. (1879–1953) 113 ff., 181, 184, 186 f.
Stein, L. von (1815–1890) 30, 41 bis 46

Tocqueville, A. de (1805–1859) 36 bis 41
Trotzki, L. (1879–1940) 166, 168 bis 187

Voltaire (1694–1778) 13 f., 18

Weitling, W. (1808–1871) 26, 29, 48–55, 60, 62 f., 68 f., 89, 96

SACHREGISTER

Adel (Aristokratie) 16, 29, 37, 42
Aktionismus 63, 78, 96, 110
Allgemeiner Deutscher Arbeiterverein (ADAV) 100 f., 111 f.
Anarchismus (Anarchie) 19, 51, 63, 68 f., 71–75, 78, 81 f., 87, 90 ff., 99, 105, 114, 129 ff., 141 f., 187
Arbeiteragitation 107, 112
Arbeiterassoziation 84, 104 f., 108, 110, 125
Arbeiterbewegung 30, 47, 56, 66 f., 79, 97, 99 f., 112, 129, 131–136, 146, 152, 158, 163
Arbeiterklasse (s. a. Proletariat) 30, 44, 86, 88 ff., 100–109, 111 f., 116, 125, 128, 132, 147, 157, 161, 170, 174, 176, 178, 181, 183
Arbeiterpartei 100 f., 112, 130 f., 134, 152
Arbeitsteilung, internationale 186
Arbeitsteilung, wissenschaftliche 143
Aufklärung 16 f., 34
Aufstand 35 f., 47, 50
Ausbeutung (s. Mehrwert)
Autonomie (Selbstherrschaft) 83, 91, 117, 119, 124
Autorität 82 f., 84, 99
Avantgarde-Partei 158 f., 163, 165, 168

Bauern 47, 83, 85, 167, 174–179, 181, 183, 186
Blanquismus 35 f., 48 f., 141, 154, 160, 167 f., 171, 180
Bolschewiki 132, 153, 162, 167, 170, 180
Bourgeoisie (Bürgertum) 16, 23 f., 29–32, 36 ff., 42, 55 f., 88 f., 101, 112, 120, 122, 137, 145, 152, 167, 174 f., 179, 185 f.
Bürokratie 158 f., 160, 170, 178 f., 181, 186 f.
Bund der Kommunisten 56 ff., 62

Demokratie 71 ff., 90, 111, 115, 117, 119 ff., 124, 146, 162, 181 f.
Demokratisierung 136, 144, 146, 148
Determinismus 139, 142 ff.
Deutschland 89 f., 101, 113, 129 ff., 136, 158, 175 f., 182, 186
Dialektik 59, 64, 74–77, 93, 96 ff., 117 f., 122, 138 f., 140–144, 149 f., 152
Diktatur 33–36, 55, 105, 115 f., 117, 120 f., 123,145, 181, 184, 186
Dualismus, ethischer 93, 95 f.

Emanzipation 52, 88, 120–123, 131 f., 142
Empörung 64, 85, 96
England 136, 178
Entfremdung 33, 64, 118 f., 125

Fortschritt 27, 50, 76 f., 106 f., 130, 140, 183
Fortschrittspartei, Deutsche 100 f., 111
Frankreich 33, 42 f., 99, 115
Freiheit 14–17, 31 f., 45, 71 ff., 91, 96 f., 104, 106, 117, 120, 124, 166

Gattungswesen 120–124
Geheimbünde (-gesellschaften) 27, 34 f., 48, 79, 86 f.
Geld(-schleier) 49, 67, 94, 99, 185

Geschichtsbegriff 59, 62, 71, 74, 76 f., 106 f., 140, 143, 149 f., 174
Gesellschaft, bürgerliche 15 f., 23, 34, 39 ff., 43, 120 f., 136, 141, 143, 145, 148 f., 151, 185, 187
Gewalt 18, 50, 91, 107, 115 f., 130, 139, 142, 145, 166, 174
Gewerkschaften 130, 132, 160, 172
Gleichheit 14 ff., 25 f., 31, 39 f., 55 f., 72, 95, 97

Handwerk 46 f., 178 f., 182
Herrschaft 98 f., 113 ff., 119, 181, 185, 187

Idealismus 109 ff.
Ideologie 60, 64, 113, 118, 143 f.
Imperialismus 129, 182, 185, 187
Industrie(-ialisierung) 11, 24, 46 f., 66, 106, 127, 129, 173, 178, 183, 185
Intelligentsia 166, 174 f.
Intelligenz (Intellektuelle) 34, 78, 84, 102, 115, 146, 158
Internationale, Erste 70, 78–81, 87, 89, 130, 132
Internationale, Zweite 129–132
Internationalismus, proletarischer 65, 67, 116, 130, 182, 186 f.

Jakobinertum 168 f.

Kaderorganisation (s. Avantgarde-Partei)
Kapital 82, 98 f., 136, 143, 151, 178
Kapitalakkumulation 57, 143 ff.
Kapitalismus 28, 46, 94, 98, 110, 131 f., 136, 141 f., 144 f., 147 f., 150, 152, 162, 172, 174 f., 178 ff., 185 ff.
Klassen, soziale 20, 26, 28 ff., 32, 39, 45 f., 49, 98, 102 f., 105, 110, 114, 121 f., 146, 150, 177
Klassenantagonismus 26, 28 ff., 39, 43 f., 61, 105, 110, 119, 121 f.
Klassenbewußtsein 30, 91, 98, 112, 146, 150 f., 159 f., 163, 169, 175, 177
Klassengefühl(-instinkt) 126, 154 f., 159, 163 f., 170
Klassengesellschaft 30, 33 f., 37, 39, 105, 114, 118 f.
Klassenherrschaft 44 ff., 49, 114, 121
Klasseninteressen 105, 119, 171, 178
Klassenkampf 20, 24, 29–32, 37, 40, 42 f., 45, 54 f., 59 f., 62, 98, 102, 125, 130 f., 137, 146, 153 bis 157, 161 ff., 167, 169, 175, 179
Kleinbürgertum 94, 174, 186
Kommunismus (Kommunisten) 26 f., 30 f., 33, 42, 53, 56 ff., 62, 80, 91, 111, 115, 125, 187
– der Verteilung 25 ff., 28, 111, 135, 139 f., 152
Kommunistisches Manifest 31, 56, 58, 61 f., 79 f., 92 f., 145
Konservatismus 41, 43, 103, 108, 113, 174
Krisen, ökonomische 65, 67, 127, 129, 131, 145, 150, 183

Leninismus 166, 170, 181, 186
Liberalismus 16, 27 f., 73 f., 77, 100 ff., 105, 111, 145 f.
Lohngesetz 103 f., 110
Lumpenproletariat 51, 83
Luxemburgismus 153, 157

Marxismus 74 f., 82 f., 87–91, 97, 105, 115 ff., 119 f., 122, 123 f., 138, 142, 155
Massen (Volksmassen) 10 f., 14 f., 18, 20, 24 f., 29, 34 ff., 39, 49 ff., 83–87, 107, 116, 127, 134, 137 f.,

146, 149, 153–156, 158–161, 166 bis 168, 170, 172, 174, 177, 180, 182 ff., 186
Massenstreik 83, 154, 157, 161, 172
Mehrprodukt 177 f.
Mehrwert 32 f., 40, 94, 121, 136, 142
Menschewiki 170
Mittelstand 37, 40, 112, 147
Mythologie (Fetischismus) 97, 113 ff., 118 f., 170

Pariser Kommune 35, 113–117, 122–128
Parlament(-arismus) 44, 90, 137 f., 141 f., 144, 166
Parteidisziplin 161, 170
Parteilichkeit 97, 144
Parteiorganisation 129, 134, 146 f., 154–156, 158 ff., 162–165, 167 bis 170, 184
Philosophie der Tat 76
Politische Ökonomie 78, 92 f., 96, 103, 143, 148
Privateigentum 16, 24, 36–40, 45, 49 f., 92, 94 f., 104, 120, 125, 142
Proletariat (s. a. Arbeiterklasse) 9, 24, 30–33, 42 f., 49, 52–56, 59 ff., 65, 68 f., 78, 80, 82, 86, 90, 111 f., 117, 127, 132, 141, 144, 146, 151, 157 ff., 161, 163 f., 167, 171, 173 bis 180, 182 f., 185 ff.
Putschismus 63, 78 f., 90, 96, 110, 130, 154, 167, 174

Räteherrschaft 83, 182, 184
Reaktion 73 f., 111
Reform(-ismus) 44, 54, 107, 110, 112 f., 129, 131 ff., 135, 138 f., 142, 144, 146–150, 172, 176, 187
Reife (ökonomische) 51, 67 f., 146 ff., 153 f., 160, 163, 179, 182 bis 185
Revisionismus 112, 132, 134 f., 138, 140 ff., 147, 152
Revolution (Begriff) 12 ff., 19, 22, 50, 57, 65–69, 72–77
Revolutionäre Situation 68, 144
Revolution, Französische 19–23, 30 f., 34, 39
Revolution, menschliche 120 f., 123
Revolution, permanente 20, 30, 40, 76 f., 120, 179, 181 f., 184 f., 186 f.
Revolution, politische (bürgerl.) 10 f., 19, 30 f., 34, 39, 65, 89 f., 112, 120 f., 123 f., 173 f., 179 ff., 183, 185
Revolution, proletarische (soziale) 23 ff., 30 f., 39 f., 48, 50, 52–55, 57, 65 ff., 81 ff., 85 f., 89, 98, 117, 120–124, 126 ff., 131, 133, 137 f., 147, 149, 151, 153, 163, 167, 172, 174, 179–183
Träger der – 67, 85 f., 155, 164, 167 f.
Revolution, Russische 153, 155 f., 172 f., 177, 179 f., 181, 183 f., 186 f.
Revolutionsmacherei 63 ff., 90, 97, 110, 165
Rußland 62, 88, 132, 156, 158 f., 163, 165 ff., 173–178, 180, 182 bis 186

Sowjetunion 113–116, 185 f.
Sozialdemokratie 100, 105, 109 f., 112 f., 124, 132–136, 138, 140 ff., 147, 155, 157 f., 160 f., 175 f.
Sozialdemokratie, österreichische 146
Sozialdemokratie, russische 160 ff., 167 f.
Sozialismus 56, 58, 86, 92, 96 f., 109, 112, 124 f., 129, 137–142, 144 ff., 149 f., 164, 169 f., 173 f., 181, 184–187

Spontaneität der Massen 153, 155 f., 158 f., 162
Sozialistengesetze 134, 136 f.
Soziologie 143
Staat (Staatsgewalt) 25, 33, 36, 44 ff., 67, 69, 81–84, 90 f., 96, 99, 103–106, 114–125, 139, 143, 147, 167 f., 173, 177 ff., 184 f.
Staat (Aufhebung, Absterben des-) 82, 88, 99, 105 f., 114–117, 120 ff., 139
Staat/Gesellschaft 45, 69, 117 f., 121–124, 143, 179
Staatsverfassung 45, 119, 166
Stalinismus 113–116, 157, 170, 181, 186 f.
Strategie und Taktik 48–51, 63 f., 82 f., 87–90, 97, 112, 130 ff., 136 ff., 147 f., 157, 161, 165, 174, 177
Syndikalismus 163

Terror (s. Gewalt)
Theorie/Praxis 57, 59, 79 f., 97, 134, 156, 162, 164
Totalität 75, 148, 150

Ungleichheit 15, 31, 95, 110
Utopismus 33, 58–61, 64, 97 f., 186

Volkskönigtum 14, 44, 108
Volksstaat 105, 117
Volkstümler 166, 174

Wahlen (Wahlrecht) 54 f., 84, 88, 90, 100 ff., 104, 107, 111, 132, 137, 158, 165
Weberaufstand 125 f., 164
Wissenschaft 84, 101, 107, 109, 143, 146

Zentralkomitee 159 f., 168, 170
Zusammenbruchstheorie 142 ff.

UTB

Uni-Taschenbücher GmbH
Stuttgart

100/198. Franz von Kutschera: Wissenschaftstheorie I und II

Grundzüge der allgemeinen Methodologie der empirischen Wissenschaften. 2 Bde. mit 296 bzw. 282 S. je DM 19.80. I: ISBN 3-7705-0630-8 (Fink) II: ISBN 3-7705-0885-8 (Fink)

105. Umberto Eco: Einführung in die Semiotik

Autorisierte deutsche Ausgabe von Jürgen Trabant. 474 S. mit zahlreichen Tabellen u. 4 Abb. auf Kunstdr. DM 19.80. ISBN 3-7705-0633-2 (Fink)

127. Manfred Brauneck, Hrsg.: Die rote Fahne

Kritik, Theorie, Feuilleton. Mit einem kritischen Kommentar von Manfred Brauneck. 500 S. DM 19.80. ISBN 3-7705-0641-3 (Fink)

131. Annamaria Rucktäschel, Hrsg.: Sprache und Gesellschaft

408 S. DM 19.80. ISBN 3-7705-0639-1 (Fink)

204. Johann Josef Hagen: Soziologie und Jurisprudenz

Zur Dialektik von Gesellschaft und Recht. 256 S. DM 16.80. ISBN 3-7705-0887-4 (Fink)

208. Wolfgang Kliemann / Norbert Müller: Logik und Mathematik für Sozialwissenschaftler (I)

300 S. DM 9.80. ISBN 3-7705-0892-0 (Fink)